广州市首届优秀教材一等奖

21 世纪高等职业技术教育规划教材——城市轨道交通类

U0727017

# 城市轨道交通运输设备的运用

主　编　费安萍

副主编　周世爽　吴　静

西南交通大学出版社

·成都·

**图书在版编目（CIP）数据**

城市轨道交通运输设备的运用 /费安萍主编. —成都：
西南交通大学出版社，2008.8（2019.7 重印）
21 世纪高等职业技术教育规划教材. 城市轨道交通类
ISBN 978-7-5643-0010-4

Ⅰ. 城… Ⅱ.费… Ⅲ. ①城市铁路－信号设备－高等学
校：技术学校－教材②城市铁路－机电设备－高等学校：
技术学校－教材 Ⅳ.U239.5

中国版本图书馆 CIP 数据核字（2008）第 129377 号

21 世纪高等职业技术教育规划教材——城市轨道交通类

## 城市轨道交通运输设备的运用

主编　费安萍

\*

责任编辑　刘娉婷
封面设计　本格设计
西南交通大学出版社出版发行
四川省成都市二环路北一段 111 号西南交通大学创新大厦 21 楼
邮政编码：610031　发行部电话：028-87600564
http://www.xnjdcbs.com
四川森林印务有限责任公司印刷

\*

成品尺寸：185 mm×230 mm　　印张：15.125
字数：313 千字
2008 年 8 月第 1 版　　2019 年 7 月第 9 次印刷
**ISBN 978-7-5643-0010-4**
定价：34.00 元

# 前　言

本教材的编写基于两个方面。

一方面是随着世界城市化进程的逐渐加快，城市交通拥堵问题和环境污染问题越来越严重。大力发展城市公共交通，尤其是在人口100万以上的大城市建设大容量、高速度、低污染的城市轨道交通是解决城市交通问题的唯一途径。城市公共交通系统包括城市轨道交通（含地铁、轻轨等）、公共汽车、出租车等，其中城市轨道交通是城市公共交通系统的骨架和脉络。目前我国城市轨道交通进入了历史性的快速发展时期，届时需要大量的城市轨道交通专业技术人才。

另一方面，2006年11月高等职业技术教育的标志性文件——教高2003【16号】文明确指出高职教育是高等教育的一个类型，首次将高职教育定位于与普通高等教育同等地位的一级学科。作为教育的一种类型，必然有着不同于普通教育而富含职业教育根本属性的类型特征，其中包括基于多元智能的人才观、基于能力本位的教育观、基于工作过程的课程观、基于行动导向的教学观、基于学习情境的建设观等，这些职业教育根本属性的类型特征构成了职业教育学的基本内涵。因此高职教育在中国正面临着历史性的发展机遇，同时也面临着必须进行的颠覆式的改革。其中首先是教材的改革，在课程内容的选择及课程内容的排序方面，实现工作过程导向的课程开发。国内面向高等职业技术院校学生的城市轨道交通系列教材比较稀缺，因此，西南交通大学出版社负责组织编写了这一套丛书，以满足我国城市轨道交通发展的人才需要。本教材是基于城市轨道交通车站站务系列岗位的工作任务进行编写的，知识的总量没变，但知识排序的方式发生了根本性变化，是城市轨道交通高职领域在任务式编写体例方面的开拓性尝试。

本教材的编写思路来源于广州铁路职业技术学院与广州地铁1995级运输大专班、深圳地铁2004届、广州地铁2007届和2008届站务订单班的人才培养方案，城市轨道交通车站值班员和站务员的部分考核大纲的应知应会等内容，因此本书也是校企合作的成果之一。

非常感谢深圳地铁运营公司调度票务部部长周世爽高级工程师参加项目九的编写，并担任本书副主编；南京铁路职业技术学院信号专家林瑜筠副教授参加项目六的编写，本书其余编者均为广州铁路职业技术学院运输专业教师。同时广州地铁设院副院长欧阳长城先生对本书的编写提出了中肯的修改意见，在此表示衷心感谢！

由于是任务式编写体例教材的首次尝试，同时因时间关系及水平有限，书中疏漏和错误之处敬请读者反馈，以便今后修订和完善。书中参考引用了国内外有关从事城市轨道交通研究的专家、学者的著作和论文，在书末列出了主要参考文献目录，在此向他们表示衷心的感谢。

全书共分十个项目，分别为线路、车站、车辆、供电设备、信号设备、联锁设备、闭塞设备、通信设备、车站自动售检票设备和车站机电设备。该书的编写分工如下：项目一（张治文）、项目二（张治文）、项目三（费安萍）、项目四（吴静）、项目五（沈俊娜）、项目六（费安萍、林瑜筠）、项目七（沈俊娜）、项目八（费安萍）、项目九（朱宛平、周世爽）、项目十（吴静、姬秀春）。

作　者

2008 年 6 月于广州

# 目  录

**项目一　轨道交通线路** ·················································（ 1 ）

　　工作任务 1　画出轨道交通（地面）线路横断面示意图 ··············（ 1 ）

　　工作任务 2　用线路中心线表示法画出 9 号普通左开单开道岔示意图 ·····（18）

**项目二　城市轨道交通车站** ··········································（26）

　　工作任务 1　画出地铁站台发生火灾时旅客紧急疏散路线图 ·······（26）

　　工作任务 2　绘制站厅层、站台层平面示意图，在图上标出各功能分区、
　　　　　　　　主要设施和客流流向 ·································（38）

**项目三　车辆** ····························································（62）

　　工作任务 1　紧急情况下，利用紧急开门手柄打开车门逃生 ·······（62）

　　工作任务 2　紧急情况下，打开司机室紧急疏散门疏散乘客 ·······（66）

**项目四　供电设备的运用** ·············································（75）

　　工作任务 1　绘制城市轨道交通系统集中供电示意图 ·············（75）

　　工作任务 2　绘制城市轨道交通牵引供电系统示意图 ·············（78）

**项目五　信号** ····························································（82）

　　工作任务 1　站务员停车（紧急停车）手信号接发列车 ···········（82）

**项目六　联锁设备的使用** ·············································（95）

　　工作任务 1　在 6502 电气集中联锁控制台上为一进站停车的列车
　　　　　　　　办理接车进路及其发车进路 ·························（95）

　　工作任务 2　在 6502 电气集中联锁控制台上为一下行通过列车办理
　　　　　　　　通过列车进路 ·····································（122）

　　工作任务 3　在 6502 电气集中联锁控制台上排列 $D_6$ 至
　　　　　　　　ⅡG 的调车进路 ···································（122）

　　工作任务 4　在 6502 电气集中联锁控制台上将某一道岔单独操作
　　　　　　　　至定位并锁闭 ·····································（125）

　　工作任务 5　在 6502 电气集中联锁控制台上取消一条刚建立的
　　　　　　　　东郊方向列车进Ⅲ道的接车进路，变更为 5 道接车 ···（127）

　　工作任务 6　为一进站列车开放 X 引导信号 ·····················（133）

工作任务 7　在计算机联锁工作站排列一条基本进路，并取消 …………… (136)

工作任务 8　在城市轨道交通计算机联锁工作站上单独锁闭一组道岔，

　　　　　　并对道岔区段设置限速 45 km/h ………………………… (150)

**项目七　闭塞设备** ………………………………………………………… (162)

工作任务 1　为 A301 次办理半自动闭塞 ………………………………… (162)

工作任务 2　A 站与 B 站间电话办理 A302 次闭塞 …………………… (175)

**项目八　通信设备** ………………………………………………………… (182)

工作任务 1　使用指定通信设备对乘客进行客运广播 …………………… (182)

**项目九　车站自动售检票设备** …………………………………………… (188)

工作任务 1　判断闸机的状态，并进行更换票箱操作 …………………… (188)

工作任务 2　使用自动售票机购买单程票、补充硬币、补充单程票、取出钱箱 ……… (191)

工作任务 3　使用半自动售票机(BOM)进行车票分析、无效更新、退款等操作 … (196)

**项目十　车站机电设备** …………………………………………………… (201)

工作任务 1　车站各种消防设备的运用 …………………………………… (201)

工作任务 2　模拟地下车站发生火灾时组织乘客疏散 …………………… (208)

工作任务 3　自动扶梯的开启与关闭 ……………………………………… (209)

工作任务 4　紧急停止自动扶梯的操作 …………………………………… (213)

工作任务 5　对屏蔽门进行站台级控制 …………………………………… (216)

工作任务 6　手动操作屏蔽门 ……………………………………………… (219)

工作任务 7　运用 LCP 盘对一上行列车进行紧急停车及恢复操作 …… (222)

工作任务 8　运用 LCP 盘将一下行列车扣在车站，然后放行 ………… (223)

工作任务 9　使用站台紧急停车按钮让列车紧急停车 …………………… (224)

工作任务 10　绘制地铁防灾应急预案示意图 …………………………… (225)

**参考文献** …………………………………………………………………… (235)

# 项目一　轨道交通线路

## 工作任务 1　画出轨道交通（地面）线路横断面示意图

【看一看】

轨道交通线路如图 1.1 所示。

图 1.1　轨道交通线路

【想一想】

轨道交通线路由哪几个主要部分组成？轨距如何测量？

## 【任务分析】

轨道交通线路是完成城市旅客运输的主要设备，是机车车辆和列车运行的基础。线路状态的完整与否，车站各项设备的布局和运用是否合理，对轨道交通运营组织和完成城市客运任务具有决定性的影响。

某城市的甲乙两地要修建一条地铁或轻轨线路，能否将该线路设计为甲乙两地之间的一条直线？事实证明，线路由于受地形、地物和客流等因素的影响，不可能全线设计为直线，必要时必须转弯，因此产生了曲线。曲线的存在将影响行车的平稳与安全。相似地，某城市的甲乙两地要修建一条地铁或轻轨线路，如果将该线路设计为甲乙两地之间的一条平坡，显然也是行不通的。事实证明，线路由于受地质条件与技术条件和各种建筑物等的影响，不可能全线设计为平坡，因此线路存在上下坡，列车在有坡道线路上运营显然要比在平道上不利。轨道交通运营管理相关人员必须掌握线路的组成、作用和相关要素的计算及线路状况与行车速度的关系等。

本任务主要学习轨道交通线路的基本知识，包括轨道交通线路分类、组成、选线方法、线路的平面和纵断面及线路标志与限界等知识。

## 【相关知识】

### 一、轨道交通线路

轨道交通线路简称线路，是由路基和轨道组成的一个整体工程结构，如图 1.2 所示。

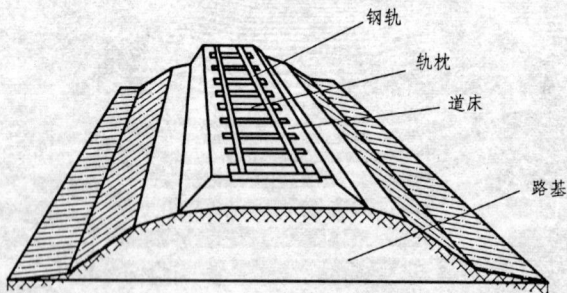

图 1.2　线路的组成

路基是轨道的基础，也叫做下部建筑，是轨道交通运输的基础。为了使列车能按规定的最高速度，安全、平稳和不间断地运行，线路各部件必须经常保持完好状态，以确保能够质量良好地完成旅客运输任务。

垂直线路中心线的路基横截面，称为路基横断面。路基的形式共有 6 种：路堤式、路堑式、半路堤式、半路堑式、不填不挖式、半堤半堑式。常见的路基为路堤（见图 1.3）和路堑。

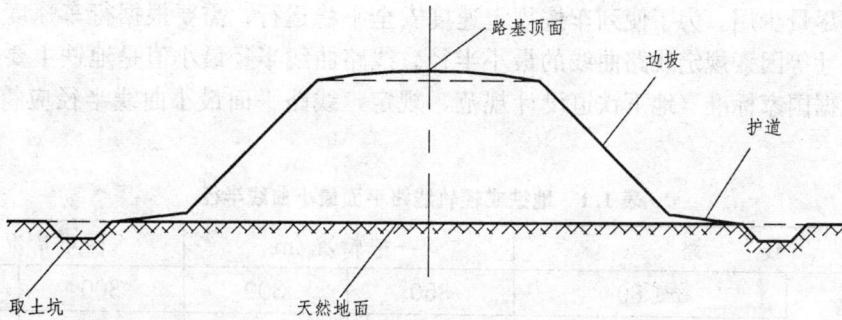

图 1.3　直线地段一般黏性土路堤

## 二、线路的平面

线路在空间的位置是用它的中心线来表示的。线路中心线是指距外轨半个轨距的铅垂线与两路肩边缘水平连线交点的纵向连线。线路中心线在水平面上的投影，叫做线路的平面，它表明线路的曲、直变化状态和走向。

线路的平面由直线、圆曲线以及连接直线与圆曲线的缓和曲线组成。

### 1. 曲线

线路在转向处所设的曲线为圆曲线，其基本组成要素有：曲线半径 $R$、曲线转角 $\alpha$、曲线长 $L$、切线长度 $T$，如图 1.4 所示。

在线路设计时，一般是先设计出 $\alpha$ 和 $R$，再按下式计算出 $T$ 及 $L$：

$$T = R \cdot \tan \frac{\alpha}{2} \ (\text{m})$$

$$L = \frac{\pi}{180} \cdot R \cdot \alpha \quad (\text{m})$$

曲线半径愈大，行车速度愈高，但工程量愈大，工程费用愈高。

小半径曲线地段需要适当限速运行，当列车通过曲线时，为了提高运营安全性与乘车旅客的舒适性，在圆曲线地段应根据曲线半径和实测行车速度，在曲线外股钢轨合理设置超高 $H$：

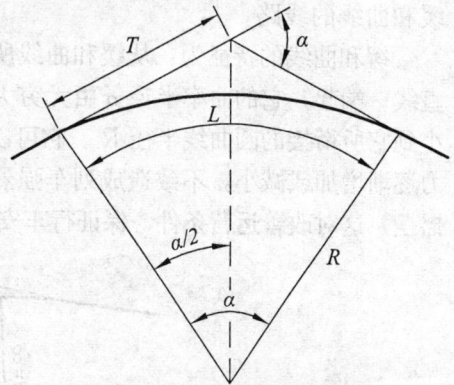

图 1.4　圆曲线要素

$$H = 11.8 \, v^2 / R \ (\text{mm})$$

式中，为 $v$ 为列车运行平均速度，曲线超高一经设定则不能任意调整，《地下铁道设计规范》规定地铁最大超高为 120 mm。

线路直线与圆曲线往往不是直接相连的，中间要加一段缓和曲线。地铁或轻轨曲线半径宜从大到小选择，最大不超过 3 000 m。当曲线半径小于 400 m 时，轮轨磨损大、噪声大，应尽量少用。为了使列车按规定速度安全平稳运行，需要根据行车速度、车辆轮对有关尺寸等因素规定线路曲线的最小半径。线路曲线半径最小值是地铁主要技术标准之一，根据国家标准《地下铁道设计规范》规定，线路平面最小曲线半径应符合表1.1的规定。

**表 1.1　地铁或轻轨线路平面最小曲线半径**

| 线　　　路 | | 一般情况/m | | 困难情况/m | |
|---|---|---|---|---|---|
| 正线/<br>(km/h) | $v \leqslant 80$ | 350 | 300 | 300 | 250 |
| | $80 < v \leqslant 100$ | 550 | 500 | 450 | 400 |
| 联络线、出入线 | | 250 | 200 | 150 | |
| 车场线 | | 150 | 110 | 110 | |

注：除同心圆曲线外，曲线半径应以 10 m 的倍数取值。

## 2. 缓和曲线

为保证列车安全，使线路平顺地由直线过渡到圆曲线或由圆曲线过渡到直线，以避免离心力的突然产生和消除，常需要在直线与圆曲线之间设置一个曲率半径变化的曲线，这个曲线称为缓和曲线。图 1.5 所示为设有缓和曲线的线路。

缓和曲线的特征为：从缓和曲线所衔接的直线一端起，它的曲率半径 $\rho$ 由无穷大逐渐减小到它所衔接的圆曲线半径 $R$。它可以使离心力逐渐增加或减小，不致造成列车强烈的横向摇摆，这对改善运营条件、保证行车安全和平顺都有很大的作用，如图 1.6 所示。

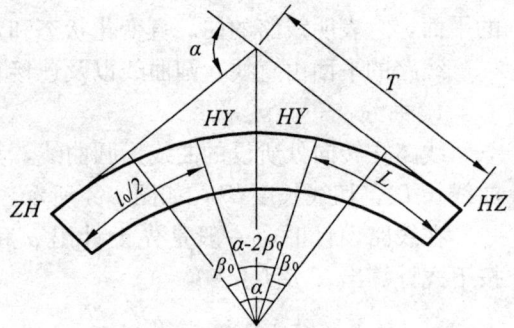

图 1.5　线路曲线

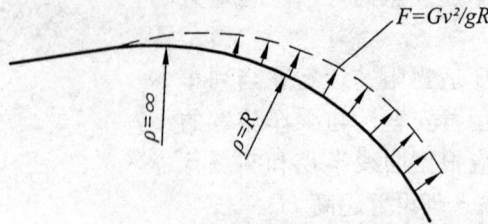

图 1.6　离心力变化示意图

《地下铁道设计规范》规定缓和曲线长度为 20 ～75 m，即不短于一节车辆全轴距长。

## 3. 夹直线

两相邻曲线转向相同，称为同向曲线；转向相反，称为反向曲线。两条相邻曲线间应设置一定长度的直线，以保证列车运行的平稳。车辆运行在同向曲线上，因相邻曲线半径不同，超高高度不同，车体内倾斜度不同；车辆运行在反向曲线上，因两曲线超高方向不同，车体时而向左倾斜，时而向右倾斜。这两种情况都会造成车体摇晃振动，为了保证运营安全，提供平稳的行车条件，线路不宜连续设置多个曲线，并在曲线之间必须保证足够长度的夹直线。

《地下铁道设计规范》规定：在正线与辅助线上夹直线长度不应小于 20 m，在车场线上夹直线长度不应小于 3 m。

### 三、线路的纵断面

线路中心线展直后在铅垂面上的投影，叫线路的纵断面，它表明线路的坡度变化。线路纵断面由平道、坡道及设于变坡点处的竖曲线组成。

1. 坡道的坡度

坡度是一段坡道两端点的高差 $h$ 与水平距离 $L$ 之比，用 $i‰$ 表示（见图1.7）：

$$i‰ = 1000\frac{h}{L} = 1000\tan\alpha$$

式中　$i$——坡度值；

　　　$\alpha$——坡道段线路中心线与水平线夹角。

线路根据地形的变化，有上坡、下坡和平道。上、下坡是按列车运行方向来区分的，通常用"＋"号表示上坡，用"－"号表示下坡，平道用"0"表示。例如，＋4‰是表示线路每1 000 m的水平距离升高4 m；－4‰则表示线路每1 000 m的水平距离降低4 m。

线路纵断面上坡度的变化点，叫变坡点。相邻变坡点间的距离，叫坡段长度。地铁或轻轨线路纵坡长度不小于远期列车长度，还应满足两相邻竖曲线间的夹直线坡段长度不小于50 m。

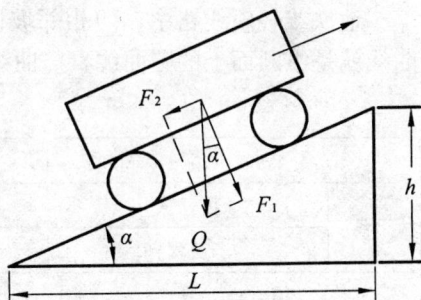

**图 1.7　坡道坡度及坡道附加阻力示意图**

地铁线路尽可能采用较平缓的坡度。一条线路最大坡度的确定，必须考虑各类车辆在最大坡道上停车时的启动与防溜，同时考虑必要的安全系数。

最大坡度也是地铁主要技术标准之一，《地下铁道设计规范》规定：正线的最大坡度宜采用30‰，困难地段可采用35‰，辅助线的最大坡度宜采用40‰。

地铁隧道线路考虑排水需要，正线最小坡度不宜小于3‰，困难地段在确保排水的条件下，可采用小于3‰的坡度。车站站台线路由于停车及站台面平缓要求宜设置在3‰的坡道上，困难条件下可设置在2‰或不大于5‰的坡道上，但是要确保排水坡度不小于3‰，以利于排水畅通。隧道内的折返线与存车线，应布置在面向车挡的下坡道上，其坡度宜为 2‰。

地面及高架桥上的车站站台线路不受排水影响宜设在平坡上，车场线可设在不大于 1.5‰的坡道上。

2. 竖曲线

车辆经过变坡点时，将产生振动和竖向加速度，引起旅客不舒适，同时由于坡度变化，车钩会产生一种附加应力。车辆经过凸凹地点时，相邻车辆处在不同坡道上，易产生车钩上下错移。为保证列车运行平稳，防止脱钩、断钩，应在相邻坡段间用一圆顺曲线连接，使列车顺利地由一个坡段过渡到另一个坡段，这个纵断面上变坡点处所设的曲线，叫做竖曲线，如图1.8所示。

由图1.8可知，竖曲线切线长 $T_s$ 为：

$$T_s = R \cdot \tan\frac{\alpha}{2} = \frac{1}{2\,000}R \cdot \Delta i \quad (m)$$

图 1.8 竖曲线

式中，$\Delta$ 为相邻坡段坡度代数差的绝对值。

竖曲线曲线长 $L_s$：$L_s \approx 2T_s$（m）。

地铁或轻轨线路中，两相邻坡段的坡度代数差等于或大于 2‰时，应设竖曲线。竖曲线就是纵断面上的圆曲线，竖曲线的曲线半径采用见表1.2。

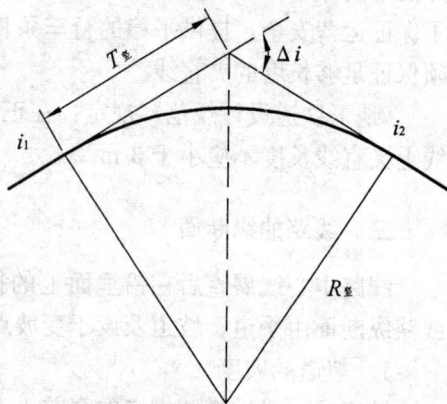

表 1.2 竖曲线半径

| 线 路 | | 一般情况/m | 困难情况/m |
|---|---|---|---|
| 正线 | 区 间 | 5 000 | 3 000 |
| | 车站端部 | 3 000 | 2 000 |
| 辅 助 线 | | 2 000 | |
| 车 场 线 | | 2000 | |

《地下铁道设计规范》还规定：车站站台和道岔范围不得设置竖曲线，竖曲线离开道岔端部的距离不应小于 5 m。

**四、轨道**

（一）轨道的组成及各部分的作用

轨道是由钢轨、轨枕、连接零件、道床、道岔和其他附属设备等不同力学性质的材料组成的构筑物。现代的轨道通常用两根专门轧制的工字形截面的钢轨固定在轨枕上而形成。轨道是一个整体性工程结构，经常处于列车运行的动力作用下，其作用为直接承受车轮传来的巨大压力，并把它传给路基及桥隧建筑物，起着机车车辆运行的导向作用。轨枕一般横向铺设，用木材、钢筋混凝土或钢材制成，通过道床将荷载传递到路基上去。

1. 钢轨

钢轨由轨头、轨腰和轨底三部分组成，钢轨断面形式如图 1.9 所示。钢轨的功用是支承和引导机车车辆的车轮运行，把车轮传来的压力传给轨枕，并为车轮滚动提供阻力最小的表面。钢轨还有为供电、信号电路提供回路的作用。

《地下铁道设计规范》要求：地铁正线与辅助线应采用 50 kg/m 及以上的钢轨，车场线应采用 43 kg/m 的钢轨。钢轨应采用 25 m、12.5 m 标准轨以及标准缩短轨，接头应采用对接，在曲线内股应采用现行标准的缩短轨，当采用缩短轨接头对接有困难时可采用错接，但其错开距离不应小于 3 m。

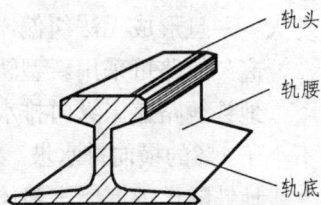

图 1.9 钢轨断面图

（轨头／轨腰／轨底）

地铁正线地段与半径为 250 m 及以上的曲线地段，应铺设无缝线路。无缝线路是将 25 m 轨端无螺栓孔的钢轨焊接成 1 km 及以上长的轨条铺设在轨枕上，接缝大大减少，因此消灭了列车通过接头区的冲击力，从而减小了振动与噪音。由于在 1 km 长的钢轨内不存在轨缝，当温度升高或降低时钢轨内部就产生了巨大的温度压力或拉力，这是无缝线路的一个显著特点。隧道内温度变化幅度较小，铺设无缝线路十分有利，如在地面线路铺设无缝线路则需要加强养护与监控，并适时进行应力放散工作，以防止线路胀轨跑道。

普通线路是将标准钢轨用夹板连接铺设在轨枕上，钢轨接头处留有轨缝，温度升降时钢轨能自由伸缩。

正线与辅助线上钢轨应设轨底坡，其坡度为 1/40，但在道岔与道岔间不足 25 m 的直线段不应设轨底坡。

对运营线路中的钢轨必须进行定期与不定期探伤与检查，根据国家相关技术标准进行钢轨伤损的标示与跟踪，在高架桥与隧道内钢轨伤损达到轻伤则应及时更换，在普通线路（道岔）以及无缝线路缓冲区中的重伤和折断钢轨应立即更换。

2. 轨枕

轨枕直接支承钢轨，并通过扣件与钢轨牢固相连接。

地面线路采用国家标准轨枕铺设，隧道等采用钢筋混凝土短轨枕式混凝土整体道床时，短轨枕宜在工厂预制，混凝土强度等级宜采用 C50，底部宜伸出钢筋以加强与混凝土整体道床的连接。采用连续支承混凝土整体道床时，应采用整体灌注式。

每公里铺设轨枕的标准按照《地下铁道设计规范》规定要求进行铺设。

3. 道床

道床的作用是支承轨枕，把从轨枕传来的压力均匀传给路基，它还有缓冲车轮对钢轨的冲击、固定轨枕的作用。它在地面线还能起到排除轨道中雨水的作用。

地铁隧道普遍采用整体式道床，无需补充石碴或更换轨枕，而且整体性强、稳定性好、轨道几何尺寸易于保持、养护维修工作量减少，但是不足的是工程造价高，施工难度大，一旦形成无法纠偏，出现病害难以整治，且道床弹性差。

高架线路可采用新型轨下基础，地面线路宜采用碎石道碴以降低投资。

地铁线路道床纵向排水坡度可与线路坡度一致，但不宜设置为平坡，道床面还应有不小于3‰的横向排水坡。

地铁隧道内混凝土整体道床与地面碎石道床相连时，衔接处应设置弹性过渡段。

碎石道床按国家现行有关规范的规定设置防爬装置。

隧道内的轨道结构可分有碴（有碎石道床）和无碴（无碎石道床）两种。

（1）有碴道床同土路基上道床一样，施工简单，防噪声性能好，但需要增加隧道的开挖量，而且维修工作量较大，一般城市轨道交通中不采用。

（2）无碴道床最为普遍的是混凝土整体式道床，这种结构利用扣件把钢轨和混凝土基础直接连接在一起。

整体式道床采用就地连续灌注混凝土基床或纵向承轨台，简称 PACT 型轨道。这种形式结构简单，减振性能较好，但施工较为复杂。此外也可以把预制好的混凝土枕与混凝土道床浇筑成一个整体，或者采用预制的钢筋混凝土支承块与混凝土道床浇注成一体，这被我国铁路隧道广为采用。

（3）高架桥上的道床与隧道内相似，也分为碎石道床和混凝土整体道床。碎石道床与前述土路基上道床相同。桥上整体道床结构也称无碴无枕梁结构，是通过扣件直接把钢轨和混凝土桥面联结起来的。应用较广泛的是在混凝土梁上二次浇注混凝土纵向承轨台。

4. 减振垫层与扣件

由于整体道床轨道结构没有碎石道床提供必要的弹性，因而一般要配用弹性较好的扣件以减小振动和噪声。

（1）减振垫层。减振垫层为压缩型橡胶垫板，放在钢轨与承轨台之间，能显著减小车辆振动，降低噪声。

（2）扣件。扣件是联结钢轨与轨枕间的中间零件，其作用是将钢轨固定在轨枕上，保持轨距并阻止钢轨的横纵向移动。

（二）轨道的平顺

1. 直线地段轨道的标准轨距

我国规定的直线地段轨道的标准轨距为 1435 mm，用道尺测量轨距（见图 1.1）的允许误差为（+6～-2）mm，轨距变化率不得大于3‰。轮对宽度要略小于轨距；使轮缘与钢轨内侧保持必要的间隙，以利于在轨道上行驶的车辆轮对能顺利通过。轮对左右两车轮内侧面之间的距离加上两个轮缘厚度为轮对宽度。

## 2. 高低要求

直线地段两股钢轨顶面应保持同一高度，使两根钢轨负荷均匀。也允许有一定误差，可根据线路等级不同，分别不大于 4～6 mm。轨道在一段不太长的距离内不允许左右两轨高差交替变化，形成三角坑，以免引起列车剧烈摇晃，甚至引起脱轨事故。

轨道纵向的平顺情况称为高低，若高低不平，将增大列车通过时的冲击力，对轨道的破坏力增大。根据有关规程规定，经过维修或大修的正线或到发线轨道，前后高低差用 10 m 弦量表示不得超过 4 mm。

轨道方向应远视顺直，若直线不直，方向不良，会造成列车蛇行运动。在无缝线路地段，还会诱发胀轨跑道。

## 3. 曲线外轨超高

曲线地段轨道的内、外股钢轨的顶面应保持一定的高差，两轨间的距离要比直线路段加宽，同时在曲线两端与直线连接处应设置缓和曲线。

车辆进入曲线轨道时，因惯性作用，仍然要保持原来的行驶方向，当前轴外轮碰到外轨，受到外轨引导时，才沿着曲线轨道行驶。这时车辆的转向架与曲线在平面上保持一定的位置和角度。车辆运行在曲线上可能会出现三种情况：①第一种情况是当轨距足够宽时，只有前轴外轮的轮缘受到外轨的挤压力（导向力），后轴则居于曲线半径方向，两侧轮缘与钢轨间有一定的间隙，行车阻力最小；②第二种情况是当轨距不够宽时，后轴的内轮轮缘也将受到内轨的挤压，产生第二导向力，行车阻力较前者大为增加③第三种情况是轨距更小时，前后轴均同时受内外轨挤压，车轮被揳在两轨之间，不仅行车阻力大，甚至可能把轨道挤开。

为此，在小半径曲线上的轨距必须加宽，确定轨距加宽的原则是保证最常用的车辆转向架能以第一种情况自由通过曲线，并保证轴距较长的多轴列车能以第二种情况通过，而不致出现第三种情况。

列车在曲线上行驶将产生惯性离心力，为了保持平衡和减轻钢轨的侧面磨耗，须将外轨抬高，利用车体内倾产生的重力水平力平衡离心力。外轨抬高的量称为超高，用下式估算：

$$H = \frac{7.6 v_{\max}^2}{R} \quad (\mathrm{mm})$$

式中　$v_{\max}$——列车设计最高运行速度（km/h）；

　　　$R$——曲线半径（m）

上式虽以列车最大时速表示，实际是代表列车平均运行时速的一近似估算式。所以当列车运行速度大于平均时速，由于超高不足（欠超高）而产生未被平衡的离心加速度，为满足旅客的舒适度，这一值不得超过 0.4～0.5 m/s²，对应的欠超高一般不超过

60~75 mm，在特殊困难情况可达 90 mm。

直线与圆曲线间要设置曲率渐变的缓和曲线，使圆曲线的轨距加宽及外轨超高在缓和曲线范围内逐渐完成。缓和曲线的曲率从零变至与圆曲线曲率相等时，是一个渐变的过程，相应的超高也是渐变的，车体在缓和曲线内所受的离心力和向心力也是渐变的。

## 【操作过程】

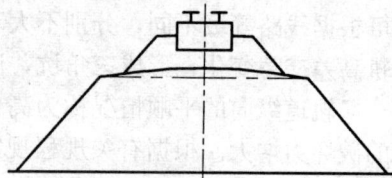

图 1.10　线路横断面

轨道交通线路横断面示意图（图 1.10）的画法：

第一步：画出路基横断面图（参见图 1.3）；

第二步：在路基横断面图上画出道床横断面图；

第三步：在道床横断面图上画轨枕纵断面图；

第四步：在轨枕纵断面图画上两钢轨横断面图。

## 【背景知识】

### 一、轨道交通线路分类

1. 按线路与地面的关系分类

按线路与地面的关系可分为地下线路、地面线路和地上线路；

2. 按线路在运营中的作用分类

按线路在运营中的作用分为正线、辅助线和车场线等。线路两端车站应设计折返设施，折返形式如图 1.11 所示。

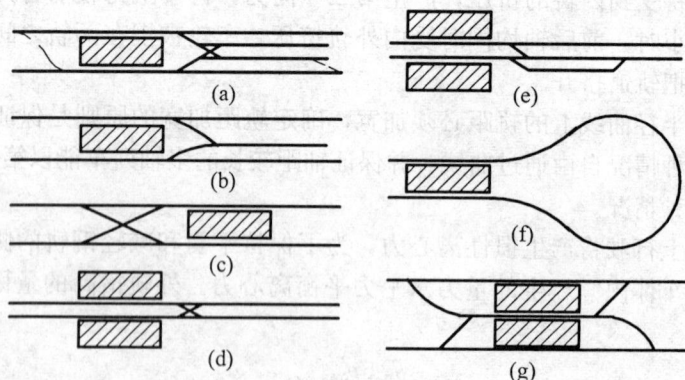

图 1.11　折返线形式

其中图（a）为双折返线，可存车和折返，能力强、灵活性好，常采用；图（b）为单折返线，扳返能力和灵活性稍差，折返存车不能兼顾，多用于存车；图（c）和图（d）为渡线折返线，渡线短，节省折返时间和建设资金，但正线延伸后正常运营列车难以折返，需另设折返线；图（e）为侧线折返线，比较简便经济，主要用于高架线上；图（f）

为环形折返线，折返能力与正线匹配，列车来回换边，可避免车轮偏磨，但折返线长，增加列车数量，需适合的地形采用；图（g）为综合折返线，集列车折返、乘客上下车、列车越行等三功能为一体，使用灵活、功能多，但车站规模大、效率较低。

当线路两端客流不平衡需中间折返时，在折返站应设置道岔渡线，如图1.12所示。

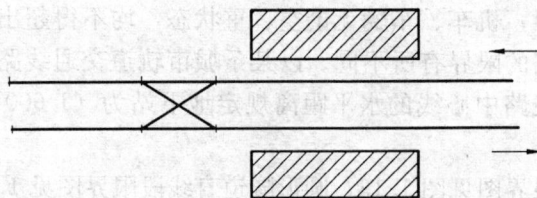

图1.12 中间站折返方式

## 二、选线

1. 线路方向及路由选择

（1）线路方向及路由选择要考虑的主要因素：①线路的作用；②客流分布与客流方向；③城市道路网分布状况；④隧道主体结构施工方法；⑤城市经济实力。

（2）通过特大型客流集散点的路由选择。当特大型客流集散点离开线路直线方向或经由主路时，线路路由有下列方式可供选择：①路由绕向特大型客流集散点；②采用支路连接；③延长车站出入口通道，并设自动步道；④调整路网部分线路走向；⑤调整特大型客流集散点。

（3）路由方案比选：路由对线路工程建设和城市发展影响重大，应多做路由方案比较。吸引客流条件、线路条件、施工条件、施工干扰、对城市的影响、工程造价、运营效益等，是路由方案比选的主要内容。

（4）影响线路的走向与路由确定的因素：①线路的性质、作用及地位；②客流集散点和主客流方向；③城市道路网及建设状况；④线路的敷设方式和技术条件；⑤与城市发展的近远期结合。

线路走向和路由方案的研究一般在1∶50000～1∶10000的地形图上进行，特殊地段可采用1∶2000的地形图，结合线路的技术条件和地形地貌，提出2～3个可供选择的方案，以进行方案比选和论证。

2. 线路敷设方式

线路敷设方式有三种，即地下线、地面线和高架线。

3. 线路位置方案比选

包括线路条件比较、房屋拆迁比较、管线拆迁比较、改移道路及交通便道面积比较、地铁主体结构施工方法比较和其他拆迁物比较。

## 三、限界

限界的作用是确保机车车辆在轨道交通线路上运行的安全，防止机车车辆撞击邻近的建筑物或其他设备。

一切建筑物，在任何情况下，不得侵入建筑限界；地铁的一切设备，在任何情况下不得侵入地铁设备限界；机车、车辆无论空、重状态，均不得超出机车、车辆限界。各城市轨道交通各条线路的限界有所不同。以某条城市轨道交通线路为例，它们应符合下列规定：站台边缘至线路中心线的水平距离规定地下站为（$1\,600\,{}^{\,0}_{-10}$）mm，地面站为（$1\,610\,{}^{+10}_{\,0}$）mm；

矩形隧道直线段限界图见图 1.13，圆形隧道直线段限界图见 1.14。

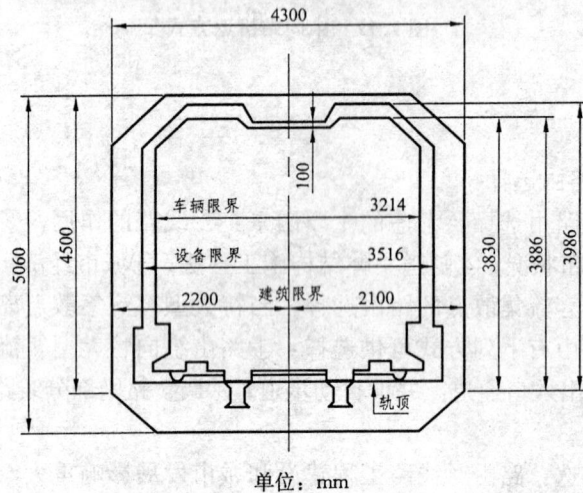

单位：mm

**图 1.13　区间直线地段矩形隧道、设备及车辆限界**

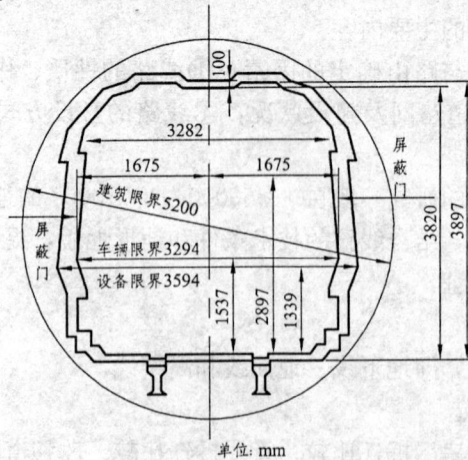

单位：mm

**图 1.14　区间直线地段圆形隧道、设备及车辆限界**

城市轨道交通限界包括车辆限界、设备限界、建筑限界、接触网和接触轨限界。

1. 车辆限界

车辆限界根据车辆主要尺寸等有关参数，并考虑在静态和动态情况下所达到的横向和竖向偏移量及偏转角度，按可能产生最不利情况进行组合计算确定。

2. 设备限界

设备限界应根据车辆限界、轨道状态不良引起的车辆偏移和倾斜，并考虑适当的安全量等因素计算确定。

3. 隧道建筑限界

随道建筑限界区间直线地段各种类型的隧道建筑限界与设备限界之间的间距，应能满足各种设备安装的要求。其他类型及施工的隧道建筑限界，应按照《地下铁道设计规范》规定要求进行加宽与加高。

车站直线地段的站台高度应低于车厢地板面，其高度差宜为 50～100 mm；站台边缘距车厢外侧之间的空隙宜采用 100 mm。

4. 接触轨限界

接触轨限界应根据受流器的偏移、倾斜和磨耗，接触轨安装误差，轨道偏差，电间隙等因素确定。

## 四、线路标志

轨道交通线路上应设置百米标、坡度标、制动标、圆曲线和缓和曲线始点及终点标、曲线标、竖曲线始点及终点标、水准基点标、限速标、警冲标、停车位置标志等。

隧道内百米标、限速标、停车位置标志应设在行车方向的右侧；警冲标应设在两会合线间，位置应根据设备限界及安全量确定；隧道外的标志可按国家现行有关规范的规定设置。其中停车标，设于各车站站台端部对开的隧道壁位置和存车线、折返线、信号机前。在接近车站 300m、200m 分别设置接近车站预告标，100m 位置设站名标、车挡表示器。

## 【拓展知识】

### 一、曲线附加阻力

1. 基本阻力

列车在空旷地段沿平、直轨道运行时所受到的阻力，包括车轴与轴承之间、轮轨之间以及钢轨接头对车轮的撞击阻力等。基本阻力在列车运行时总是存在的。

2. 附加阻力

列车在线路上运行时，受到的额外阻力，如坡道阻力、曲线阻力、启动阻力等。附加阻力随列车运行条件或线路平、纵断面情况而定，阻力方向与列车运行方向相反。

3. 曲线附加阻力

当列车通过曲线时，由于惯性力的作用，外侧车轮轮缘紧压外轨，使其磨耗增大。又由于曲线外轨长于内轨，外轮在外轨上的滑行等原因，运行中的列车所受阻力比在直线上所受阻力大，两者之差称为曲线附加阻力。

曲线附加阻力与列车重量之比，叫单位曲线附加阻力，用（N/kN）来表示，它的大小通常用试验公式求得。

当曲线长度≥列车长度，列车整列运行在曲线上时（见图 1.15a）：

$$\omega_r = \frac{600}{R} \text{ (N/kN)} \quad \text{或} \quad \omega_r = \frac{10.5\alpha}{L} \text{ (N/kN)}$$

当曲线长度＜列车长度，列车只有一部分运行在曲线上时（见图 1.15b）：

$$\omega_r = \frac{600}{R} \times \frac{L_r}{l} \omega \text{ (N/kN)} \quad \text{或} \quad \omega_r = \frac{10.5\alpha}{l} \text{ (N/kN)}$$

式中　600——实验常数；

$L_r$——曲线长度（m）；

$R$——曲线半径（m）；

$l$——列车长度（m）。

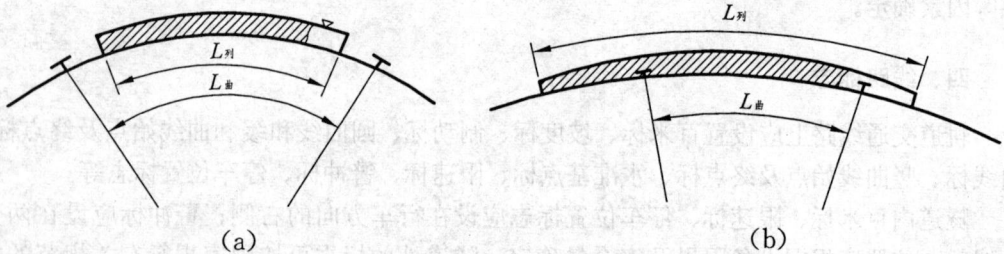

图 1.15　列车位于曲线上

同理，列车同时运行在几个曲线上时：

$$\omega_r = \frac{600}{R_1} \times \frac{L_{r1}}{l} + \frac{600}{R_2} \times \frac{L_{r2}}{l} \cdots \text{ (N/kN)}$$

从上式可知，曲线阻力与曲线半径成反比。曲线半径越小，曲线阻力越大，运营条件就越差，说明采用大半径曲线对列车运行的影响较小。而小半径曲线亦具有容易适应地形困难的优点，对工程条件有利。因此，在设计铁路线时必须根据铁路所允许的旅客列车的最高运行速度，由大到小合理地选用曲线半径。

根据 $\omega_r = 600/R$ 可知曲线半径愈小，曲线附加阻力愈大，并给运营工作带来以下不利影响：

（1）限制行车速度。从列车通过曲线的最大允许速度 $v_{max} = \sqrt{\frac{R(h+\Delta h)}{11.8}} \approx 4.3\sqrt{R}$

可知，列车通过曲线的最大允许速度与曲线半径的平方根成正比。曲线半径愈小，列车通过曲线的速度受到的限制愈大。

（2）增加轮轨磨耗。列车运行在曲线上时，由于内侧与外侧钢轨长度不等，使车辆的内轮与外轮在钢轨上产生相对纵向滑行，钢轨与轮缘磨耗增加。曲线半径愈小，这种磨耗愈严重。

（3）增加轨道设备。列车运行在曲线上时，为防止外轮对外轨挤压而引起的轨距扩大，以及钢轨带动轨枕在道床上的横向移动，对小半径曲线地段的轨道应增加轨枕根数，加设轨距杆、轨撑。

（4）增加轨道养护维修费用。小半径曲线地段的轨距、水平、方向都极易发生变位，因此养护维修工作量较大，增加了养护维修费用。

## 二、坡道附加阻力

列车在坡道上行驶时其重量 $Q$ 可以分解为 $F_1$ 和 $F_2$ 两个分力（见图1.7），$F_2$ 平行于坡面，即为坡道的坡度引起的坡道附加阻力：

$$F_2 = Q_g \cdot \sin\alpha = Q_g \cdot 6\tan\alpha = Q_g \cdot i \ (N)$$

坡道附加阻力与列车重量之比，叫做单位坡道附加阻力，用 $\omega_i$ 来表示。

当列车整列位于坡道上时：

$$\omega_i = \frac{Q_g \cdot i‰}{Q_g} = i \ (N/kN)$$

当列车一部分位于坡道上，而另一部分位于平道上时：

$$\omega_i = \pm i \times \frac{L_i}{l} \ (N/kN)$$

列车在线路上运行，有时上坡，有时下坡，所以坡道附加阻力也有正、负。上坡时，坡道附加阻力与列车运行方向相反，坡道附加阻力为正；下坡时，坡道附加阻力与列车运行方向相同，坡道附加阻力为负，负阻力也就是加速力。

## 三、换算坡度

如果在坡道上有曲线，列车在坡道上运行时所遇到的单位附加阻力应为单位曲线附加阻力与单位坡道附加阻力之和。由于曲线附加阻力无负值，而坡道附加阻力有正、负之分，所以总单位附加阻力为：

$$\omega_总 = \omega_r + \omega_i \ (N/kN)$$

根据前述的 $\omega_i = \pm i \ (N/kN)$ 的对应关系，将总的单位附加阻力换算为坡度，则有

$$i_换‰ = (\omega_r + \omega_i)‰ = (i_r \pm i)‰$$

如此求得的坡度，称为换算坡度，又称加算坡度。由此可知，当坡道上有曲线时，列车上坡运行时坡道就显得更陡；而下坡运行时，坡道则显得更缓了。

**例** 试按图 1.16 所示资料（列车长 800 m），求列车运行在 $BC$ 段的换算坡度？

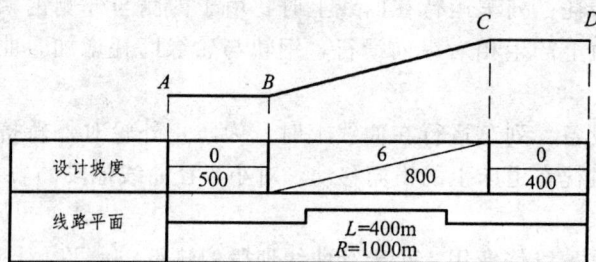

**图 1.16**

**解**：列车上坡运行时的换算坡度为：

$$i_{换}^{BC}‰ = (\omega_r + \omega_i)‰ = \left( \frac{600}{1000} \times \frac{400}{800} + 6 \right)‰ = 6.30‰$$

列车下坡运行时的换算坡度

$$i_{换}^{BC}‰ = (\omega_r + \omega_i)‰ = \left( \frac{600}{1000} \times \frac{400}{800} - 6 \right)‰ = -5.70‰$$

故 $BC$ 段的换算坡度上坡时为 6.30 ‰，下坡时为 5.70 ‰。

## 四、地下隧道

在城市轨道交通中占有较大比重的应当是地下铁道。地下铁道由于在地下运行，对地面上的其他交通工具无干扰，其运输能力不受气候影响，也避免了地面轻轨和高架交通所产生的噪声对城市的污染，在战争期间还可作为民用防空设施，所以地下铁道的优点非常明显。但是地下铁道造价昂贵，应充分进行技术经济比较后，分区段确定线路方案。

### 1. 区间隧道特点

地下铁道的区间隧道与铁路隧道基本相同。地层的工程地质、水文地质资料是隧道设计的重要依据，因此必须收集和积累沿线的有关技术资料，包括勘探和试验资料、数据等。地层情况的变化直接影响到施工方法的确定，不同的施工方法对应的投资差别较大。

区间隧道的开挖大多沿闹市区的街道下面进行，开挖必然引起地面沉降，如何控制地面沉降量，使其不影响既有建筑物的安全，是城市地下铁道施工所面临的一大课题。

### 2. 明挖法隧道

当城市地面空间足够时，可以采用放坡大开挖法修筑隧道，放坡率可以根据地质情况确定，对应的区间隧道一般采用框架结构，上部设计荷载以回填土重加路面荷载来考虑，侧面荷载考虑侧土压力。明挖法施工的造价较低，但土方工程量较大，并影响地面交通。

3. 暗挖法隧道

暗挖法隧道主要有盾构法隧道、矿山法隧道和新奥法隧道等。

**五、高架结构工程**

1. 高架结构工程的特点

高架结构工程是城市永久性建筑的一部分，结构寿命应按 50 年以上考虑，因而城区高架结构可以作为城市景观的一部分，与城市的其他建筑相协调。另外在城区施工，要求速度快，对现有的交通干扰小。

2. 高架桥上应考虑的因素

（1）管线设置或通过要求；

（2）设有紧急进出通道；

（3）有防止列车倾覆的安全措施；

（4）在必要地段设置防噪屏障；

（5）应设有防水、排水措施等。

3. 高架结构工程

一般有槽形梁结构、脊梁结构和超低高度板结构。

4. 墩台形式

高架桥的墩台除具有足够的强度和稳定性以承受荷载外，还需要考虑美观，并与城市环境相协调。墩台形式一般有倒梯形桥墩、"T"形桥墩、双柱式桥墩、"Y"形桥墩等形式，如图 1.17 所示。

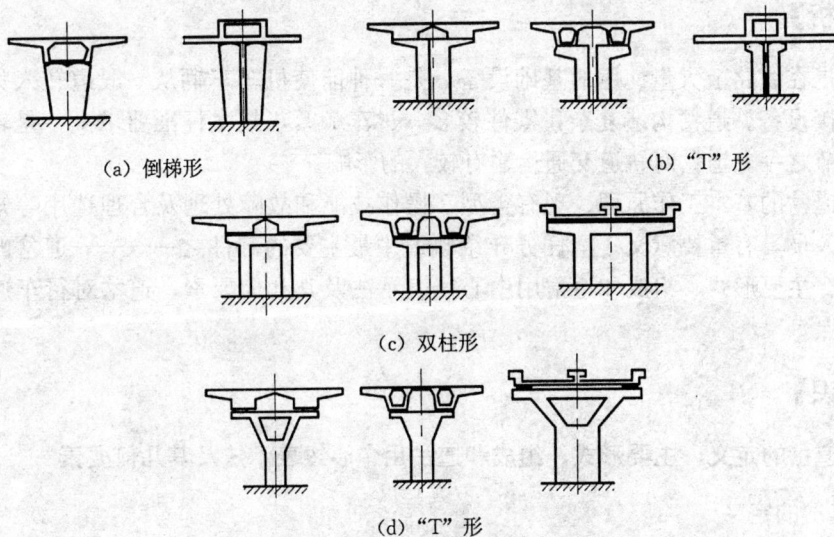

（a）倒梯形　　　　　　　　　　　　　　　　（b）"T"形

（c）双柱形

（d）"T"形

**图 1.14　桥墩形式**

# 工作任务 2  用线路中心线表示法画出
# 9号普通单开道岔示意图

## 【看一看】

普通单开道岔如图 1.18 所示。

**图 1.18  普通单开道岔**

## 【任务分析】

道岔是在线路上大量使用的基础设备，是一种能使机车车辆从一股道转入另一股道的线路连接设备。道岔构造复杂，零件较多，过车频繁，技术标准要求高，是轨道设备的薄弱环节之一。道岔对轨道交通运输有较大的影响。

掌握道岔的基本工作原理、现有类型、操作技能和故障处理及合理选用等知识点对运营管理人员具有重要意义。本任务介绍轨道中最主要的部件之一———道岔的基本结构、定义、主要形式、组成和道岔用中心线表示法及其几何要素，道岔对行车速度的影响等知识点。

## 【相关知识】

### 一、道岔的定义、主要形式、组成和道岔用中心线表示法及其几何要素

1. 道岔的定义

在轨道交通中，车辆从一股轨道转向或越过另一股轨道的设备，称为道岔。

## 2. 道岔的主要形式

道岔有线路连接、线路交叉及线路连接与交叉三种形式。常见的线路连接有普通的单开道岔、单式对称道岔及三开道岔。线路交叉有直角交叉及菱形交叉。

## 3. 道岔的组成

单开道岔是各种道岔中的主要形式，应用最为普遍。单开道岔主线为直线，侧线由主线向左侧或右侧岔出，分为左开及右开两种形式，如图 1.19 所示。单开道岔由转辙器部分、辙叉及护轨、连接部分及岔枕组成，如图 1.20 所示。

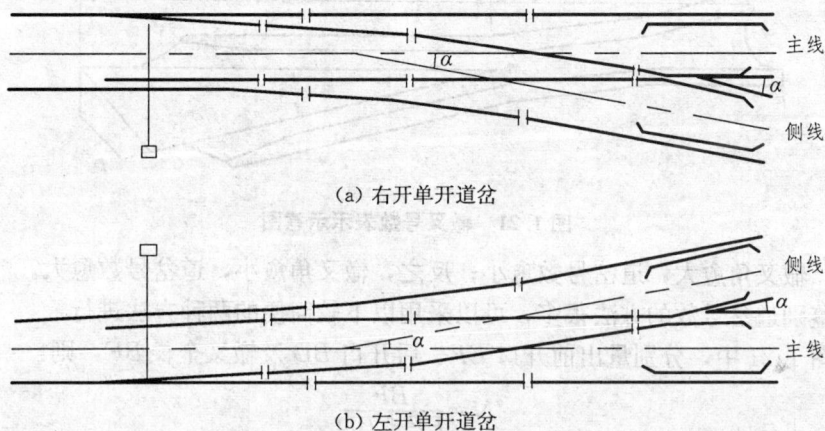

(a) 右开单开道岔

(b) 左开单开道岔

**图 1.19　单开道岔**

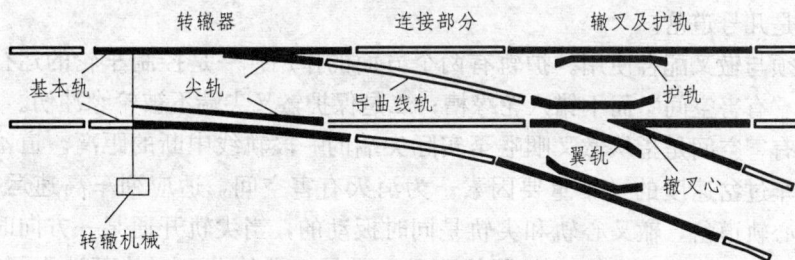

**图 1.20　普通单开道岔的组成**

（1）转辙器部分，由两根基本轨、两根尖轨、各种联结零件及转辙机械组成。它通过将尖轨扳动在不同的位置引导机车车辆进入道岔的不同方向。

（2）辙叉及护轨部分，包括辙叉、护轨、主轨及其他联结零件。辙叉与护轨组成一个整体，共同配合发挥作用。

辙叉按其构造分为锰钢整铸式和钢轨组成式；按翼轨与心轨的相对关系分为固定式和可动心轨式；按平面形状分为直线式和曲线式以及钝角辙叉与锐角辙叉等。

辙叉号数也称道岔号数，是表示辙叉角大小的一种方式。因为辙叉角是以度（°）、分（′）、秒（″）表示的，运用很不方便，故在实际工作中都以辙叉号数 N 表示。

我国规定，以辙叉角的余切表示辙叉号数（见图1.21）：

$$N=\frac{AC}{BC}=\cot\alpha$$

式中　$N$——辙叉号数（道岔号数）；

　　　$\alpha$——辙叉角，

　　　$BC$——叉心工作边任一点$B$至另一工作边的垂直距离；

　　　$AC$——由叉心理论尖端至垂足$C$的距离。

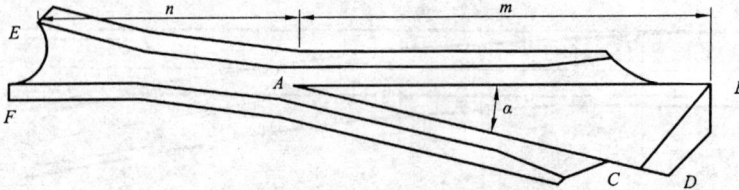

**图1.21　辙叉号数表示示意图**

显然，辙叉角愈大，道岔号数愈小；反之，辙叉角愈小，道岔号数愈大。

现场鉴别道岔号数的方法很多，可以采用以下较简便的两种方法进行：

①在图1.21中，分别量出前开口$EF$、后开口$BD$及辙叉全长$BF$，则：

$$N=\frac{BF}{EF+BD}$$

②先在辙叉心轨顶面上找出一脚长的宽度处，由该处向前量至辙叉心轨理论尖端处，实量几脚就是几号道岔。

护轨必须与辙叉配合使用。护轨有两个方面的作用：一是控制车轮的运行方向，使之正常通过"有害空间"而不错入轮缘槽；二是保护辙叉尖端不被轮缘冲伤。

道岔的有害空间是指从辙叉咽喉至实际尖端的一段轨线中断的距离。道岔的有害空间是限制列车过岔速度的一个重要因素。为消灭有害空间，适应列车高速运行的要求，可采用活动心轨道岔。辙叉心轨和尖轨是同时扳动的，当尖轨开通某一方向时，活动心轨的辙叉心轨就与开通方向一致的翼轨密贴，与另一翼轨分开，从而消灭了有害空间，如图1.22所示。

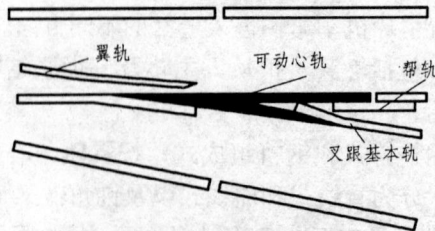

**图1.22　活动心轨辙叉**

护轨在中间的一段应为与主轨平行的直线，其长度为由咽喉至叉心顶宽 50 mm 间的距离再附加 100～300 mm，该直线段内护轨与主轨轮缘槽宽度为 42 mm。然后两端各向轨道内侧弯折一段长度，称为过渡段或缓冲段，其弯折角应近似等于尖轨的冲击角，对车轮进入护轨时起缓冲和引导作用。护轨末端的外侧面，将轨头在 150 mm 长度内斜切去一部分，形成喇叭口，该处的宽度规定为 90 mm。

护轨是用普通钢轨经过创切弯折成的，并用间隔铁、螺栓等零件与主轨联结。间隔铁为可调整宽度的双螺栓型，以便在护轨侧面磨耗达到限度时，可以调整轮缘槽的宽度。

（3）连接部分，指连接转辙器与辙叉的轨道部分，包括四股钢轨，即两股直线钢轨和两股曲线钢轨重叠组成。钢轨长度是根据道岔号数及导曲线半径大小经过计算确定的，其最短长度不应小于 4.5 m。

导曲线平面形式一般为圆曲线，其半径大小与道岔号数、道岔长度及侧向过岔速度等因素有关。道岔号数与导曲线半径的对应关系如表 1.3 所示。

表 1.3　道岔号数与导曲线半径的对应关系

| 道岔号数/N | 辙叉角 α | 导曲线半径/m | 道岔全长/m | 侧向允许通过速度/（km/h） |
|---|---|---|---|---|
| 9 | 6°20′25″ | 180 | 28.848 | 30 |
| 12 | 4°45′49″ | 330 | 36.815 | 45 |
| 18 | 3°10′12.5″ | 800 | 54.00 | 80 |

1998 年 10 月我国在京沪铁路线上铺设了 60 kg/m 钢轨 30 号可动心轨道岔。该道岔全长 102.4 m，侧向过岔速度 140 km/h，直向过岔速度 200 km/h，前后共有 9 台转辙机械（夹轨 6 台，心轨 3 台）

为了保持导曲线的位置和圆顺度，除可在连接部分铺设支距垫板外，还可在导曲线钢轨 的外侧安装一定数量的轨撑，必要时对小号道岔还可增设轨距杆。

由于连接部分的四根钢轨都被钉在同一根岔枕上，导曲线一般不设超高，所以导曲线是限制侧向过岔速度的因素之一。

4. 道岔用中心线表示法

道岔中心线表示法如图 1.23 所示。

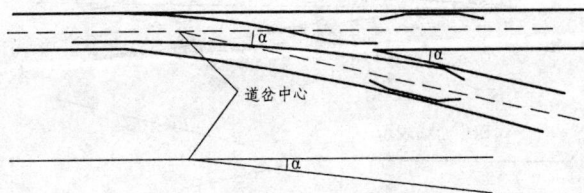

图 1.23　道岔中心线表示法

在已知道岔两线路中心线的交点和辙叉号数、道岔类型时，可按选定的比例尺用单线把道岔表示出来。

5. 道岔的几何要素

单开道岔的主要几何要素如图 1.24 所示。

图中 $O$ 表示道岔中心（直线线路中心线与侧线线路中心线的交点）；$a$ 表示道岔前部实际长度（从道岔始端轨缝中心至道岔中心的水平距离）；$b$ 表示道岔后部实际长度（从道岔终端轨缝中心至道岔中心的水平距离）；$L_全$ 表示道岔全长（道岔始端至道岔终端的水平投影长度）；$a_0$ 表示道岔前部理论长度（尖轨尖端至道岔中心的水平距离）；$b_0$ 表示道岔后部理论长度（道岔中心至辙叉心轨理论尖端的水平距离）；$q$ 表示尖轨尖端前的基本轨长度；$m$ 表示辙叉跟长。

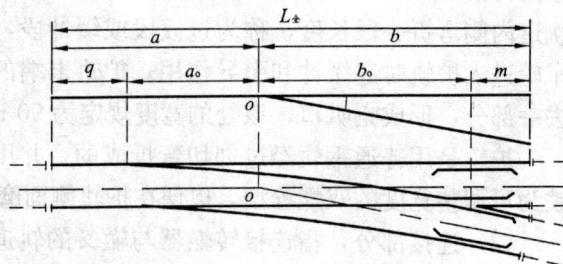

图 1.24　单开道岔的主要几何要素

6. 其他类型道岔与交叉设备

（1）双开道岔，道岔衔接的两条线路各自向两侧分岔，如图 1.25 所示。

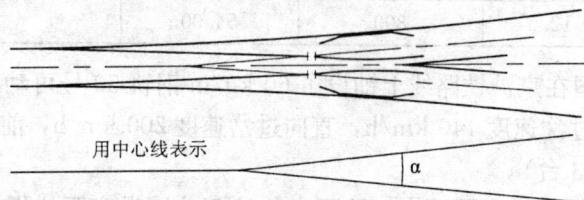

用中心线表示

图 1.25　双开道岔

（2）三开道岔，可以同时衔接三条线路，如图 1.26 所示。

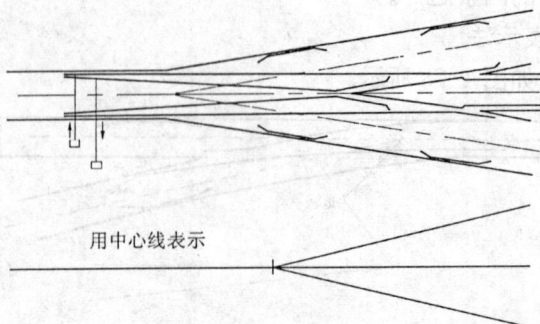

用中心线表示

图 1.26　三开道岔

（3）交分道岔，四组单开道岔和一副菱形交叉设备的结合体。

（4）交叉设备，只有辙叉而无转辙器部分，机车车辆通过交叉设备时，只能沿着原来的线路继续运行而不能转线。

（5）交叉渡线，由四副单开道岔和一组菱形交叉设备组合而成。

## 二、道岔的选用

由于城市轨道交通车辆在市区运行，常遇到小半径曲线，而且中间站通常不设配线。在设有渡线和折返线的车站，必须设置道岔来实现车辆的转线；在车场内，股道则通过道岔逐级与走行线连接。车辆的运行条件规定其最小通行半径为 25 m，考虑运行速度及节约用地要求，应在不同场合选用不同的辙叉号数和道岔结构。

城市轨道交通道岔辙叉号的确定要遵循以下三个原则：

1. 道岔的直股设计速度

当动车最大运行速度为 80 km/h 时，道岔直股结构应满足 80 km/h 通过的要求，如留有安全储备，道岔的直股设计速度为 100 km/h。如用于车场道岔，由于无较高的速度要求，采用 40 km/h 作为道岔的直股设计速度。

2. 道岔侧股的允许通过速度

主要取决于动车通过道岔侧股的运行速度要求。在折返站，动车在出发前由邻线转入，以改变运行方向，属于调车性质，最高运行速度可定为 25 km/h。用于车场的道岔，动车通过道岔侧股均为调车，考虑节约用地，最高运行速度可定为 15 km/h。

3. 动车以最高运行速度通过道岔侧股时

动车以最高运行速度通过道岔侧股时最大允许的未被平衡超高值（欠超高）比照区间线路定为 90 mm。

## 三、手摇道岔

一般的，城市轨道交通现场手摇道岔主要包括六个步骤，简称手摇道岔"六步曲"，具体内容为：

一看：看道岔开通位置是否正确，是否需要改变位置；

二开：打开盖孔板及钩锁器的锁，拆下钩锁器；

三摇：摇道岔转向所需的位置，在听到"咔嚓"的落槽声后停止；

四确认：手指尖轨，口呼"尖轨密贴开通×位"，并和另一人共同确认；

五加锁：另一人在确认道岔位置开通正确后，用钩锁器锁定道岔尖轨；

六汇报：向站控室汇报道岔开通位置正确。

## 【操作过程】

用线路中心线表示法画 9 号普通左开单开道岔示意图：

（1）画一条水平直线作为主线；

（2）在主线的中心线上确定两线路中心线交点的位置$O$；

（3）从交点沿主线线路中心线画等于辙叉号数的 9 个等分线段；

（4）在最后一个线段末端画一等分线段，使其垂直于主线的线路中心线；

（5）将垂直线段的终点与道岔中心连接，如图 1.27 所示。

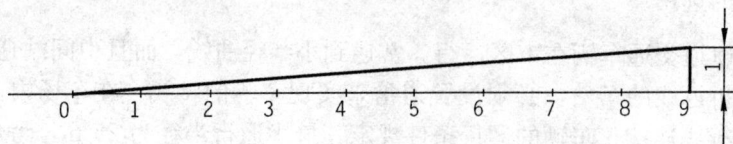

图 1.27　用线路中心线表示的 9 号单开道岔

## 【拓展知识】

道岔是轨道的薄弱环节，当列车运行速度超过道岔的允许通过速度时，轻者会造成脱轨，严重者会引起列车颠覆。

道岔对行车速度的影响在于以下因素：

（1）道岔存在有害空间；

（2）尖轨和道岔结构的不平顺；

（3）连接部分存在导曲线，在导曲线上不设缓和曲线和超高，对列车侧向过岔速度限制较大。

由于以上原因，机车车辆经过道岔时，列车运行速度会受到较大的影响。

《铁路技术管理规程》中规定了列车在直向、侧向经过道岔时的速度限制，如表 1.4 所示。

表 1.4　单开道岔侧向允许通过速度

| 道岔号数 | 导曲线半径/m | 客车通过速度/（km/h） |
| --- | --- | --- |
| 30 | 2 700 | 140 |
| 18 | ≥860 | 80 |
| | 800 | 75 |
| 12 | 350 | 50（45） |
| | 330 | 45 |
| 9 | 180～190 | 30 |

## 【项目小结】

线路是行车的基础，是重要的行车设备，从事运营管理的人员必须认识相关的设备和设施，掌握设备和设施对运营工作的影响。线路平纵断面和线路标志、高架结构与地下隧道、轨道、限界等知识是从事轨道交通运营管理人员必须掌握的基础知识，其中手摇道岔等技能是运营管理人员必须掌握的关键技能之一。

本项目重点学习如下内容：

（1）线路的组成、常见的路基横断面；

（2）线路的平面，内容包括线路平面的概念、组成、作用和曲线要素的计算及其与行车速度的关系。特别地，为更好地理解和掌握线路的平面与运营工作的相互关系，拓展了曲线附加阻力的计算和分析了曲线给运营工作带来的不利影响。此外，介绍了轨道交通线路的分类和选线等知识。

（3）线路的纵断面，内容包括线路纵断面的概念和组成要素及不同线路及其平纵断面对行车的影响；同样地，为更好地理解和掌握线路的纵断面与运营工作的相互关系，拓展了坡道附加阻力和换算坡度的计算方法。

（4）轨道的组成及各部分的作用，除介绍钢轨的组成和曲线外轨超高等知识外，重点讲述了道岔的定义、组成和道岔中心线表示法及道岔的几何要素，道岔的选用方法，道岔对行车速度的影响等知识。

（5）学习限界的概念、分类和限界图，简要介绍了地下隧道和高架结构工程。

## 【思考与实训】

（1）影响线路的走向与路由确定的因素有哪些？

（2）什么是曲线附加阻力？

（3）轨道主要由哪些部件组成？轨道的作用是什么？

（4）道岔的几何要素有哪些？

（5）什么是手摇道岔"六步曲"？

（6）简述轨道交通线路中圆曲线跟运营工作的关系。

（7）试简述线路平面和纵断面的主要区别。

（8）简述轨道交通线路中坡道对运营工作的影响。

（9）试绘图线路两端车站折返的主要形式并说明其特点。

（10）试画出地铁车辆限界图。

（11）试画出一副普通右开单开道岔示意图，在图上标注各组成部分和主要部件，分析各部分的作用。

（12）用中心线表示法画出12号右开单开道岔图。

# 项目二　城市轨道交通车站

## 工作任务 1　画出地铁站台发生火灾时
## 旅客紧急疏散路线图

【看一看】

图 2.1 为某地铁车站站厅一角。

图 2.1　某地铁车站站厅一角

【想一想】

城市轨道交通车站有哪些建筑设施或设备?

## 【任务分析】

地铁车站在地铁中是重要的组成部分之一，是轨道交通系统中最重要的建筑。车站每天要办理大量的行车作业与客运作业，为此，根据车站的运营功能和客流量的不同，车站应设置各种不同种类和容量的技术设备。车站是客流集散的场所，它必须具有供乘客乘降、换乘的功能。某些车站还必须提供折返、停车检修、临时待避功能。由此，要求车站能安全、迅速、方便地组织乘客进出，能全面、可靠、机动地满足运营要求。

地铁车站功能复杂、设备及辅助设施多、专业性较强，设备布置不同其相应的功能亦不同，车站的众多建筑形成车站的功能。地铁车站站务人员应熟悉站台站厅环境，能根据车站内主要技术设备和建筑的布置合理组织旅客运输，保证运输畅通，在突发事件（如火灾、地震等）时，能及时疏导旅客，保证人员安全。因此要求他们必须熟悉车站主要技术设备和主要建筑以及车站的分类、位置、设计原则等相关知识，掌握车站的功能。

## 【相关知识】

### 一、车站的分类

车站可按其运营功能或设备容量的不同来进行分类。

#### （一）车站按其运营功能分类

主要用途的不同可分为中间站、换乘站和终点站等。

1. 中间站

中间站功能单一，一般只供乘客乘降之用。有的中间站设有折返设备，可供列车折返和进行列车运行调整，以便在相邻区段上组织密度不同的行车和恢复正常的列车运行秩序。轨道交通路网中的车站大多属于中间站。

2. 换乘站

位于两条及两条以上线路交叉点上的车站。除供乘客乘降之用外，还供乘客由一条线路的列车换乘到另一条线路的列车上去。在设计换乘站时，应尽可能将换乘客流和到发客流分开。

3. 区域站（即折返站）

区域站是设在两种不同行车密度交界处的车站。站内有折返线和设备，区域站兼有中间站的功能。

4. 枢纽站

由此站分出另一条线路的车站。该站可接、送两条线路上的乘客。

5. 联运站

车站内设有两种不同性质的列车线路进行联运及客流换乘。联运站具有中间站及换乘站的双重功能。

6. 终点站

线路两端的车站，除供乘客上、下车外，还能供列车折返、停留和临时检修用，终点站一般设有多股停车线。

（二）车站按其设备容量分类

车站按其设备容量，即小时集散乘客能力的不同可分为一等站、二等站和三等站。客流量特别大，有特殊要求的车站，其规模等级可列为特级站。车站等级是车站设置相应机构和配备定员的基本依据之一，车站规模等级及适用范围如表 2.1 所示。

表 2.1　车站规模等级及适用范围

| 规模等级 | 适 用 范 围 |
| --- | --- |
| 一等站 | 适用于客流量大，地处市中心区的大型商贸中心、大型交通枢纽中心、大型集会广场、大型工业区及位置重要的政治中心地区 |
| 二等站 | 适用于客流量较大，地处较繁华的商业区、中型交通枢纽中心、大中型文体中心、大型公园及游乐场、较大的居住区及工业区 |
| 三等站 | 适用于客流量小，地处郊区的车站 |

此外，车站还可按与地面相对位置不同分为地下车站、地面车站和高架车站；按车站站台形式分为岛式车站、侧式车站和混合式车站；按车站埋深分为浅埋和深埋车站；按车站施工方法分为明挖站、暗挖站；按车站结构横断面形式分为矩形断面车站、拱形断面车站和圆形断面车站等形式。

**二、城市轨道交通车站设计原则**

1. 站址的选择

站址的选择应满足轨道线路设计及运营的要求，并且同时考虑城市公共交通组织和城市规划的要求。因此，需要轨道交通的主管部门、城建管理部门以及设计部门互相协调，使站间距适宜。

地下铁道的车站在整个城市轨道交通系统中，土建投资所占的比重较大，同时又是客流汇集场所，要求具有良好的通风、照明和卫生设施，所以要合理设计好车站。

2. 车站规模

车站规模指车站外形尺寸大小、层数和站房面积多少，它直接决定着车站的外形尺寸及整个车站的建筑面积等。决定车站规模的主要因素是客流量，根据预测出的近期和远期客流量，来估算车站乘客的集散量和设备容量。

一般车站在高峰期 1 h 内，集中了全日乘降人数的 10%～15%，但由于车站所在地区的不同，如居民区、商业区等，其乘降人数的集中程度不相同，所以在规划时要充分做好预测工作，并考虑轨道交通启用后客流分布所发生的变化。

3. 车站布置

车站布置要方便乘客使用，迅速进出站，并且要有良好的通风、照明、卫生、防火等设备条件，以为旅客提供安全和舒适的乘降环境。

4. 建筑设计

地面、高架和地下车站所处的位置不同，其建筑设计应各具特色，因地制宜地考虑建筑风格，力求与城市景观相协调。在设计时，应力求规范化和标准化，充分采用新技术、新工艺和新材料。

### 三、车站位置与路口的关系

1. 跨路口站位

这种站位便于各个方向的乘客进入车站，减少了路口人流与车流的交叉干扰，而且与地面公交线路有良好衔接，在有条件时应优先选用。跨路口站位如图2.2所示。

2. 偏路口站位

这种站位偏路口一侧设置，施工时可减少对城市地面交通以及对地下管线的影响，高架时，较容易与城市景观相协调。不过，其缺点是路口客流较大时，容易使车站两端客流不均衡，影响车站的使用功能。一般在高架线或路口施工难度较大时采用，如图2.3所示。

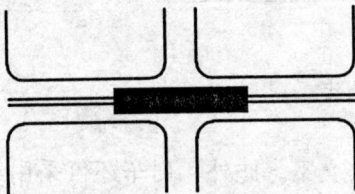

图2.2 跨路口站位          图2.3 偏路口站位

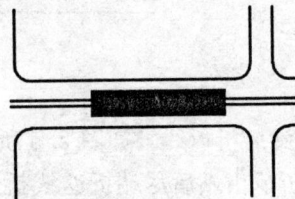

3. 位于道路红线以外站位

典型的有设于火车站站前广场或站房下，以利客流换乘；与城市其他建筑同步实施，和新开发建筑物相结合；结合城市交通规划，建设城市综合交通枢纽等。

### 四、车站主要技术设备

（一）车站线路

车站线路包括正线、配线、折返线和存车线，是列车在站内到、发及停留，或进行折返作业的线路。考虑到轨道交通线路的行车特点，同时为了降低工程投资，车站配线非特别需要一般不设置。

在线路的终点站以及部分中间站上设置折返线及存车线，且折返线的布置应尽可能地保证线路最大通过能力的实现。《地铁设计规范规定》："线路的每个终点站和区段运行的折返站，应设置折返线或渡线，它的折返能力应与该区段的通过能力相匹配。当两折返站相距过长时，宜在沿线每隔3至5个车站的站端加设渡线或车辆停放线。"

1. 折返线

（1）站前折返线，如图2.4所示，指列车经由站前渡线折返。

优点：站前折返时，列车空走少，折返时间较短，乘客能同时上下车，可缩短停站时间，减少费用；

缺点：这种方式存在一定的进路交叉，对行车安全有一定威胁，客流量大时，可能会引起站台客流秩序的混乱。

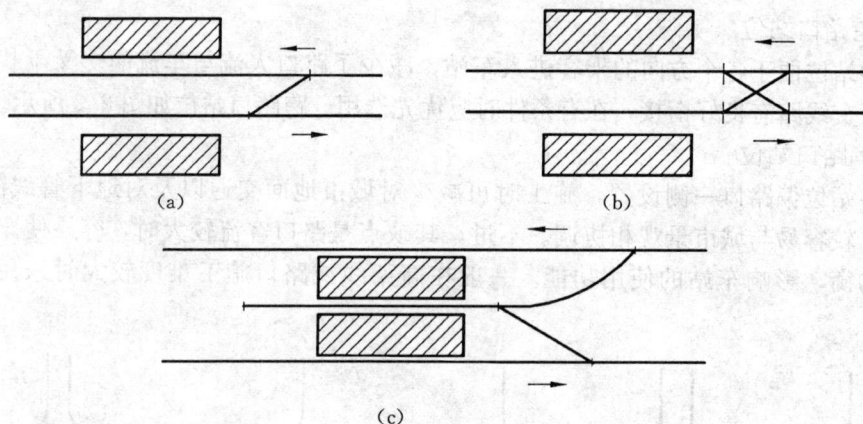

（a）　　　　　　　　　　　　　　　（b）

（c）

**图2.4　站前折返线**

（2）站后折返线，如图2.5所示。

站后折返由站后尽端折返线折返，可避免进路交叉。此外，列车还可采用经站后环线折返的方法。

优点：安全性能好，站后列车进出站速度较高，有利于提高旅行速度；

缺点：站后折返的不足是列车折返时间较长。站后渡线方法则可为短交路提供方便；环形线折返设备可保证最大的通过能力，但施工量大，钢轨在曲线上的磨耗也大。一般说来，站后尽端折返线折返是最常见的方式。

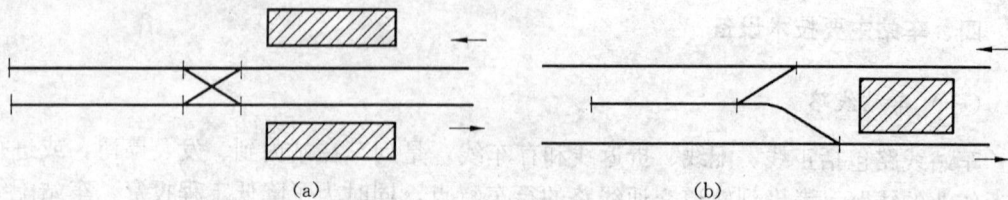

（a）　　　　　　　　　　　　　　　（b）

**图2.5　站后折返线**

## 2. 存车线

存车线可与折返线结合设置，也可单独设置，如图 2.6 所示。

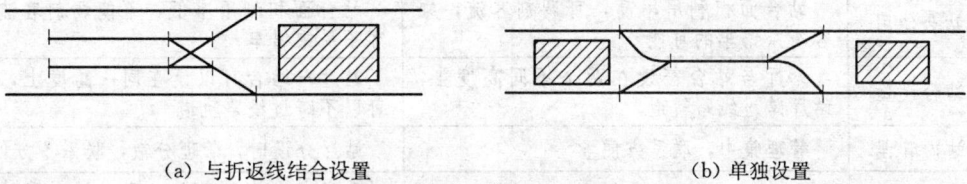

(a) 与折返线结合设置        (b) 单独设置

**图 2.6　存车线**

## （二）站台

站台是供列车停靠和乘客候车、乘车及上、下车的地方，如图 2.7 所示。

**图 2.7　地铁站台**

## 1. 站台形式

站台形式有岛式站台、侧式站台和混合式站台三种，如图 2.8 所示。

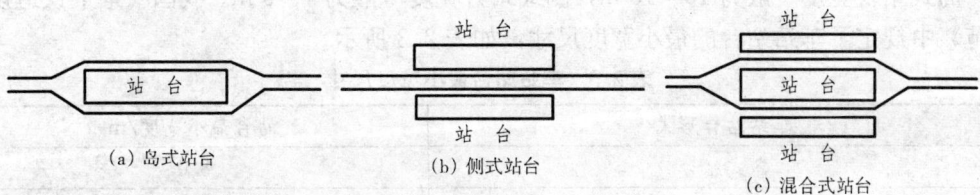

(a) 岛式站台    (b) 侧式站台    (c) 混合式站台

**图 2.8　站台形式**

车站采用的站台形式绝大多数为岛式站台与侧式站台两种。现将两种站台的优缺点比较列于表 2.2。

## 表 2.2 岛式站台与侧式站台优缺点比较

| 项 目 | 岛式站台 | 侧式站台 |
|---|---|---|
| 站台使用 | 站台面积利用率高,可调剂客流,乘客有乘错车的可能 | 站台面积利用率低,不能调剂客流,乘客不易乘错车 |
| 站台设置 | 站厅与站台需设在两个不同高度上,站厅跨过线路轨道 | 站厅与站台可以设在同一高度上,站厅可以不跨过线路轨道 |
| 站内管理 | 管理集中,联系方便 | 站厅分设时,管理分散,联系不方便 |
| 乘客中途折返 | 乘客中途改变乘车方向比较方便 | 乘客中途改乘车方向不方便,需经天桥或地道 |
| 改扩建难易性 | 改建扩建时,延长车站很困难,技术复杂 | 改建扩建时,延长车站比较容易 |
| 站内空间 | 站厅、站台空间宽阔完整 | 站厅分设时,空间分散,不及岛式车站宽阔 |
| 喇叭口设置 | 需设喇叭口 | 不设喇叭口 |
| 造 价 | 较高 | 较低 |

### 2. 站台长度

站台长度根据远期列车长度确定,考虑到列车停车时位置的不准确和车站值班员、司机对确认信号的需要,站台长度一般还需预留 2~6 m。站台长度应为远期列车编组长度加上允许的停车不准确距离。

对于远期列车编组在 6~8 辆的轨道交通系统,站台长度一般在 130~180 m。

### 3. 站台宽度

站台有效宽度主要根据车站远期预测高峰小时客流量大小、列车运行间隔时间、结构横断面形式、站台形式、站房布置、楼梯及自动扶梯位置等因素综合考虑确定。同时,应扣除安全带及柱子、坐椅等占用宽度。确定站台宽度的主要依据是高峰小时的客流量。在高峰小时内车站汇集了全日乘客人数的 10%~15%,同时在高峰小时内客流也不均匀。

岛式站台宽度一般为 10~15 m,侧式站台宽度一般为 4~6 m。我国《地下铁道设计规范》中规定了车站站台的最小宽度尺寸,如表 2.3 所示。

### 表 2.3 车站站台最小宽度尺寸

| 车站站台形式 | | 站台最小宽度/m |
|---|---|---|
| 岛式站台 | | 8.0 |
| 多跨岛式车站的侧站台 | | 2.0 |
| 无柱侧式车站的侧站台 | | 3.5 |
| 有柱侧式车站的侧站台 | 柱外站台 | 2.0 |
| 站台 | 柱内站台 | 3.0 |

### 4. 站台高度

站台高度是指线路走行轨顶面至站台地面的高度，与车型有关。站台与车厢地板面同高，称为高站台；站台比车厢地板面低一、二个台阶，称为低站台。我国生产的轻轨样车，车厢地板面到轨顶面的高度为 950 mm，车辆第一踏面距轨面 650 mm，所以站台高度 900 mm 为高站台，650 mm 或 400 mm 为低站台。采用高站台时，考虑到由于车辆弹簧的挠度，在最大乘车效率时，车厢地板下沉的范围在 100 mm 以内，故高站台高度宜低于车厢地板面 50～100 mm 为宜。

### 5. 轨道中心到站台边缘距离

轨道中心到站台边缘的距离由车辆的建筑限界决定，同时还应考虑站台的施工误差，一般施工误差为 10 mm。针对样车，当车体宽为 2.6 m 时，把轨道中心到站台边缘的距离定为 1.4 m。当车站设在曲线上时，应适当加宽。

### （三）站厅、通道、升降设备和跨线设施

### 1. 站厅

如图 2.9 所示，站厅的主要功能是集散客流兼客运服务等。具体来说就是将乘客迅速、安全、方便地引导到站台乘车，或将下车的乘客引导至出入口出站。对乘客来说，站厅是上下车的过渡空间，乘客在站厅内需要办理上下车的手续，因此，站厅内需要设置售票、检票、问讯等为乘客服务的各种设施。此外，站厅一般还应有售检票、车站管理及小卖部等用房。

**图 2.9　站厅**

站厅规模大小、建筑特征要根据城市规划与交通的要求并与地面建筑相协调，又要各具特色，达到简洁、明快、开朗、流畅、富于时代感。站厅面积根据高峰小时最大客流量及集散时间的要求计算确定。

地铁站厅通常划分为付费区及非付费区两大区域。付费区是指乘客需要经购票、检

票后方可进入的区域，然后可到达站台。非付费区也称免费区或者公用区，乘客可以在本区内自由通行。付费区与非付费区之间应分隔。付费区内设有通往站台层的楼梯、自动扶梯、补票处，在换乘车站，尚需设置通向另一车站的换乘通道。非付费区内设有售票、问讯、公用电话等，必要时，可增设金融、邮电、服务业等机构。

2. 通道

通道把站台、站厅和出入口连接起来，通道一般有斜坡式和阶梯式两种。

地下车站的出入口位置应根据车站位置的地形、地势等具体条件，并满足城市规划和交通的要求，设在人行道、街道拐角、街道中心广场、街心花园、建筑物内和建筑物边。

地下铁道车站的出入口及通道的数目和宽度应根据该地区的具体条件和客流量确定，并考虑紧急情况下，站台的乘客和停在列车内的乘客必须在 6 min 内全部疏散出地下站并上到地面。

出入口及通道宽度应根据高峰小时客流量计算确定，宽度一般不小于 2 m，最小不得小于 1.5 m。地下通道净高一般为 2.5 m 左右。

3. 升降设备

地下或高架车站还需设置楼梯和自动扶梯（见图 2.10）。站厅、通道和升降设备的通过能力应根据远期高峰客流的需要，适当留有余地的原则进行配备。

图 2.10　地铁自动扶梯

高架站和地下站与地面的联系必然通过垂直交通来疏导旅客，天桥或地道跨线设施也需要垂直交通。垂直交通的设计要求位置适宜，路线便捷，合理通畅的宽度。

高架站的垂直交通布置通常有两种方式：一种为街道两侧布置垂直交通，经天桥进入高架车站，即天桥进出方式；另一种是利用桥下空间，由楼梯通向休息平台，再向两侧进入高架站台或通向岛式站台，即为桥下进出方式。

4. 跨线设施

由于城市轨道交通列车的速度快、密度高，要求整个线路封闭程度较高。考虑乘客候车安全，侧式站台上、下行线间加防护栏杆隔开，所以有上下行越线问题。岛式站台乘客进站也有越线问题，而且行人过街也同样有越线问题。

对地面站来说，除了客流量小的外，一般均需设跨线设施。地面站的跨线设施可以是天桥或地道两种方案。天桥方案较经济，施工方便，对交通干扰少，应优先采用。

地下站跨线设施，可以在地下站内解决。

高架站的跨线设施如在高架桥上再设天桥，对于乘客来说会加重负担，安全感差，又占用较多高架站台面积，增加高架站结构的复杂性，提高了造价，也影响景观。因此，通常应该尽量利用高架桥面以下的结构空间解决跨线功能，也可以在解决高架站的垂直交通时，同时解决跨线问题。但要注意避开道路的交会路口，以满足道路上空的限高要求。

（四）作业或设备用房

车站作业或设备用房主要分为行车、客运作业用房，车站管理用房和各种设备用房三类。

（五）售检票设备

20 世纪 80 年代以来，售检票已从过去的单一人工售检票方式发展为人工售检票和计算机集中控制的自动售检票两种方式。自动售检票方式具有能缓解进出站拥挤情况，推行吸引客流的计程、计时票价，统计客流信息，加强财务管理和杜绝无票乘车等优点。一般而言，自动售检票设备由自动售票机、半自动售票机、辅币兑换机、自动检票口和控制计算机等组成。从技术类型上分，自动售检票设备目前主要有磁卡自动售检票系统、接触式 IC 卡自动售检票系统和非接触式 IC 卡自动售检票系统三种。

（六）信号与通信设备

为保证行车作业安全和提高行车作业效率，在车站设置信联闭和通信设备。信号是对行车和其他有关作业人员发出的指示，联锁设备是保证车站范围内行车安全的设备，闭塞设备是保证区间内行车安全的设备。即使在采用先进的列车自动控制系统的情况下，仍需在有道岔车站上设置道岔防护信号机，在有折返线车站设置调车信号机，以及在有道岔的车站，设置具有自动排列进路和进路逐段解锁功能的微机联锁设备等。行车值班员可在控制台上对车站信联闭设备进行控制或监视。车站的通信设备包括调度电话、站间闭塞电话、行车自动电话、列车无线电话和广播设备等。

**五、地铁车站建筑的组成**

地铁车站由车站主体（包括站台、站厅、生产、生活用房）、出入口及通道、通风道及地面通风亭及其他附属建筑等组成，如图 2.11 所示。

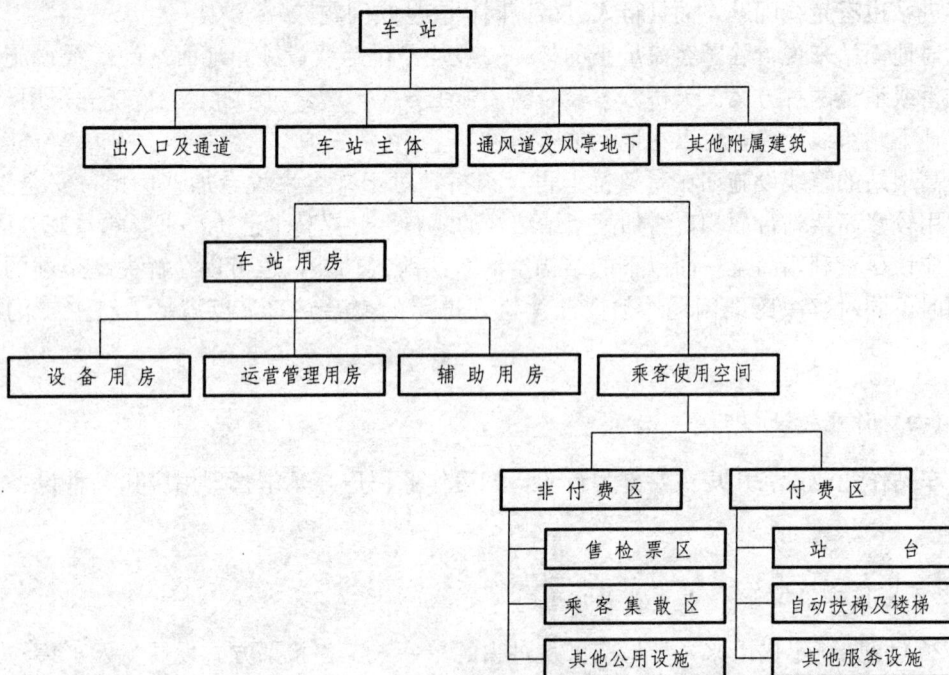

图 2.11　地铁车站建筑（设施）组成示意图

车站主体是列车在线路上的停车点，其作用是供乘客集散、候车、换车及上、下车。它又是地铁运营设备设置的中心和办理运营业务的地方。出入口及通道是供乘客进、出车站的上部建筑设施。通风道及地面通风亭的作用是保证地下车站具有一个舒适的地下环境。对地下车站来说，这几部分必须具备。对高架车站一般由车站、出入口及通道组成，而地面车站可以仅设车站和出入口。

地铁车站建筑一般由下列部分组成：

1. 乘客使用空间

乘客使用空间主要包括站厅、站台、出入口、通道、售票处、检票口、问讯、公用电话、小卖部、楼梯及自动扶梯等。乘客使用空间在车站建筑组成中占有很重要的位置，它是车站中的主体部分，此部分的面积占车站总面积 50％左右。乘客使用空间是直接为乘客服务的场所。

2. 运营管理用房

运营管理用房主要包括站长室、行车值班室、业务室、广播室、会议室、公安保卫、清扫员室，是为了保证车站具有正常运营条件和营业秩序而设置的办公用房，由进行日常工作和管理的部门及人员使用，是直接或间接为列车运行和乘客服务的。运营管理用房与乘客关系密切，一般布置在临近乘客使用空间的地方。

3. 技术设备用房

技术设备用房主要包括环控房、变电所、综合控制室、防灾中心、通信机械室、信号机械室、自动售检票室、泵房、冷冻站、机房、配电以及上述设备用房所属的值班室、防灾报警系统、环控系统、AFC 室、工区用房、附属用房及设施等。技术设备用房是整个车站的心脏所在地，是为了保证列车正常运行、保证车站内具有良好环境条件及在事故灾害情况下能够及时排除灾害的不可或缺的设备用房，它直接和间接为列车运行和乘客服务。

4. 辅助用房

辅助用房主要包括厕所、更衣室、休息室、茶水间、盥洗室、储藏室等，均设在站内工作人员使用的区域内。辅助用房直接供站内工作人员使用，是为了保证车站内部工作人员正常工作生活所设置的用房。

## 六、地铁车站的功能

在轨道交通运输中，车站起着极其重要的作用。就运输企业内部而言，车站不仅是线路上供列车到、发及折返的分界点，保证行车安全和必要的通过能力，而且也是客运部门办理客运业务和各工种联劳协作进行运输生产的基地。就运输企业外部而言，车站是乘客旅行的起始、终到及换乘的地点，是运输企业与服务对象的主要联系环节。

车站的运输生产主要由行车组织和客运组织两部分工作构成。车站行车组织工作包括接发列车作业和列车折返作业等。车站客运组织工作包括售检票、组织乘客乘降和换乘，以及文化、生活等其他方面的服务。车站工作的组织水平在很大程度上影响着运输工作的数量和质量指标。因此，车站作业的科学管理是提高轨道交通运输工作水平的重要环节。

车站的建筑布置，应能满足乘客在乘车过程中对其活动区域内各部位使用上的需要。将乘客进、出站的过程用流线的形式表示出来，这种流线叫做乘客流线。乘客流线是地铁车站的主要流线，也是决定建筑布置的主要依据。站内除乘客流线外，还有站内工作人员流线、设备工艺流线等，这些流线具体而集中地反映出乘客乘车与站内房间布置之间的功能关系。

## 【操作过程】

旅客应急疏散路线图的画法：

(1) 画出站台平面图；

(2) 画出站台连接站厅的楼梯；

(3) 画出楼梯上面的站厅；

（4）画出连接出口和站厅的通道示意图；

（5）画出用箭头表示的应急疏散方向图，如图 2.12 所示。

旅客出站流线是：列车→站台→楼梯→站厅→通道→出口→地面。

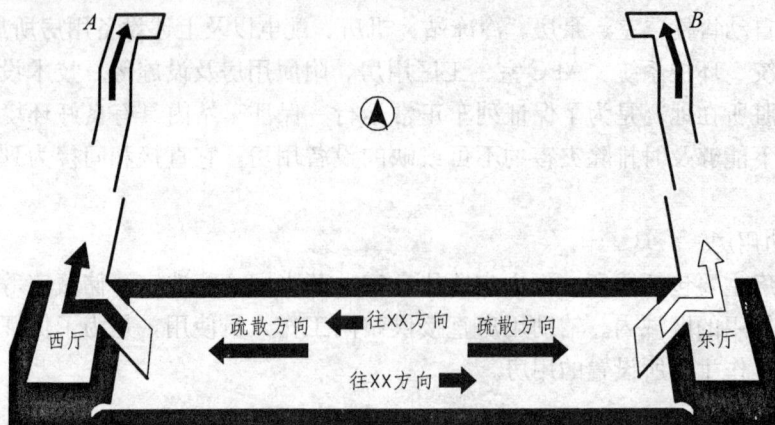

**图 2.12　地铁某站应急疏散路线图**

# 工作任务 2　绘制站厅层、站台层平面示意图，在图上标出各功能分区、主要设施和客流流向

【看一看】

某地铁站站台如图 2.13 所示。

**图 2.13　某地铁车站站台**

## 【任务分析】

车站建筑总平面布局主要根据车站所在地周围的环境条件、城市有关部门对车站布局的要求，依据选定的车站类型，合理布设车站出入口、通道、通风道等设施，以使乘客能够安全、迅速、方便地进出车站。同时还要处理地铁车站、出入口及通道、通风道及地面通风亭与城市建筑物、道路交通、地下过街道或天桥、绿地等的关系，使之相互协调统一。

要能合理布置车站平面，必须掌握好车站平面布置原则和车站主要建筑平面布置等知识。

## 【相关知识】

### 一、车站的数量及其分布

1. 车站的分布原则

(1) 应尽可能靠近大型客流集散点，为乘客提供方便的乘车条件；

(2) 在城市交通枢纽、地铁线路之间与其他轨道交会处设置车站，使之与道路网及公共交通网密切结合，为乘客创造良好的换乘条件；

(3) 应与城市建设密切结合，与旧城房屋改造和新区土地开发结合；

(4) 尽量避开地质不良地段，尽可能减少对周围环境的干扰；

(5) 兼顾各车站间距离的均匀性。

2. 影响车站分布的因素

(1) 大型客流集散点的位置；

(2) 城市规模大小；

(3) 城区人口密度；

(4) 线路长度；

(5) 城市地貌及建筑物布局；

(6) 轨道交通路网及城市道路网状况；

(7) 对站间距离的要求。

3. 车站分布对市民出行时间的影响

车站数目的多少，直接影响市民乘地铁的出行时间。车站多，市民步行到站距离短，节省步行时间，可以增加短程乘客的吸引量；车站少，则恰恰相反，提高了交通速度，减少乘客在车内的时间，可以增加线路两端乘客的吸引量。市民出行对交通工具的选择，快捷省时条件排在第一位。例如芝加哥市滨湖线的不同站间距比较，结果是大站距（1.6 km）比小站距（0.8 km）多吸引客流量3%。

4. 车站分布比选

由于车站造价高，车站数量对整个轨道交通的工程造价影响较大，在进行线路规划时，一般要做2～3个车站数量与分布方案的比选，比选时要分析乘客使用条件、运营条件、周围环境以及工程难度和造价等几个方面，通过全面、综合地评价，确定推荐方案。

5．车站站位选择原则

（1）方便乘客使用；

（2）与城市道路网及公共交通网密切结合；

（3）与旧城房屋改造和新区土地开发结合；

（4）方便施工，减少拆迁，降低造价；

（5）兼顾各车站间距离的均匀性。

## 二、车站平面总体布置

车站原则上由站台、站房、站前小广场、垂直交通及跨线设备等组成。其中站台是最基本的部分，不论车站的类型、性质有何不同，都必须设置。其余部分一般情况都设置，但在某些特殊的情况下，在满足功能要求的前提下，其中的某些部分可能被简略。城市轨道交通乘客的构成比铁路、公路简单，乘客在车站停留时间短，且没有行李寄存与货物运输等问题。在一般车站中旅客运送方向也基本上是往返方向，因此，在车站乘客活动而形成的流线及车站服务设施都比较简单。在换乘站中客流流线就比较复杂些，大型枢纽站更应认真仔细分析旅客活动流线。

车站总体布局应按照乘客进出车站的活动顺序，合理布置进出站的流线，使其不发生干扰，要求流线简捷、通畅。地下铁道车站平面总体布置应贯彻紧凑、合理、适用的原则，能置于地面的辅助用房和设备，尽量不放入地下，以有利于人员的健康和节约投资。

车站平面布置原则为：

（1）站厅层布置应分区明确，依据出入口的位置和数量、楼梯与扶梯的位置和数量、售检票系统的位置和数量以及换乘要求对客流进行合理的组织，避免和减少进出站客流的交叉，合理布置管理、设备用房，满足各系统的工艺要求。如站厅中部为公共厅，两侧为客运管理区、机电设备区。

（2）站台层布置需以车站上下行远期高峰小时设计客流量来计算站台宽度，根据线路走向及换乘要求确定站台形式，根据车站需要布置设备或管理用房区。

（3）车站出入口应设置于道路两边红线以外或城市广场周边，需具有标志性或可识别性，以利于吸引客流、方便乘客。有条件的出入口考虑地面人行过街的功能。出入口规模应满足远期预测客流量的通过能力，并考虑与其他交通的换乘和接驳大型公共建筑所引起的客流量。

（4）车站主要服务设施应包括自动扶梯、电梯、售票机、检票机、空调通风设施等。

## 三、车站主要建筑平面布置

1．车站出入口和地面通风亭的位置

《地下铁道设计规范》规定："车站出入口的数量，应根据客流需要与疏散要求设置，浅埋车站不宜少于四个出入口。当分期修建时，初期不得少于2个。小站的出入口数量可酌减，但不得少于 2 个。"

车站出入口一般都选在城市道路两侧、交叉路口及有大量人流的广场附近。出入口宜分散均匀布置，出入口之间的距离尽可能大一些，使其能够最大限度地吸引更多的乘客，方便乘客进入车站。

车站出入口宜设在火车站、公共汽车站、电车站附近，便于乘客换车。车站出入口与城市人流路线有密切的关系。应合理组织出入口的人流路线，尽量避免相互交叉和干扰。车站出入口不宜设在城市人流的主要集散处，以便减少出入口被堵塞的可能。车站出入口应设在比较明显的部位，便于乘客识别。

单独修建的地面出入口和地面通风亭，其位置应符合当地城市规划部门的规划要求，一般都设在建筑红线以内。如有困难不能设在建筑红线以内时，应经过当地城市规划部门的同意，再选择位置。地面出入口的位置不应妨碍行人通行，单独修建的车站出入口和地面通风亭与周围建筑物之间的距离应满足防火距离的要求。如确有困难，不能满足防火距离要求时，应按规范规定采取分隔措施，加设防火墙、防火门窗。建筑物与车站出入口、地面通风亭之间的防火距离应根据建筑物的类别及耐火等级来确定。对一、二级耐火等级的多层民用建筑物，其间的防火距离不应小于 6 m；一、二级耐火等级的工业建筑物，其间的防火距离不应小于 10 m；与一、二级耐火等级的高层主体建筑的防火距离不应小于 13 m；一、二级耐火等级高层建筑的附属建筑物，其防火距离不应小于 6 m。

车站出入口和地面通风亭不应设在易燃、易爆、有污染源并挥发有害物质的建筑物附近，与上述建筑物之间的防火安全距离应符合有关规范的规定。

车站主要出入口应朝向地铁的主客流方向，大商场、大型公交车站、大中型企业、大型文体中心、大居住区等都是地铁乘客的主要来源地和主客流方向。有条件时，车站出入口可以与附近的地下商场等建筑物相连通，方便乘客购物和进入车站。车站出入口也可设在附近建筑物的首层，这对乘客进、出车站十分方便。

2. 站厅的位置

站厅的位置与人流集散情况、所处环境条件、车站类型、站台形式等因素有关。站厅设计的合理与否，将直接影响到车站使用效果及站内的管理和秩序。站厅的布置有以下四种：

（1）站厅位于车站一端，这种布置方式常用于终点站，且车站一端靠近城市主要道路的地面车站。

（2）站厅位于车站两侧，这种布置方式常用于侧式车站，客流量不大者多采用。

（3）站厅位于车站两侧的上层或下层，这种布置方式常用于地下岛式车站及侧式车站站台的上层，高架车站站台的下层。客流量较大者多采用。

（4）站厅位于车站上层，这种布置方式常用于地下岛式车站和侧式车站，适用于客流量很大的车站。

3. 站台

岛式站台设于两股正线中间，上下行到站列车上下乘客均在同一站台集散，两端都设楼梯或自动扶梯与站厅连接。侧式站台分上、下行两个站台，设于两股正线外侧。在一个车站同时设有岛式站台及侧式站台时，称为混合式站台或侧岛式站台，通常按一岛两侧或一岛一侧设置，这种形式站台造价高，管理复杂，一般不宜采用。

在高架车站和地下车站中，侧式站台一般采用横列式布置，以便于施工和结构处理。

4. 车站主要设施布置

（1）楼梯。地铁车站中楼梯是最常用的一种竖向交通形式。在客流不大的车站，当两地面高差在 8 m 以内时，一般采用楼梯；大于 8 m 时，考虑乘客因高差较大，行走费力，宜增设自动扶梯。

（2）自动扶梯。《地下铁道设计规范》中规定，车站出入口的提升高度超高 8 m 时，宜设上行自动扶梯，超过 12 m 时，除设上行自动扶梯外，并宜设下行自动扶梯。站厅层与站台层的高差在 5 m 以内时，宜设上行自动扶梯，高差超过 5 m 时，除设上行自动扶梯外，并宜设下行自动扶梯。站厅层供乘客至站台层使用的自动扶梯应设在付费区内。

车站出入口设置自动扶梯时，如提升高度超过 12 m 或客流量很大的车站，除设上下行自动扶梯外，还应设置一台备用自动扶梯。自动扶梯应为可逆转式。

（3）电梯有无障碍设计要求及在车站站房区内，站厅层至站台层之间设垂直电梯，以方便残疾人并运送站内小型机具、设备和物件。电梯应设封闭室并符合防火规范要求。

（4）售、检票设施。售、检票设施这里主要是指乘客使用的售、检票系统（见图 2.14）。售票口、自动售票机、检票口一般都设在站厅层，也有些车站的地面出入口面积比较大，并且与车站用房、通风亭组合成地面厅，因此，也可以将售票口、自动售票机设在地面厅内。在人工售票的车站内应设置售票室。

图 2.14　地铁检票设施

自动售票机设置的位置与站内客流路线组织、出入口位置、楼梯及自动扶梯布置有密切的关系，应沿客流进站方向纵向设置。售票口、自动售票机应布设在便于购票、比较宽敞的地方，尽量减小客流路线的交叉和干扰。检票机应垂直与客流方向布置。

　　进站检票口、检票机应布置在通过站台下行客流方向的一侧；出站检票口、检票机应布置在站台层上行客流方向的一侧，宜靠近出入口。

## 【操作过程】

站厅（站台）层平面示意图的绘制：

(1) 画出站厅（站台）层示意图，如图 2.15 所示。

(2) 在图上标出各功能分区；

(3) 在示意图上绘制主要设施；

(4) 用箭头表示客流流向。

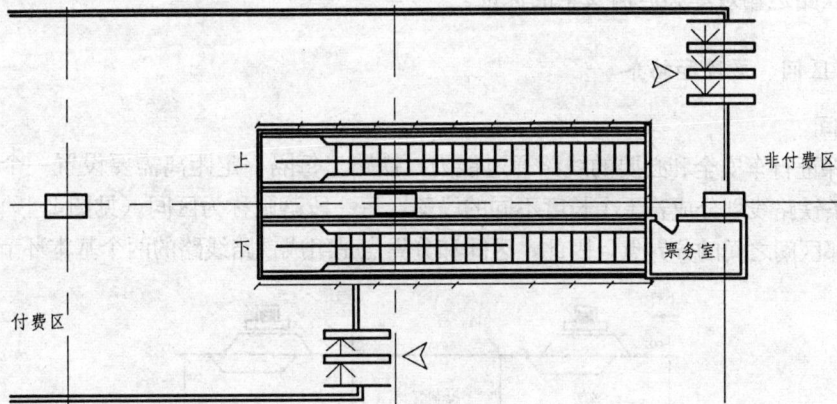

图 2.15　某地铁站站厅层平面（部分）示意图

## 【拓展知识】

### 一、铁路车站基本知识

#### （一）车站的定义及作用

　　为完成国家运输任务，保证行车安全和必要的通过能力，满足人们对运输的需要，须通过分界点将一条上千公里的铁路线划分成若干个区段和许多个区间及闭塞分区。如图 2.16 中的甲、乙、丙、$A$、$B$、$C$、$D$、$E$、$F$、$G$、$H$ 车站都是分界点，车站上除正线外，还配有其他线路（到发线、牵出线等）。所以，车站的定义为：在铁路线上设有配线的分界点。此外，还有无配线的分界点，它包括非自动闭塞区段的两车站间设置的线路所和自动闭塞区段的两车站间划分为若干个闭塞分区处所设置的通过色灯信号机。

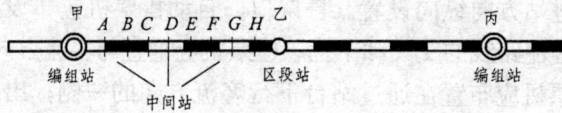

图 2.16 铁路分界点

车站是办理旅客运输与货物运输的基地,旅客的上下车和货物装卸车及其有关作业都是在车站上进行的。车站通过办理上述业务,使铁路运输生产与国民经济的发展和市场的需求联系起来,也是铁路和旅客、货主联系的纽带。

车站还是铁路运输的基层生产单位。在车站上,除了办理旅客与货物运输的各项作业外,还要办理与列车运行有关的各项作业。如:列车的接发、会让与越行;车列的解体与编组;机车的换挂与整备;车辆的检查与修理等。车站不仅是铁路内部各项作业的汇合点,也是提高铁路运输效率和运输安全的保证。

(二) 区间、区段和站界

1. 区间

为了保证行车安全和必要的线路通过能力,铁路上每隔一定距离需要设置一个车站,车站把每一条铁路线划分成若干个长度不同的段落,每一段落则称为区间(见图 2.17);而车站就成为相邻区间之间的分界点,因此,区间和分界点是组成铁路线路的两个基本环节。

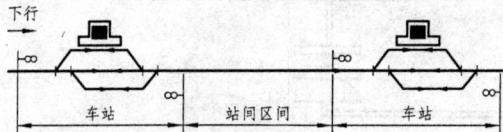

图 2.17 单线铁路站间区间

从上述可知,区间也有不同的分类。车站与车站之间的区间称为站间区间,车站与线路所之间的区间称为所间区间(见图 2.18);自动闭塞区间,同方向相邻两架通过色灯信号机柱中心线之间或进站(出站)信号机柱与通过色灯信号机柱中心线之间的一段线路空间,称为闭塞分区,如图 2.19 所示。

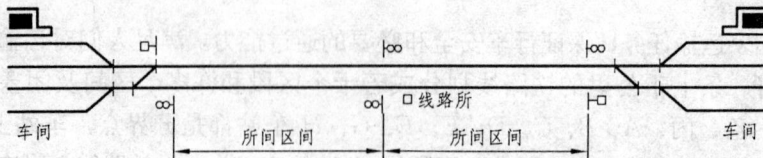

图 2.18 双线铁路所间区间

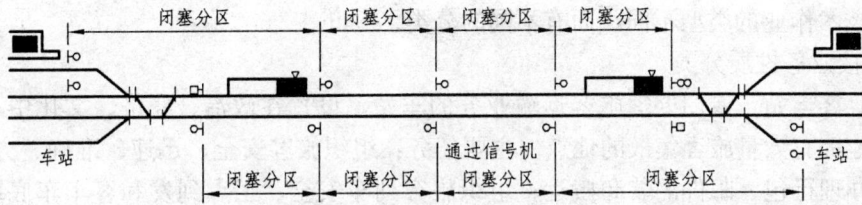

**图 2.19　双线铁路自动闭塞分区**

### 2. 区段

区段通常是指两相邻技术站间的铁路线段，如图 2.16 中甲—乙区段和乙—丙区段，它包含了若干个区间和分界点。区段的长度一般取决于牵引动力的种类或路网状况。

### 3. 车站站界

为保证行车安全和分清职责，在车站和它两端所衔接的区间之间应明确规定的界限，称为车站站界。在单线铁路，车站的范围是以两端进站信号机机柱中心线为界，外方是区间，内方属于车站，如图 2.20 所示。在双线铁路上，站界是按上下行正线分别确定的，进站一端以进站信号机机柱中心线为界，出站一端则以站界标中心线为界，如图 2.21 所示。

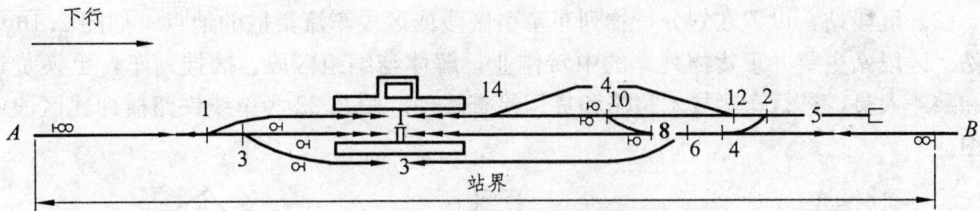

**图 2.20　单线铁路中间站布置图**

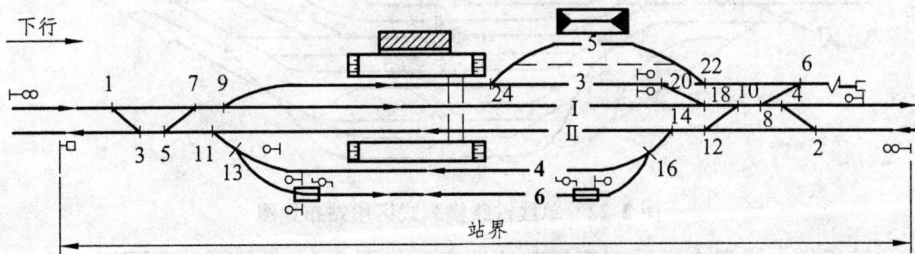

**图 2.21　复线铁路中间站布置图**

### （三）车站的分类与等级

铁路网上有大大小小、各式各样的车站几千个，这些车站因所担负的任务量、业务性质和技术作业的类型不同，而有不同的分类。

1. 按业务性质分类

（1）客运站，专门办理旅客运输业务的车站，设置在政治、经济、文化中心城市和旅游胜地等有大量旅客集散的地点。主要任务：组织旅客安全、迅速、准确、方便地上、下车；办理行包、邮件的装卸搬运；组织旅客列车安全、正点到发和客车车底取送；为旅客提供舒适的服务条件。

（2）货运站，专门办理货物运输业务的车站，设置在大城市、工矿、林区、口岸等有大量货物到发、装卸的地点。主要任务：担当货物列车的始发、终到和有关调车作业、货车装卸、取送作业，以及与货运有关的业务。

（3）客货运站，既办理旅客运输业务又办理货物运输业务的车站。铁路网上绝大多数的车站都属于客货运站。

2. 按技术作业分类

（1）中间站，设置在技术站之间的区段内，图 2.16 中的 $A \sim H$ 间各站均为中间站。中间站主要办理列车的接发、会让和通过作业，摘挂列车的调车和装卸作业。有些中间站还办理市郊列车的折返、补机摘挂、列车技术检查和凉闸、列车的始发和终到等各项作业（只办理接发列车工作的中间站，单线区段称为会让站，双线区段称为越行站）。

（2）区段站，设置在划分货物列车牵引区段或区段车流集散的地点，如图 2.16 中的乙站。区段站主要办理货物列车的中转作业，解体与编组区段、摘挂列车，更换货运机车和乘务人员，进行车辆技术检修和货运检查整理。图 2.22 为单线铁路横列式区段站布置图。

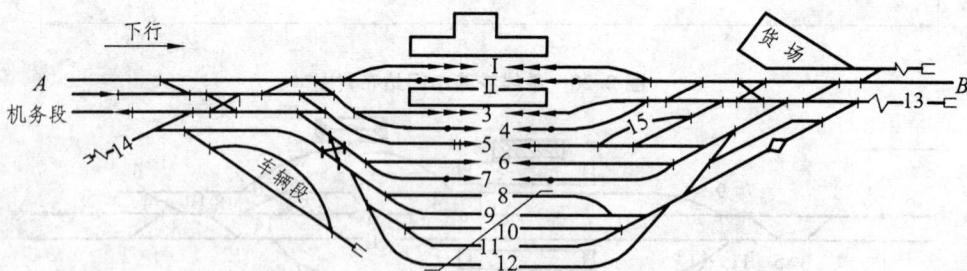

图 2.22　单线铁路横列式区段站布置图

（3）编组站，设置在大量车流集散的地点，如图 2.16 中的甲站和丙站。编组站的主要工作：担当大量货物列车的解编作业，编组直达、直通、区段、摘挂列车，更换货运机车和乘务人员，进行车辆技术检修和货运检查整理。

3. 车站按其他一些特征加以区分

例如，位于两铁路局（分局）管辖分界处的车站，称为分界站；位于海河港湾地区的车站，称为港湾站；位于工业、企业专用铁道的接轨点或铁路枢纽内工业区附近的车站，称为工业站。

在规模较大的车站，根据线群的配置及用途划分成数个车场，按照站内各个车场相互位置配列的不同，车站又可分为横列式、纵列式和混合式等类型。

4. 根据车站所担负的任务量和在国家政治、经济上的地位分类

根据车站担负的任务量和在国家政治、经济上的地位共分为六个等级，即特等站，一、二、三、四、五等站。

### (四) 车站的组织管理系统

铁路车站执行站长负责制，组织机构和定员根据车站的等级和工作量确定。特、一等站的组织管理系统如图 2.23 所示。

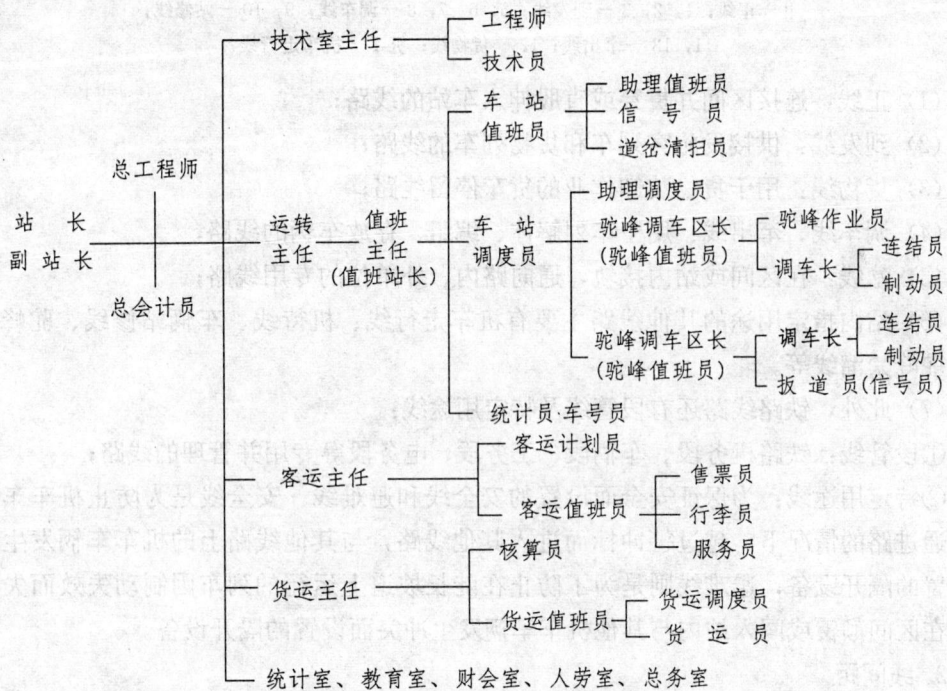

技术室主任 —— 工程师、技术员

运转主任 —— 值班主任（值班站长）
　　车站值班员 —— 助理值班员、信号员、道岔清扫员
　　车站调度员 —— 助理调度员
　　　　驼峰调车区长（驼峰值班员）—— 驼峰作业员、调车长 —— 连结员、制动员
　　　　驼峰调车区长（驼峰值班员）—— 调车长 —— 连结员、制动员、扳道员（信号员）
　　统计员·车号员

站长、副站长 —— 总工程师、总会计员

客运主任 —— 客运计划员
　　客运值班员 —— 售票员、行李员、服务员

货运主任 —— 核算员
　　货运值班员 —— 货运调度员、货运员

统计室、教育室、财会室、人劳室、总务室

**图 2.23　特、一等站的组织管理系统**

### (五) 车站线路种类与线间距

#### 1. 车站线路种类

车站应设有正线，根据车站作业的需要还需配置各种用途的站线，包括到发线、牵出线、调车线、货物线及站内指定用途的其他线，如图 2.24 所示。

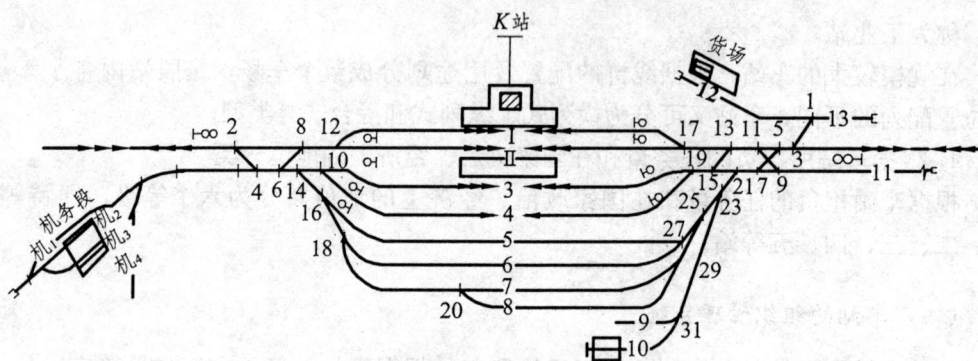

**图 2.24　车站线路图**

Ⅱ—正线；1，2，3—到发线；5，6，7，8—调车线；9，10—站修线；
11，13—牵出线；12—货物线；机1—机车走行线。

(1) 正线：连接区间并贯穿或直股伸入车站的线路；

(2) 到发线：供接发旅客列车和货物列车的线路；

(3) 货物线：用于货物装卸作业的货车停留线路；

(4) 调车线、牵出线：用于车列解体、编组、存放车辆的线路；

(5) 岔线：在区间或站内接轨，通向路内、外单位的专用线路；

(6) 站内指定用途的其他线路主要有机车走行线、机待线、车辆站修线、驼峰迂回线及驼峰禁溜线等。

(7) 此外，铁路线路还有段管线及特定用途线：

①段管线：铁路机务段、车辆段、工务段、电务段等专用并管理的线路；

②特定用途线：为保证安全而设置的安全线和避难线。安全线是为防止机车车辆在未开通进路的情况下，越过警冲标而进入其他线路，与其他线路上的机车车辆发生冲突而设置的隔开设备；避难线则是为了防止在陡长坡道上运行的列车因制动失效而失去控制，在区间颠覆或闯入站内与其他机车车辆发生冲突而设置的隔开设备。

2. 线间距

线间距是指两相邻线路中心线之间的距离。线间距应能保证行车和车站工作人员工作时的安全，它是根据铁路限界、线路是否通过装载超限货物的列车，以及股道是否装设信号机、水鹤等设备，并考虑留有适当的余地来确定的。

站内正线与到发线之间、正线和到发线与其他站线之间的最小线间距为 5 m；相邻两股道均需通过超限货物列车、线间设有高柱信号机时，最小线间距应为 5.3 m；

此外，复线区间正线的最小线间距规定为 4 m，曲线部分的线间距应根据计算进行适当加宽。

## 3. 安全线

安全线是进路隔开设备之一。设置安全线的目的是防止列车或机车车辆进入另一列车或机车车辆运行的进路，避免发生冲突事故，如图 2.25 所示。安全线有效长一般不小于 50 m。

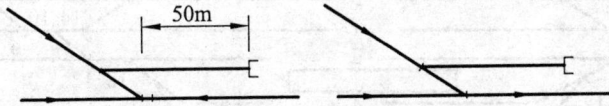

图 2.25　安全线

### （六）股道和道岔的编号及股道有效长

#### 1. 警冲标

警冲标（见图 2.26）是信号标志的一种，设在两会合线线间距为 4 m 的中间，用来指示机车车辆的停留位置，防止机车车辆的侧面冲撞。4 m 是根据机车车辆限界再加一些安全余量确定的。

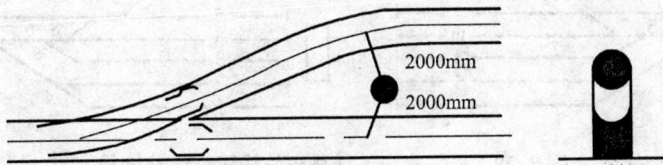

图 2.26　警冲标

#### 2. 股道和道岔编号

为了作业和维修管理上的方便，站内线路和道岔应有统一的编号。

（1）股道编号方法。站内正线规定用罗马数字编号（Ⅰ，Ⅱ，…），站线用阿拉伯数字编号（1，2，3，…）。

①在单线铁路上，应当从站舍一侧开始顺序编号；位于站舍左、右或后方的线路，在站舍前的线路编完后，再由正线方向起向远离正线顺序编号，如图 2.27 所示。

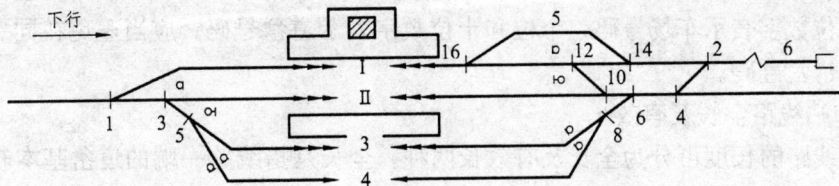

图 2.27　单线铁路车站线路、道岔编号

②在复线铁路上，下行正线一侧用单数、上行正线一侧用双数，从正线向外顺序编号，如图 2.28 所示。

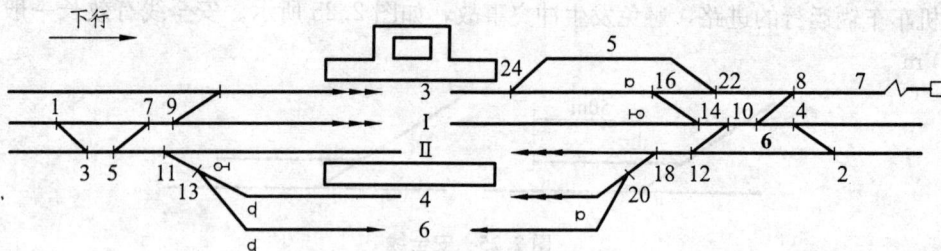

**图 2.28 双线铁路车站线路、道岔编号**

③尽头式车站，站舍位于线路一侧时，从靠近站舍的线路起，向远离站舍方向顺序编号，如图 2.29（a）所示；站舍位于线路终端时，面向终点方向由左侧线路起顺序向右编号，如图 2.29（b）所示。

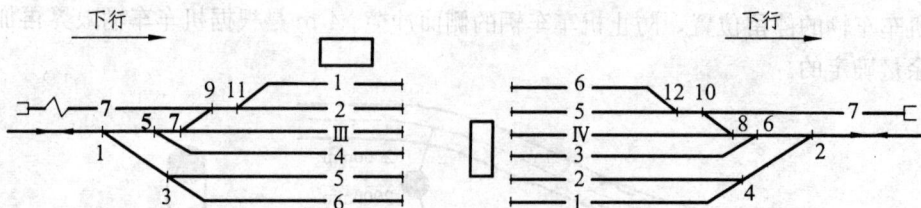

**图 2.29 尽头式车站铁路车站线路、道岔编号**

大站上股道较多，应分别按车场各自编号。

（2）道岔编号方法。

①用阿拉伯数字从车站两端由外向里依次编号，上行列车到达一端用双数，下行列车到达一端用单数。

②站内道岔，一般以车站站舍中心线作为划分单数号和双数号的分界线。

③每一道岔均应编为单独的号码，对于渡线、交分道岔等处的联动道岔，则应编为连续的单数或双数。

④当车站有几个车场时，每一车场的道岔必须单独编号，此时道岔号码应使用三位数字，百位数字表示车场号码，个位和十位数字表示道岔号码。应当避免在同一车站内有相同的道岔号码。

3．车站线路全长及有效长

车站线路的长度可分为全长及有效长两种。全长是指线路一端的道岔基本轨接头至另一端的道岔基本轨接头的长度，如图 2.30 所示。如尽头式线路，则为道岔基本轨接头至车挡的长度。线路全长减去该线路上所有道岔的长度叫铺轨长度。确定线路全长，主要是为了设计时便于估计造价，比较设计方案。站内正线不另计全长。有效长是指线路全长范围内可以停留机车车辆而不妨碍信号显示、道岔转换和邻线行车的部分。

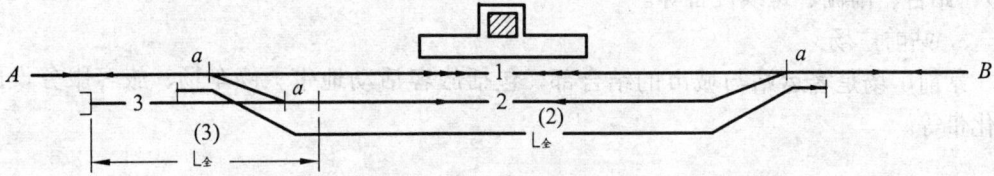

图 2.30　车站线路全长

股道有效长度的起止范围由下列因素确定：

(1) 警冲标；

(2) 道岔的尖轨尖端（无轨道电路时）或道岔基本轨接头处的钢轨绝缘（有轨道电路时）；

(3) 出站信号机（或调车信号机）；

(4) 车档（为尽头式线路时）。

## 二、铁路客运站

### (一) 客运站的作业

1. 客运服务作业

客运服务作业包括旅客上下车、候车、问询、小件寄存，以及对旅客文化、饮食、住宿、购物和卫生方面的服务等。

2. 客运业务

客运业务包括客票发售、行包乘运、装卸、保管和交付、邮件装卸和搬运等。

3. 技术作业

按列车种类不同，客运站办理下列技术作业：

(1) 始发、终到列车，包括列车接发、机车摘挂、列车技术检查、车底取送、个别客车甩挂以及餐车整备等；

(2) 通过列车包括列车接发、机车换挂或整备、列车技术检查、客车上水。个别情况下还办理个别客车甩挂，变更列车运行方向，办理餐车供应及上燃料等作业等。

### (二) 客运站的设备

1. 站房

站房是客运站的主体，包括为旅客服务的各种房屋（广厅、售票厅、候车厅、行包房等）、技术办公房屋（运转室、站长室、公安室等）以及职工用房等。

2. 站场

站场是办理客运技术作业的地方，包括线路（到发线、机车走行线、车辆停留线等）、站台、雨棚、跨线设备等。

3. 站前广场

站前广场是客运站与城市的结合部，包括旅客活动地带、停车场、旅客服务设施、绿化带等。

（三）客运站布置图

1. 通过式客运站布置图

通过式客运站（见图 2.31）的旅客列车到发线均为贯通线，其优点是车站有两个咽喉区，能分别办理接发车作业，减少旅客列车到发与车底取送和机车出入段之间的交叉干扰，通过能力较大，运营条件较好；到发线能接入和通过较多方向的列车，除折角列车外，不必变更列车运行方向，到发线使用机动灵活，互换性大；便于设计为跨线式高架候车室，便于组织旅客进出站，缩短旅客进出站走行距离；旅客进出站与行包搬运流线交叉干扰少。

通过式客运站的缺点是与城市干扰较大，由于有两个咽喉区，站坪较尽头式长，占用城市用地要多。

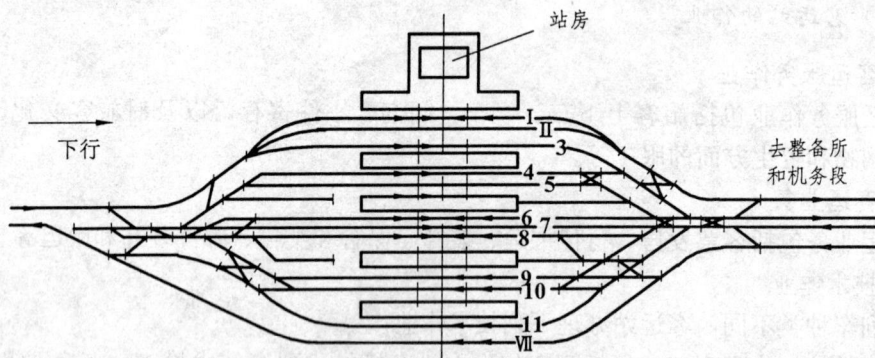

图 2.31　通过式客运站布置图

2. 尽头式客运站布置图

尽头式客运站（见图 2.32）旅客列车到发线均为尽头线，优点是车站容易深入市区中心，旅客出行乘车方便，可缩短出行时间；与城市道路交叉干扰较少；站坪较短，占地少；旅客出入站可不必跨越线路。

缺点较多，主要有：车站作业集中在一端咽喉区进行，进路交叉干扰大，车站通过能力小；对通过列车的换挂机车和变更运行方向等作业均不便；列车进站速度低，占用咽喉时间长；旅客进、出站和行包搬运到经过靠近站房一端的分配站台，人流与包流互相交叉；旅客进、出站走行距离长。

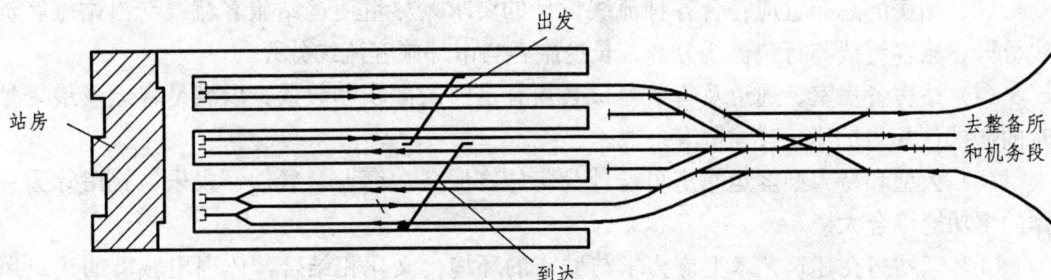

图 2.32　尽头式客运站布置图

尽头式客运站存在的缺点较多，故新建客运站一般不予采用。

3. 混合式客运站布置图

混合式客运站布置图（见图 2.33）的特点是一部分线路为贯通式，另一部分为尽头式，这种布置图的优点是当车站衔接的某一方向市郊列车较多时，设置部分有效长较短的尽头式线路，可节省投资和用地；市郊旅客与长途旅客进、出站流线互不干扰。其缺点是到发线互换性差，使用不灵活；在市郊旅客列车进、出站咽喉区时，市郊与长途旅客列车产生到、发交叉，当二者共用整备所时，又产生市郊车底取送与长途旅客列车的到达交叉。

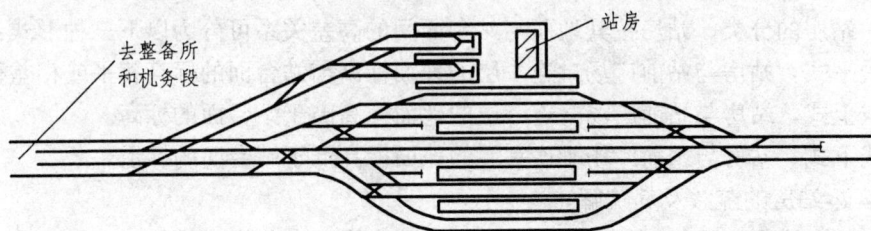

图 2.33　混合式客运站布置图

（四）旅客站房

1. 布置要求

（1）旅客站房的位置应与城市规划和城市交通运输有机地配合。通过式客运站站房应设在车站线路靠城市中心一侧或两侧；尽头式客运站站房宜设在旅客列车到发线尽端，条件允许且有适当根据时也可设在线路一侧。大型或特大型通过式客运站站房除在靠城市中心一侧设主站房以外，还可在另一侧设副站房，二者间用高架候车室连通。

（2）站房总布置图应与站前广场、跨线设备布置密切配合，避免旅客走行多余的上坡、下坡，尽量缩短旅客进站和出站时间。

（3）站房的总布置应符合各种流线设计的要求，尽量使进站旅客流线与出站旅客流线分开、旅客流线与行包流线分开、长途旅客与市郊旅客流线分开。

（4）站房各房室、通道及售票窗口必须有足够的面积和数量，以满足客运量最繁忙时的需求，并为扩建、改建留有余地。

（5）大型和特大型客运站房可设计为集旅客服务、商业、餐饮、娱乐、旅馆等为一体的多功能综合大楼。

(6)客运站房在建筑艺术上应力求与城市的环境、文化相结合，体现出城市的建筑风貌和民族特色，使站房既经济实用，又雄伟壮观。

2. 站房的规模和分类

（1）站房的规模如表 2.4 所示。

表 2.4　铁路旅客车站建筑规模的划分

| 站房规模 | 旅客最高聚集人数 $H$/人 |
|---|---|
| 小型 | $50 \leqslant H \leqslant 400$ |
| 中型 | $400 < H < 2\,000$ |
| 大型 | $2\,000 \leqslant H < 10\,000$ |
| 特大型 | $H \geqslant 10\,000$ |

（2）站房的分类。站房按其地面与站台面间的高差关系可分为以下三种形式：

①线平式，站房与站前广场毗连一层的地面标高与站台面的标高相平或相差很小。

②线上式，站房与站前广场毗连一层的地面标高高于站台面的标高。

③线下式，站房与站前广场毗连一层的地面标高低于站台面的标示。

3. 客运站房的流线及其疏解

客运站上旅客、行包、交通车等的流动行驶路线通常称为流线。

（1）进站旅客流线，包括普通旅客流线、中转旅客流线、市郊旅客流线、特殊旅客流线和贵宾流线等。其中普通旅客流线进站流程是：到站→问讯→购票→托运行李→候车→检票→上车。

（2）出站旅客流线；

（3）发送行包流线；

（4）到达行包流线；

（5）车辆流线。

流线设计应尽量避免各种流线互相交叉干扰，最大限度地缩短旅客在站内的步行距离，避免流线迂回和尽量避免出站人流拥挤。

疏解进站和出站旅客流线的方式有以下几种：①主要进、出站流线在同一平面上错开；②主要进、出站流线在空间上错开；③主要进、出站流线在平面和空间同时错开；④主要进、出站流线在主、副站房的平面和空间同时错开。

4. 客运站房的合理布置

大、中型以上站房一般应具有三类房屋：①客运用房，由候车部分、营业部分、交通联系部分三部分组成；②技术办公房屋；③职工生活用房。

（1）站房出口和入口：①入口设在站房中部或偏右部，出口设在站房左侧或偏左部，以便利交通车辆右侧行驶。②到发线按线路别使用时，尽头式客运站可结合城市交通组织和站前广场设计，在站房的正面或侧面分设两个出站口。③特大型客运站可结合主、副广场的设计，在站房中部和左侧设置两个出站口和两个入站口。

（2）售票处：①设在综合候车室内；②设在营业厅内；③在站房外单独设置。

（3）行包房可分两类：①设一个行包房兼托运和提取业务；即可设在旅客进、出站流线之间；设置在站房的右侧或左侧；②设两个行包房分别办理托运和提取业务。

（4）候车室按候车方式不同分为两类：

①集中候车方式。其特点是候车与营业厅合设于一个统一空间内，形成综合候车室，如图2.34所示。其优点是站房面积使用灵活，利用率高，旅客办理各种手续和候车地点一目了然。其缺点是当候车人数过多时，售票、托运行包与候车混杂，秩序容易混乱，只适用于中、小型站房。

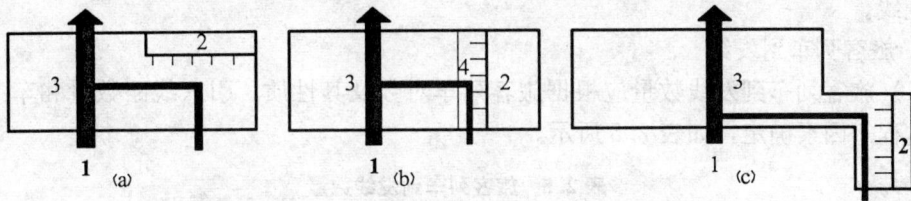

**图2.34　售票处在站房中的位置示意图**

1—旅客进站流线；2—售票室；3—候车室；4—营业厅

②分线候车方式。其特点是候车与营业厅分开设置，根据旅客的性质和客流特点，分别设置普通候车室（南方、北方）、母子候车室、软席候车室、贵宾候车室、市郊旅客候车室等。适用于客流量大、旅客性质复杂的大型以上站房。

5. 站前广场

站前广场组成部分包括站房平台、旅客车站专用场地和公交站点。

站前广场的布置要求：

（1）结合城镇发展规划、站房规模、地形等情况，合理确定广场的面积和布局，使广场内和周围各种设施与城市道路及站房出、入口有机地结合，保证旅客安全迅速疏散。

（2）合理地设计和组织广场内各种流线，妥善地安排各种车辆的行驶路线和停车场地，尽量避免各种流线相互间的交叉干扰。

（3）尽量利用广场的立体空间，将广场设计为多层场地。

（4）广场周围各种建筑物必须统一规划，在空间上既不感到压抑拥挤，也不至于空旷无边；在建筑形式上要求突出站房主体，周围建筑物要与站房协调一致。

（5）注意站前广场的绿化带设计，满足城市绿化的要求。

## （五）站线

### 1. 正线

对于通过式双线铁路客运站，当客车整备所与客运站纵列布置且位于靠站房一侧时，应将下行正线布置在第二、三站台之间，上行正线布置在站房对面的最外侧。当客车整备所与客运站纵列且位于两正线之间时，应将下行正线布置在第一、二站台之间，上行正线布置在站房对面的外侧。

对于单线通过式客运站，为了使客车车底取送及机车出入段与货物列车通过正线不发生交叉，其正线位置宜设在站房对面的最外侧。

位于大城市的主要客运站，结合枢纽总布置图经过技术经济比较，有条件时可将通过货物列车的正线外绕客运站或设联络线分流经由该客运站的货物列车。

尽头式客运站的正线一般没有货物列车通过，直接引入车站的那一条或两条站台线即为正线。

### 2. 旅客列车到发线

（1）旅客列车到发线数量应根据旅客列车对数及其性质、引入线路数量和车站技术作业过程等因素确定，如表 2.5 所示。

表 2.5　旅客列车到发线数量

| 始发、终到旅客列车对数/对 | 到发线数量/条 |
| --- | --- |
| 12 及以下 | 3 |
| 13～24 | 3～5 |
| 25～36 | 5～7 |
| 37～50 | 7～9 |

注：①表中到发线数量的范围可按列车对数的多少对应取值；

　　②办理通过旅客列车的客运站到发线数量，可将通过旅客列车折合始发、终到列车后采用表中数字，每对通过列车可按折合 0.5 对始发、终到列车计；

　　③始发、终到旅客列车在 50 对以上时，到发线数量按分析计算确定。

（2）客运站旅客列车到发线的数量与下列因素有关：①各种旅客列车占用到发线的时间标准；②运行图规定的旅客列车到达、出发和到发间隔时间标准；③旅客列车不均衡到发程度及高峰期列车到发密度；④车站到发线与站台的相互位置以及其他列车占用旅客列车到发线的情况等。

（3）旅客列车到发线有效长可按下式计算：

$$L_{效} = ml_{车} + l_{机} + l_{附加}$$

式中　$m$——旅客列车编挂辆数；

$\quad\quad l_{车}$——每辆客车的长度；

$\quad\quad l_{机}$——客运机车长度；

$\quad\quad l_{附加}$——旅客列车进站停车附加制动距离，按 30 m 计。

双线通过式客运站靠近基本站台的到发线应设计成双进路，以便双方向的重要旅客列车均能停靠基本站台。对于靠近中间站台的到发线，根据正线的位置，两侧部分到发线设计为单进路，中间部分到发线设计为双进路，以保证到发线使用的机动性和灵活性。

3. 货物列车到发线

客运站一般不办理货物列车的技术作业，货物列车沿正线通过车站。当客运站有干、支线接轨或因区间距离长，根据区间通过能力的需要，货物列车在客运站上要办理列车会让、越行或办理其他技术作业时，则必须设置货物列车到发线。其设置位置宜远离站房，以减少对客运作业的干扰。

货物列车到发线的数量应根据运量及客运站引入的方向来确定，一般可设一条，当引入方向有两个以上时可酌情增加。

4. 机车走行线和机待线

单线通过式客运站的客、货列车对数不多，机车出入段和调机走行次数较少，一般不设机车走行线和机待线，可利用正线或空闲的旅客列车到发线走行或停留。

当客、货列车对数较多时，双线通过式客运站应设机车走行线和机待线。但运营初期客运量不大时可缓设。当客运机务段和整备所在两正线靠站房同侧一端时，应将机车走行线设在第一、二站台之间，当客运机务段和整备所设在两正线之间时，应将机车走行线设在第三、四站台之间。

在客、货列车较多的单线通过式客运站上，一般应设机待线，供客运机车停留折返时使用。机待线一般宜设在机务段相对一端咽喉区的两正线之间，并应为尽头式，有渡线与各条到发线连通。

尽头式客运站办理的旅客列车对数较多，特别是有折角的通过旅客列车时，应在站内一处或两处的站台间设三条线路，其中中间一条为机车走行线，尽头处用渡线或三开道岔相连接，以便机车折返。当运量不大，旅客列车同时占用相邻两到发线的概率较小时，也可不设机车走行线。

5. 其他线路

其他线路包括客车车辆停留线、行包装卸线和站台。

（六）旅客站台及跨线设备

1. 旅客站台

（1）旅客站台的数量及位置应与站房、旅客列车到发线的布置相适应。两站台之间设一条到发线、两站台之间设两条到发线、两站台之间布置三条到发线，分别如图 2.35 所示。

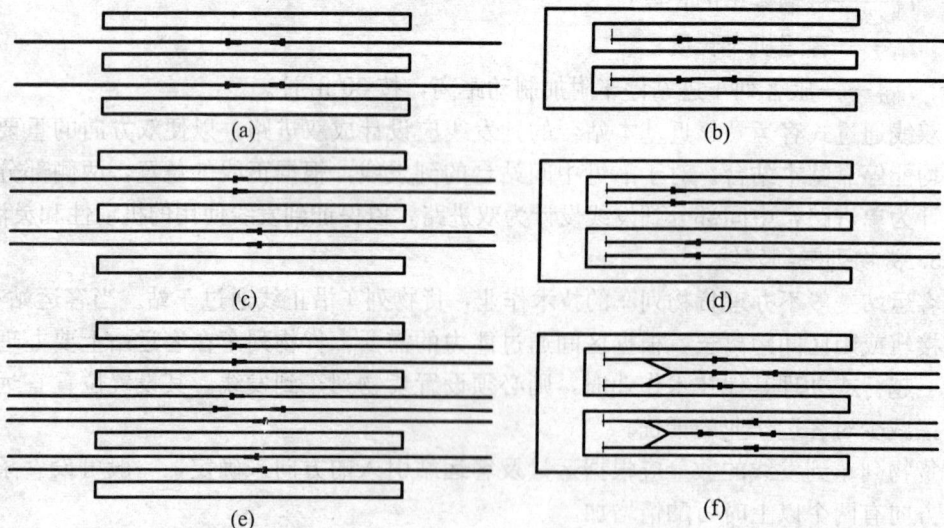

图 2.35　旅客站台与到发线相互位置图

（2）旅客站台长度应按 550 m 设置，位于Ⅲ级铁路货物列车到发线有效长下限的客运站台应按 500 m 设置。

（3）旅客站台的宽度应根据客流密度、行包搬运工具和站台上设置的建筑物和设备的尺寸确定。

（4）按站台面高出相邻线路轨顶面的高度，旅客站台可分为以下三种：①低站台，高度为 300 mm；②一般站台，高度为 500 mm；③高站台，高度为 1100 mm。

2. 跨线设备

跨线设备包括平过道、天桥和地道及行包地道，图 2.36 为大型客运站跨线设备设置。

（七）客车整备所

1. 客车整备所的作业

（1）技术整备，内容包括客车车底取送（或到发）、改编、停留待发，公务车、备用车停留以及个别客车转向；客车车底技术检查、日常维修和摘车维修，防寒、防暑的整

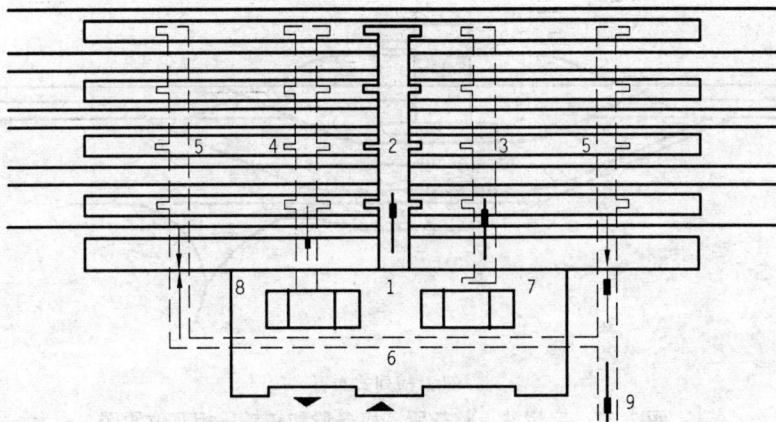

**图 2.36 大型客运站跨线设备设置图**

1—站房；2—进站高架通廊；3—市郊进站地道；4—出站地道；
5—行包地道；6—纵向行包地道；7—发送行包地道；8—到达行包地道；9—通邮政大楼

备，以及外段车辆故障处理；办理厂、段修客车的回送及车辆技术状态和备品的交接；冬季客车暖气管道预热、排汽、排水以及充电等。

（2）客车整备，内容包括客车车底内、外部清扫和洗刷；客车上燃料、上水、上餐料和换卧具。

**2. 客车整备所的作业方式**

（1）定位作业。

客车车底送到后，除改编作业外，技术整备、客运整备及等待送往客运站等作业都在一条整备线上进行，并尽可能平行作业。

（2）移位作业。

客车车底送到后，按照作业顺序，分别在到发场进行客运整备，在整备场（库）进行技术整备。

**3. 客运站与客车整备所的相互位置**

客运站与客车整备所的相互位置有纵列式布置［见图 2.37 (a)］和横列式布置［见图 2.37 (b)］两种。

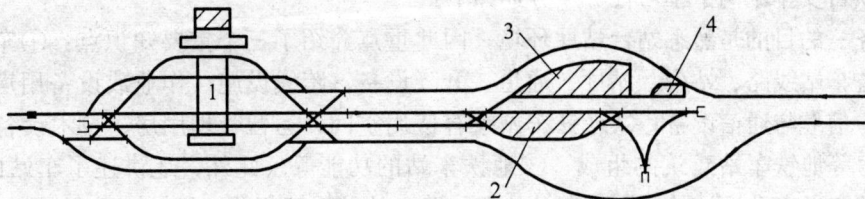

（a）纵列式布置

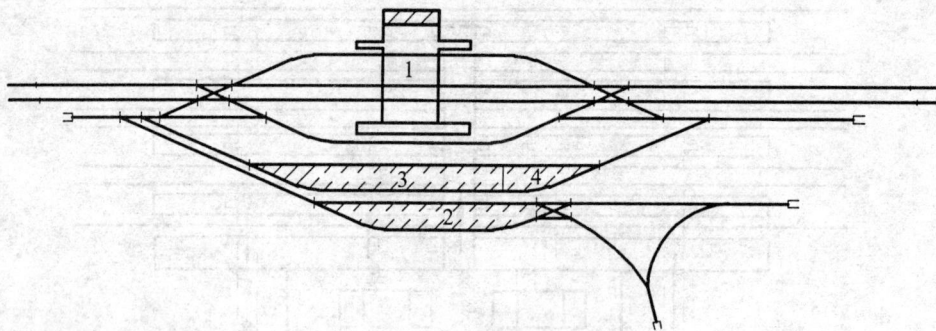

(b) 横列式布置

图 2.37 客运站、整备所、机务段和车辆段相互位置图
1—客运站；2—机务段；3—客车整备所；4—客车车辆段

客运站与客车整备所纵列式布置，咽喉区的进路交叉较少，车站通过能力较大；客车车底的取送没有折返行程；整备所与客运站间的纵向距离可远可近，便于利用地形，不影响未来发展。

客运站与整备所横列布置，具有占地少、设备集中、便于管理等优点，但车底取送切割正线，与列车到发进路交叉，且有折返行程。

4. 客运机务段的位置

客运机务段有与整备所分设和与整备所合设两种不同方案。当两者分设于客运站两端时，车底取送和机车出入段作业分散在两端咽喉，通过能力较大，有利于各自的发展，但用地较多，对城市干扰也大，往往会引起较大的拆迁工程。

两者合设于车站一端时，用地较集中，对城市干扰少，便于利用本务机车取送客车车底，有些设备（如动力、机修、生活设施等）可以共用，可节省投资。

5. 客车车辆的位置

为了检修客车，在始发、终到旅客列车较多的客运站，一般应设置客车车辆段。客车车辆段应与整备所相邻且横列或纵列布置。

## 【项目小结】

本项目安排了两个学习任务，分述如下：

任务一的目的是熟悉站台站厅环境，因此重点介绍了三个重要知识点：①车站主要技术设备车站线路、站台、站厅、通道、升降设备、跨线设施、作业或设备用房、售检票设备、信号与通信设备；②地铁车站乘客使用空间、运营管理用房、技术设备用房和辅助用房等地铁车站建筑的组成；③地铁车站的功能等。此外，还讲述了车站的分类、城市轨道交通车站设计的原则和车站位置与路口的关系等相关知识。

任务二的目的是能合理布置车站平面，因此重点介绍了以下几个知识点：①车站平面布置原则，包括站厅层布置、站台层布置和车站出入口设置原则及车站主要服务设施，具体为自动扶梯、电梯、售票机、检票机、空调通风设施等的合理布置原则；②车站主要建筑站台、车站主要设施（楼梯、自动扶梯、电梯和售、检票设施等）的合理布置。此外，还介绍了车站的数量及其分布等相关知识。

为更好地理解和掌握地铁车站的功能和结构，本项目拓展介绍了：①铁路车站的定义及作用，区间、区段和站界，车站的分类与等级，车站线路种类与线间距，股道和道岔的编号及股道有效长等铁路车站基本知识；②铁路客运站的作业、设备，客运站布置图，旅客站房，站线，旅客站台及跨线设备，客车整备所等铁路客运站的一些基本知识。

## 【思考与实训】

(1) 地铁车站建筑一般由哪几部分组成？

(2) 车站可分为哪些类型？

(3) 车站站位通常有哪几种？

(4) 车站主要技术设备有哪些？

(5) 车站的通信设备包括哪些？

(6) 影响车站分布的因素有哪些？

(7) 简述站厅的四种设置位置和各自的适用条件。

(8) 地铁车站有哪些主要功能？

(9) 试画出岛式站台与侧式站台示意图并比较其特点。

(10) 试分别绘制站厅层、站台层平面示意图，在图上标出各功能分区、主要设施和客流流向。

# 项目三　车　　辆

## 工作任务1　紧急情况下，利用紧急开门
## 手柄打开车门逃生

**【看一看】**

图3.1为某地铁车辆内部设备，图3.2为紧急车辆开门手柄，图3.3为车门被打开的状态。

图3.1　某地铁车辆内部设备

图3.2　紧急开门手柄

图 3.3　车门被打开

## 【相关知识】

### 一、紧急开门手柄

一般的,城市轨道交通车辆在每个客室门内侧的上方或一侧安装有一个红色的紧急开门手柄。紧急开门手柄仅在发生紧急情况时使用,例如列车发生火灾等。

在列车自动保护系统 ATP 保护下的各种驾驶模式中,若在列车运行中拉下某一车门的紧急开门手柄,将触发列车产生紧急制动;在停车时拉下手柄,将使列车产生启动封锁。在以上任意情况发生时,司机室列车的信息显示系统提示"相应车的相应边某个车门已紧急解锁"。

但是,除了发生列车夹人、夹物开车,原则上不允许列车未停稳就拉下紧急开门手柄,以避免造成人身伤亡事故或扩大事件的损害后果。

### 二、门切除装置

在每一紧急开门手柄的旁边有一黑色的四方栓,用专用的钥匙将四方栓往顺时针方向旋至尽头,可以切除相应的车门。

切除车门的含义:一是电路上的"切除",即将相应车门的开、关控制电路切断,使该车门不能通过电控的方式实现正常的开或关;二是机械的"切除",即将相应车门的紧急开门手柄锁定,使该红色手柄不能被拉下,从而不能实现紧急开门。

## 【操作过程】

紧急情况下，利用紧急开门手柄打开车门逃生的操作：

（1）在相应车门未切除的情况下，打开紧急开门手柄的保护盖；

（2）拉下红色手柄，使该车门解锁；

（3）用手往两边扳动两扇门页，打开车门逃生。

## 【背景知识】

### 一、城市轨道交通列车的编组

城市轨道交通普遍采用动车组。我国很多线路列车的编组是三辆车为一组列车单元，六辆车为一列车编组。具体编组形式为—A＊B＊C＝C＊B＊A—，其中 A 为带司机室拖车，B 车和 C 车为带受电弓或不带受电弓动车，"—"表示自动车钩，"＊"表示半永久性牵引杆，"＝"表示半自动车钩。如某线采用直线电机车辆 L 形车，由四节车厢组成，构成可控制的整体（4 动车）。一列客车的具体编组形式为"—A＋B＝B＋A—"，"—"表示自动车钩，"＋"表示半永久性牵引杆，"＝"表示半自动车钩。A 车为带司机室的动车，B 车为动车；受电弓（共 2 个）安装在 A 车顶部，集电靴（共 8 个）安装在每节 A 车的转向架 I 端、每节 B 车的转向架 II 端。不同的城市的地铁列车编组略有不同。

### 二、车辆结构

新型的城市轨道交通车辆车体采用大断面铝合金型材、机械紧固模块化组合结构；每辆车设 5 对电动铝合金塞拉门，带微机控制装置，门内侧设一紧急解锁手柄；转向架采用无摇枕转向架，构架采用高强度低合金钢板焊接 H 形结构；动车转向架牵引电机为架承式悬挂，每个构架反对称地布置两台牵引电机采用二级悬挂系统，一系为金属橡胶弹簧，二系为空气弹簧，每个转向架设有两个高度调整装置，单独控制每一个空气弹簧的充气高度。

车辆靠右侧线路行车，列车两端装设可开启的乘客紧急疏散门；A 车设司机室，在司机室前进方向的一侧设有司机控制台；司机室侧门为司机上下车通道，司机室的后端门为司机去客室提供方便，司机室的紧急疏散门为事故状态下紧急疏散乘客的通道。

### 三、列车性能

以城市轨道交通某线列车动力性能为例。

1. 牵引性能

在额定载荷（AW2）情况下，车轮半磨耗（805 mm）时额定电压下的牵引性能如下：

在平直轨道上车速列车速度从 0 达到 36 km/h 的平均加速度为 1.0 m/s²；列车速度从 0 达到 60 km/h 时的平均加速度≥0.6 m/s²；列车速度从 0 达到 80 km/h 的平均加速度≥0.4 m/s²；

平直轨道上最高运行速度为 80 km/h，瞬时速度为 83 km/h，设计构造速度为 90 km/h，挂钩操作速度为 5 km/h，反向退行最大速度为 10 km/h，列车在车辆段内可以 25 km/h 速度安全通过。在额定载荷情况下，全部动车工作，列车的运行速度不低于 35 km/h。列车牵引能力有 6%～10% 的储备。

2. 制动性能

实现常用制动列车平均减速度为 1.0 m/s²；实现紧急制动列车平均减速度为 1.3 m/s²；紧急制动与快速制动均采用空气制动，对 AW0～AW2 载荷条件，紧急制动距离≤190 m（制动初速度为 80 km/h）；对 AW3 载荷条件，紧急制动距离≤215 m（制动初速度为 80 km/h）。

### 四、车辆基本参数

以某地铁一号线和二号线车辆为例。

1. 某地铁一号线

（1）车辆长度（车钩连接面之间长度）：A 车≤24 400 mm，B、C 车≤22 800 mm，列车总长度≤14 0000 mm，车辆最大宽度：3 100 mm。

（2）车体长度：A 车 23 580 mm，B、C 车 21 880 mm；

（3）车辆高度（轨面至车顶高度，新轮，不含受电弓）：不含排气口≤3 800 mm，含排气口≤3 855 mm，动车受电弓落弓高度≤3 810 mm。

2. 某地铁二号线

（1）列车、车辆的各设计参数。车辆的长、宽、高、重和列车的总长、总重如表3.1所示。

表 3.1　地铁列车、车辆的设计参数

| 参数 | 类型 | | | |
| --- | --- | --- | --- | --- |
| | A 车 | B 车 | C 车 | 列车 |
| 长/m | 24.4 | 22.8 | 22.8 | 140 |
| 宽/m | 3 | 3 | 3 | |
| 高/m | 3.86 | 3.86 | 3.86 | |
| 重/t | 33 | 36 | 36 | 210 |

注：车辆长度是指车辆两车钩连接面之间的长度；车体高度不含受电弓。

列车在定员载荷下，总重约为 321.6t；超员载荷下，总重约为 365.52t。

（2）列车的载荷。

地铁车辆车厢内的每张坐椅假定可以乘坐 7 人，每节车可以乘坐 56 人侧列车的载客量：满座（AW1，AW 为英文"Average Weight"的缩写）为 336 人；满载（定员载荷 AW2）为 1860 人（6 人/米²）；超载（AW3）为 2592 人（9 人/米²）。

### 五、车辆方位

1. 车辆Ⅰ端（前端）、Ⅱ端（后端）的定义

为给同一车辆的某些同类设备按顺序编号以加以区别，需对车辆的Ⅰ、Ⅱ端进行定义。各类型车的Ⅰ端定义如下（定义"Ⅰ端"后，则车辆的另一端为"Ⅱ端"）：

A 车车辆Ⅰ端，指装有全自动车钩的那端（或以"带司机室的那端为Ⅰ端"进行定义）；

B 车车辆Ⅰ端，指客室内安装有电子柜和设备柜的那端；

C 车车辆Ⅰ端，指安装有半永久连接牵引杆那端（或以"客室内装有电子柜和设备柜的那端为Ⅰ端"进行定义）。

2. 车辆左、右侧和列车左、右侧的定义

车辆"右侧"是指观察者朝向车辆Ⅰ端时观察者右边所对应的那一侧，观察者左边所对应的那侧为车辆的左侧。

列车的左右侧是按列车向前牵引的方向定义的。列车的左侧是指观察者朝向列车的牵引方向时观察者左边所对应的那一侧，另一边为列车的右侧。

### 六、客室门编号

门的编号由靠近车辆Ⅰ端的第一个门开始编起，每节车左侧的车门采用 1～19 的连续奇数进行编号；右侧车门采用 2～20 的连续偶数进行编号。门的编号是两扇门页编号的组合，如 1/3 号门，指的是各车左侧的第一个车门。

# 工作任务 2　紧急情况下，打开司机室紧急疏散门疏散乘客

【看一看】

图 3.4 为司机室紧急疏散门外观，图 3.5 为打开的紧急疏散门。

图 3.4 司机室紧急疏散门  图 3.5 打开的紧急疏散门

## 【相关知识】

疏散门设在司机室前端墙的中央，底部铰接于车体上。疏散门只有在列车在隧道区间停车后不能继续运行且不能通过救援的方式运行到前方车站（如接触网长时间停电）或发生紧急情况（如火灾）且列车不能继续运行到前方车站时使用，用于紧急疏散乘客。疏散的乘客一般选择最近的车站进行疏散。

## 【操作过程】

紧急情况下，打开司机室紧急疏散门疏散乘客的操作：

（1）拉下红色手柄；

（2）用力推斜梯，部分车辆（如广州地铁一号线的车辆）还需跑到斜梯前端将斜梯的最后一节伸长，使斜梯着地；

（3）组织乘客疏散到隧道，沿轨道跑到最近的车站。

提示：部分城市轨道交通车辆的紧急疏散门斜梯需要用很大的力才能打开，打开时需注意自身安全。

## 【拓展知识】

### 一、地铁车辆

地铁车辆是城市轨道交通系统的重要组成部分，也是技术含量较高的机电设备。地铁车辆应具有先进性、可靠性和实用性，满足容量大、安全、快速、美观和节能的要求。地铁车辆有动车（Motor）和拖车（Trailer）、带司机室车和不带司机室车等多种形式。动车本身带有动力牵引装置，拖车本身无动力牵引装置；动车又分为带有受电弓的动车和不带受电弓的动车。

地铁车辆在运营时一般采用动拖结合、固定编组，形成电动列车组。由于它本身带有动力牵引装置，兼有牵引和载客两大功能，因此和铁路列车不同，不需要再连挂单独的机车。

（一）地铁车辆的组成

一般地铁车辆由以下七部分组成：

1. 车体

车体是容纳乘客和司机驾驶（对于有司机室的车辆）的地方，又是安装与连接其他设备和部件的基础。一般有底架、端墙、侧墙及车顶等。

2. 动力转向架和非动力转向架

动力转向架和非动力转向架装置位于车体和轨道之间，用来牵引和引导车辆沿着轨道行驶，承受与传递来自车体及线路的各种载荷并缓冲其动力作用，是保证车辆运行品质的关键部位。一般由构架、弹簧悬挂装置、轮对轴箱装置和制动装置等组成。

3. 牵引缓冲连接装置

车辆编组成列安全运行必须借助于连接装置。为了改善列车纵向平稳性，一般在车钩的后部装设缓冲装置，以缓和列车的冲动。

地铁车辆是成列运行的。一般情况下由 4 辆或 6 辆编成一列，少数情况下，也有 8 辆编成一列的。在一列中，根据车辆的性能和特性分成组，每组的车辆彼此相邻，可以单独运行。一般情况，每列车由 2 组组成。

车辆的连接，根据需要采用自动、半自动车钩或半永久牵引杆。自动车钩在连挂或解钩时，机械、电路、风路同时自动连接或断开；半自动车钩在连挂或解钩时，机械、风路同时自动连接或断开，电路需手动连接或断开；半永久牵引杆的连接或断开则需在车辆段（车厂）全部用手动。

4. 制动装置

制动装置是保证列车安全运行所不可少的装置。城市轨道车辆制动装置除常规的空气制动装置外，还有再生制动、电阻制动和磁轨制动等。

5. 受流装置

从接触导线（接触网）或导电轨（第三轨）将电流引入动车的装置称为受流装置或受流器。受流装置按其受流方式可分为杆形受流器、弓形受流器、侧面受流器、轨道式受流器和受电弓受流器几种形式。

6. 车辆内部设备

车辆内部设备包括服务于乘客的车体内的固定附属装置和服务于车辆运行的设备装置。前者有车电、通风、取暖、空调、坐椅、拉手等，后者大多吊挂于车底架，如蓄电池箱、继电器箱、主控制箱、电动空气压缩机组、总风缸、电源变压器、各种电气开关和接触器箱等。

7. 车辆电气系统

车辆电气包括车辆上的各种电气设备及其控制电路，按其作用和功能可分为主电路系统、辅助电路系统和控制电路系统三个部分。

地铁车辆是搭载乘客的载体，其性能直接影响到乘客的安全和舒适程度。现代地铁车辆采用了很多的新技术、新材料、新设备。如电子计算机网络控制、设备运行监测、设备故障诊断、车体采用不锈钢或铝合金材料及轻量化的整体承载结构、车载 ATC 信号、采用大功率电力半导体器件的调频调压直—交电传动系统、可向接触网反馈电能的再生电制动、完善的乘客信息广播系统（包括移动电视）、通风空调系统等。

（二）乘客报警按钮

乘客报警按钮即"紧急情况按钮"。以某线车辆为例，车辆每一节车客室内的两个门的上方安装有一个带保护盖的红色按钮——乘客报警按钮，按压可使列车的信息显示系统提示司机"相应车的相应门有乘客报警"。报警按钮启动后，如列车在区间运行，司机可以及时通知行车调度告知车站做好协助处理准备；如列车在车站正准备启动或刚启动，司机可以拉停列车，及时通知车站进行处理。

二、铁路车辆

（一）铁路车辆的分类

1. 按用途分类

按用途分有客车和货车两大类。常见的客车有硬座车、软座车、硬卧车、软卧车、餐车、行李车、邮政车等。常见的货车则有平车、敞车、棚车、罐车、保温车等。

2. 按车辆的轴数分类

按车辆的轴数分有四轴车、六轴车、八轴车等。轴数越多，车轮也越多，载重量就越大。

3. 按车辆的载重分类

例如货车有 50 t、60 t、75 t、90 t 等不同的载重量。

轴重是车辆总重与轴数之比，也就是车辆每一对车轮加于轨道的重力（自重＋荷载）。车辆的轴重受制于轨道和桥梁允许的最大荷载。

（二）车辆的五大组成部分

铁路车辆由车体、车内设备、走行装置、车钩缓冲装置、制动装置等五部分组成。

1. 车体

车体是车辆上供装载货物或乘客的部分，又是安装与连接车辆其他组成部分的基础。

2. 走行部

走行部是车辆在牵引动力作用下沿线路运行的部分。

走行部的作用是保证车辆灵活、安全平顺地沿钢轨运行和通过曲线；可靠地承受作用于车辆各种力量并传给钢轨；缓和车辆和钢轨的相互冲击，减少车辆振动，保证足够的运行平稳性和良好的运行质量；具有可靠的制动机构，使车辆具有良好的制动效果。

由于车辆的用途、运行条件、制造和检修能力等因素的不同，转向架的类型很多，结构各异。一般转向架主要由轮对、侧架和摇枕、轴箱油润装置、弹簧减振装置、基础制动装置所组成。

轮对由一根车轴和两个车轮压装成一体，在车辆运行过程中，车轮和车轴之间不容许有相对位移。轮对承受着车辆的全部重量，且在轨道上高速运行时还承受着从车体、钢轨两方面传来的其他各种作用力。轮对的质量直接影响列车运行安全，因此对它的制造、检修均有严格规定。轮对上的车轴根据所用轴承形式，可分为滑动轴承车轴和滚动轴承车轴。而车轮的结构、形状、尺寸、材质是多种多样的。为降低噪声、减小簧下质量，国外还采用弹性车轮、消音车轮、起皱辐板车轮等新型车轮。无论任何形式车轮，与钢轨直接接触的部分主要是轮缘和踏面。轮缘就是车轮内侧突起的部分，其作用是引导车轮的运行方向，防止车轮脱轨。踏面就是车轮与钢轨头部的接触面。在踏面上设有 $1:20$ 的斜坡，能使车辆的重心落在线路中心线上，以克服和减轻车辆的蛇行运动，并顺利地通过曲线。

侧架和摇枕是转向架的组成部分，侧架把转向架的各个零部件联系在一起构成一个整体。它的两端有轴箱导框，以便安装轴箱。侧架中部设有弹簧承台，是安装弹簧减振装置的地方。摇枕则连同下心盘、旁承盒铸成一体，它的两端支座在弹簧上。车体的重量和载荷通过下心盘经摇枕传给两侧的枕弹簧，并通过摇枕将两个侧架联系起来。

轴箱油润装置是保证车辆安全运行的重要部件，其作用是将轮对和侧架或构架联系在一起，使轮对沿钢轨的滚动转化为车辆沿线路的平动；承受车辆的重量，传递各方面的作用力，并保证良好的润滑性能，使车轴在高速运转时不致发生热轴现象。轴箱装置按轴承的工作特性分为滚动轴承轴箱装置和滑动轴承轴箱装置。滚动轴承能减少运动阻力，适合高速运行，是铁路车辆技术现代化的重要措施之一。滑动轴承轴箱由于启动阻力大，不适合高速运行，维修费用高，冬、夏季需更换轴油且易发生热轴，故逐渐被滚动轴承油箱所代替。

弹簧减振装置是车辆减少有害冲动和衰减振动的装置。车辆上采用的弹簧减振装置，按其主要作用的不同大体可分为三类：一类是主要起缓和冲动的弹簧装置，如中央及轴箱的螺旋圆弹簧；二类是主要起衰减振动的减振装置，如垂向、横向减振器；三类是主要起定位（弹性约束）作用的定位装置，如轴箱轮对纵、横方向的弹性定位装置，摇动台的横向缓冲器或纵向牵引拉杆等。

基础制动装置由制动缸活塞推杆和闸瓦及其间一系列杠杆、拉杆、制动梁等传动部分所组成，其作用是把制动缸活塞上的推力增大若干倍以后平均地传给各个闸瓦，使之压紧车轮而产生制动作用。

3. 车钩缓冲装置

用于使车辆与车辆、机车或动车相互连挂，传递牵引力、制动力并缓和纵向冲击力的车辆部件。由车钩、缓冲器、钩尾框、从板等组成一个整体，安装于车底架构端的牵引梁内。

为了保证车辆连挂安全可靠和车钩缓冲装置安装的互换性，我国铁路机车车辆有关规程规定：车钩缓冲器装车后，其车钩钩舌的水平中心线距钢轨面在空车状态下的高度，客车为 880mm（允许＋10mm，－5mm 误差），货车为 880mm（±10mm）。两相邻车辆的车钩水平中心线最大高度差不得大于 75mm。

4. 制动装置

列车制动装置包括机车制动装置和车辆制动装置。机车除了具有像车辆一样使它自己制动和缓解的设备外，还具有操纵全列车制动作用的设备。

列车制动在操纵上按用途可分为常用制动和紧急制动两种。在正常情况下为调节或控制列车速度包括进站停车所施行的制动，称为常用制动，它的特点是作用比较缓和而且制动力可以调节。在紧急情况下为使列车尽快停住所施行的制动，称为紧急制动（也称为非常制动），它的特点是作用比较迅猛而且要把列车制动能力全部用上。

目前，铁路机车车辆采用的制动方式有闸瓦制动和盘形制动。

铁路机车车辆制动机按制动原动力和操纵控制方式的不同，可分为手制动机、空气制动机、电空制动机、电磁制动机和真空制动机。

手制动机是以人力为制动原动力，以手轮的转动方向和手力大小来操纵控制，是辅助的备用制动机。

空气制动机是以压缩空气作为制动原动力，如图 3.6 所示。自动式空气制动机的特点是列车管排气（减压）时制动缸充气（增压），发生缓解。优点是，当列车发生分离事故，制动软管被拉断时，列车管风压急剧下降，三通阀活塞自动而迅速地移动到制动位，故列车能自动迅速制动直至停车。这不仅提高了列车运行安全性，而且列车前后部开始制动作用的时间差小，即制动和缓解的一致性较好，适用于编组较长的列车，因此在世界各国铁路上得到最广泛的应用。

电空制动机是电控空气制动机的简称，是在空气制动机的基础上加装电磁阀等电气

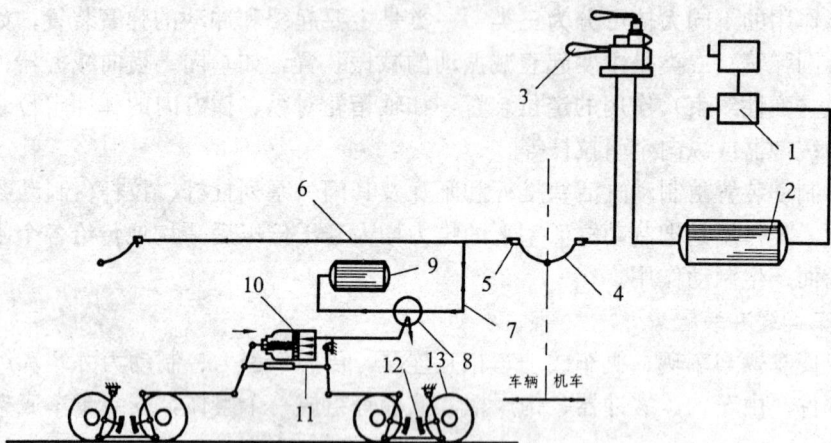

**图 3.6 自动空气制动机充风缓解作用示意图**

1—风泵；2—总风缸；3—自动制动阀；4—制动软管；5—折角塞门；6—制动主管；
制动支管；8—三通阀；9—副风缸；10—制动缸；11—基础制动装置；12—闸瓦；13—车轮

控制部件而形成的。它的特点是制动作用的操纵控制用"电控"，但制动作用原动力还是压力空气。而且，在制动机的电控因故失灵时，它仍可实行"气控"（空气压强控制），临时变成空气制动机。在列车速度很高或编组很长，空气制动机难以满足要求时，采用电空制动机可以大大改善列车前后部制动和缓解作用的一致性，显著减轻列车纵向冲击，并缩短制动距离，世界上许多高速列车都采用了电空制动机，我国广深线准高速旅客列车和某些干线的提速客车也采用了电空制动机。图 3.7 为自动空气制动机制动作用示意图。

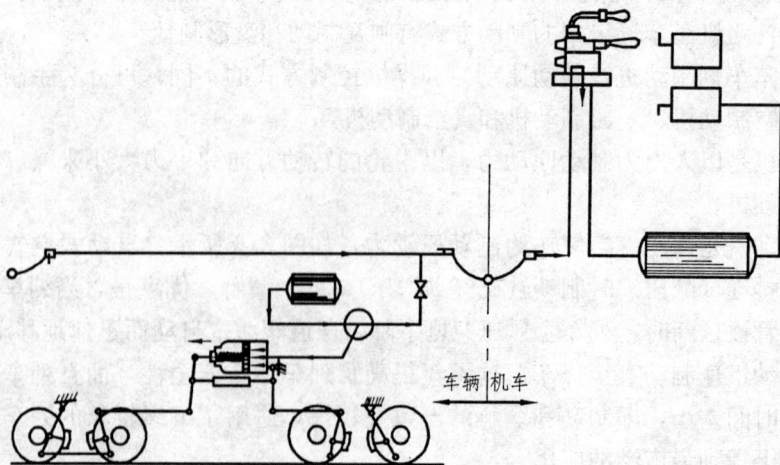

**图 3.7 自动空气制动机制动作用示意图**

（三）列车运行状态指示灯

一般城市轨道交通每节车车辆的车体外侧墙上设置一竖排车辆运行状态指示灯。以某线车辆为例，Ⅱ端车体外侧墙上设置一竖排指示灯，该竖排指示灯为车辆运行状态指示灯，具有五个灯位，由上至下设置的颜色分别是：绿色、橙色、白色、红色、蓝色。

车辆运行状态指示灯用于指示相应车辆气制动、停车制动和相应侧客室门的状态以及是否启用车载 ATP 设备（仅 A 车电子柜有车载 ATP 设备）。

各灯显示时的显示意义如下：

（1）绿灯亮，表示该节车所有的气制动和停车制动已经缓解；

（2）橙灯亮，表示该节车该边至少有一个车门未"关好"；

（3）白灯亮（仅 A 车有显示），表示该单元 A 车的车载 ATP/ATO 对列车的控制与监控已经切除；

（4）红灯亮，表示该节车至少有一转向架的气制动已经施加；

（5）蓝灯亮，表示该节车的停车制动已经施加。

## 【项目小结】

### 一、本项目设置两个工作任务

（1）紧急情况下，利用紧急开门手柄打开车门逃生；

（2）紧急情况下，打开司机室紧急疏散门疏散乘客。

此两个任务要达到紧急情况下，利用车辆的紧急开门手柄及紧急疏散门逃生或组织乘客疏散的目的。

### 二、知识小结

主要介绍了城市轨道交通车辆的编组；车辆结构；列车性能；车辆基本参数；车辆方位；客室门编号；乘客报警按钮；列车运行状态指示灯等相关知识，从而对城市轨道交通车辆有较深入的了解。学习者可通过城市轨道交通网及各地铁公司网站了解一些城市轨道交通车辆的最新动态，如直线电机车辆等。

## 【思考与实训】

（1）有条件的学校，组织学生到城市轨道交通车辆段进行如下操作：

①利用紧急开门手柄打开车门逃生；

②打开司机室紧急疏散门疏散乘客。

（2）任意选择一个你感兴趣的城市，画出其中一条城市轨道交通线路的车辆编组，并说明其编组情况。

（3）任意选择一个你感兴趣的城市，指出其中一条城市轨道交通线路的列车性能。

（4）计算说明某城市轨道交通线路的高峰小时旅客输送能力，最小行车间隔可根据实际情况假设。

（5）利用列车运行状态指示灯判断列车的运行状态。

（6）上网搜索城市轨道交通车辆的最新动态，比较各种城市轨道交通车辆的性能及优缺点，并写出不少于1000字的调研报告。

# 项目四 供电设备的运用

## 工作任务 1 绘制城市轨道交通系统集中供电示意图

### 【想一想】

（1）城市轨道交通的电能是怎样获得的？

（2）电能是通过什么途径供给列车和其他用电设备的？

### 【任务分析】

城市轨道交通的供电系统是为城市轨道交通的运营提供电能的。城市轨道交通的列车是电力牵引的电动列车，其动力是电能。此外，车站中的辅助设施包括照明、通风、空调、排水、通信、信号、防灾报警、自动扶梯等，也都依赖电能。通过绘制城市轨道交通集中供电示意图，让学习者掌握供电系统的工作原理、供电方式以及供电系统的组成。在完成任务前，需学习供电系统的供电方式、系统组成及变电所的相关知识，再根据供电系统的工作原理绘制示意图。

### 【相关知识】

1. 供电系统的电流、电压制

轨道交通的电流制有直流（DC）和交流（AC）两类；电压制有：直流 750V、1500V 等，交流 220V、380V 等。

2. 供电系统的工作原理

城市轨道交通供电系统的电源一般取自城市电网，通过城市电网一次电力系统和城市轨道交通供电系统实现输送或变换，然后以适当的电压等级供给列车及各类用电设备。

3. 供电系统的组成

根据用电性质的不同，城市轨道交通供电系统大致可分为两部分：由牵引变电所为主组成的牵引供电系统和以降压变电所为主组成的动力照明供电系统。

4. 供电方式

常用外部电源的供电方式有：集中供电、分散供电及混合供电。地铁供电系统多采用集中供电，上海、广州及南京地铁较多采用此种供电方式。集中供电：由发电厂或城市电网以高压（如110kV）向主变电站供电，经降压并在沿线结合牵引变电所、降压变电所进线形成33kV或10kV的中压环网，由环网供沿线设置的牵引变电所经降压整流为直流电（如DC750V或DC1500V），从而对电动车供电；各车站机电设备则由降压变电所降压为AC380/220V对动力、照明等供电。

5. 用电负荷

城市轨道交通系统是一个重要的用电部门，供电的可靠性直接影响到线路的畅通和人员的安全，因此城市轨道交通重要的电力用户。如车站站厅和站台层的事故照明、电动车辆、通信、信号等为一级负荷，必须要保证不间断的获得电能。即由两路独立的电源供电，当任何一路电源发生故障中断供电时，另一路就能保证一级负荷的全部用电。

6. 变电所

城市轨道交通系统的供电系统一般设置三类变电所，即主变电所、降压变电所和牵引变电所。

（1）主变电站，指采用集中供电方式时，接城市电网电源，经其降压后以中压供给牵引变电所和降压变电所的一种城市轨道交通变电站。它承担城市轨道交通整个线路上的总变电所。

（2）降压变电所，从主变电所获得电能并降压变成低压交流电。

（3）牵引变电所，从主变电所获得电能，经过降压和整流变成电动列车牵引所需要的直流电。

## 【操作过程】

供电系统在整个城市轨道交通系统工程是为其他系统提供用电服务，满足各用户的需求的。为了说明城市轨道交通供电系统各个组成部分的关系，下面以地铁为例进行介绍。地铁供电系统示意图如图4.1所示。

在掌握供电系统工作原理、供电方式、系统组成以及变电所的相关知识后，根据地铁供电系统示意图，才可动手绘制城市轨道交通集中供电示意图。在绘制过程中，要注意中压环网的重要作用。

中压环网是轨道交通供电系统中主变电所与牵引供电系统、动力照明供电系统间相互连接的重要环节。其作用是：纵向把上级的主变电站和下级的牵引变电所、降压变电所连接起来；横向把全线的各个牵引变电所和降压变电所连接起来，如图4.1中红色圈部分。

下面给出城市轨道交通集中供电示意图以供学习者参考，也可结合所学知识，默画

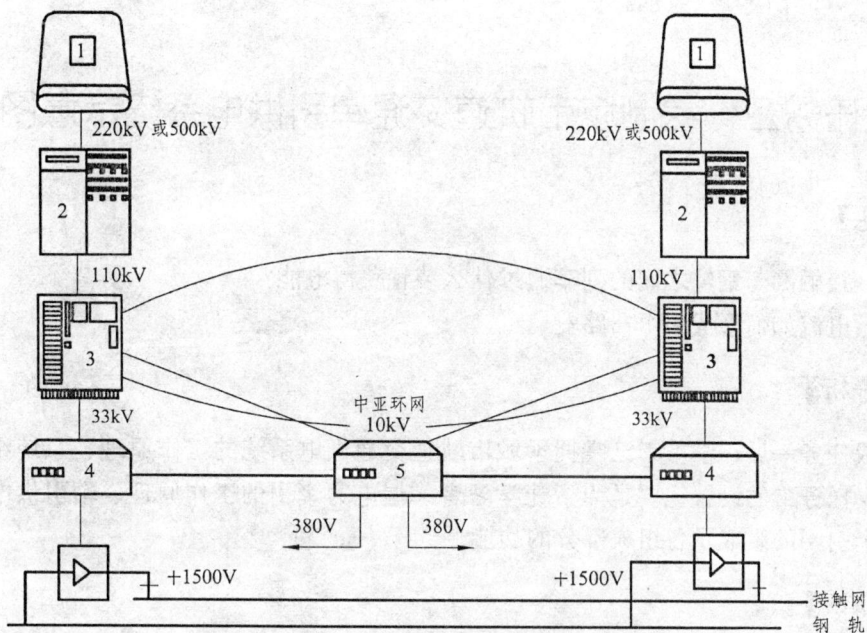

**图 4.1 地铁供电系统示意图**

1—城市电网发电厂；2—城市电网区域变电所；3—主变电站；
4—地铁牵引变电所；5—地铁降压变电所

参考示意图（见图 4.2），从而完成任务。

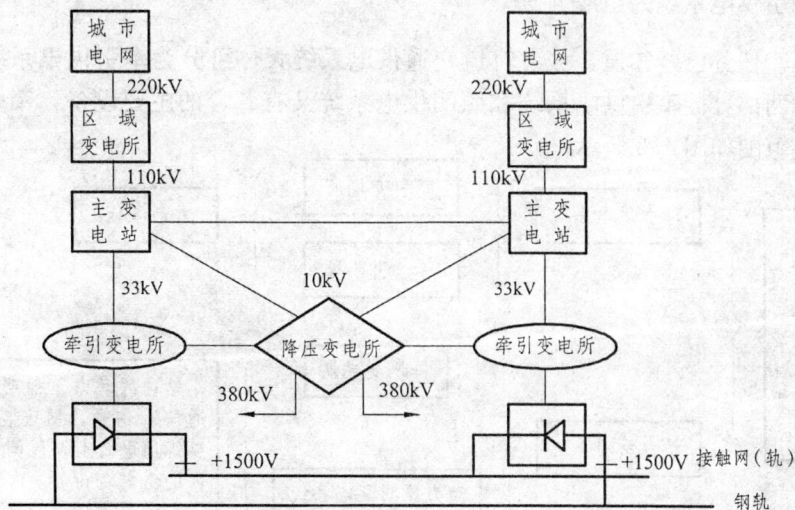

**图 4.2 城市轨道交通集中供电示意图**

# 任务二 绘制城市轨道交通牵引供电系统示意图

## 【想一想】

(1) 接触网与钢轨之间的列车通过什么装置获得电能?

(2) 电流如何形成一个回路?

## 【任务分析】

完成任务一后,学习者已掌握了城市轨道交通供电系统的工作原理、系统组成等相关知识。任务二的设置主要是为了让学习者掌握电力牵引的工作原理、牵引供电系统的组成、牵引网的组成及各组成部分的功能。

## 【相关知识】

### 一、牵引供电系统的工作原理

牵引供电,顾名思义,就是将电能直接或者经过输送、变换后提供给车组的牵引电动机,由牵引电动机将电能转换成机械能,从而驱动车辆运行。

### 二、牵引供电系统的组成

从上一个任务已经知道,城市轨道交通供电系统大体可分为牵引供电系统和动力照明供电系统两部分。牵引供电系统和照明供电系统又有各自的主要设备,牵引供电系统组成及供电范围如图4.3所示。

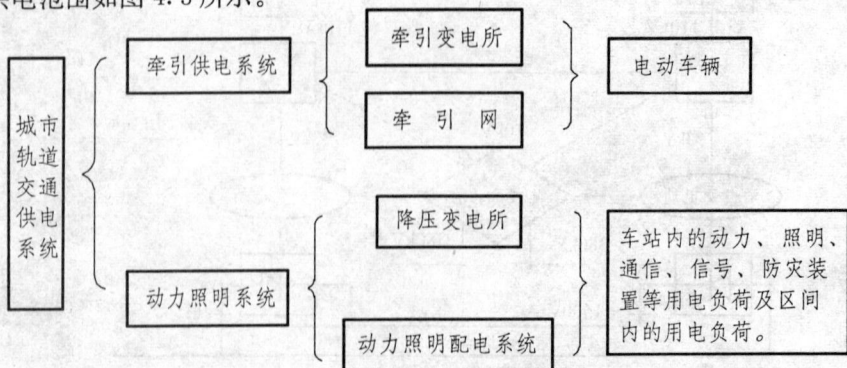

**图 4.3 供电系统组成及供电范围框架图**

### 三、牵引网的组成

由馈电线、接触网（或接触轨）、轨道回路及回流线组成的供电网络称为牵引网。

**1. 接触网**

经过电动列车的受电器向电动列车供给电能的导电网，如图 4.4 所示。电动列车通过顶部升起的受电器与接触网接触获取电能，该受电器称为受电弓，如图 4.5、图 4.6 所示。

**2. 接触轨**

接触轨又称第三轨，是沿着走行轨道一侧平行铺设附加第三轨，如图 4.7 所示。电动列车侧面或底部伸出的受电器与第三轨接触取得电能，该种受电器称为受电靴。如图 4.8、图 4.9 所示。

图 4.4 架空式接触网

图 4.5 受电弓

图 4.6 列车通过受电弓受电

图 4.7 接触轨（黄色轨）

图 4.8　受电靴

图 4.9　列车通过第三轨受电

3．馈电线

从牵引变电所向接触网输送牵引电能的导线。

4．回流线

用以供牵引电流返回牵引变电所的导线。

5．轨道

列车行走时，利用走行轨作为牵引电流回流的电路。

【拓展知识】

牵引变电所向接触网（或接触轨）供电有两种方式：单边供电和双边供电。

当某一牵引变电所故障时，另一牵引变电所也能将电能供给电动列车，从而保证正线上电动列车能不间断地获取电能。

接触网（或接触轨）在每个牵引变电所附近由电分段（电分段是指为便于检修和缩小事故范围，将接触网分成若干段）进行电气隔离，分成两个供电分区，如列车只从所在供电分区的一个牵引变电所获得电能，这种供电方式称为单边供电；如从相邻两个牵引变电所获得电能，则称为双边供电。在采用双边供电时，当某一牵引变电所故障退出运行时，该段接触网（或接触轨）就成了单边供电。

【操作过程】

在掌握牵引供电系统工作原理、组成以及牵引变电所向接触网（或接触轨）供电方式的相关知识后，即可动手绘制城市轨道交通电力牵引供电系统示意图。考虑到接触网和受电弓容易表现，下面以接触网供电为例绘制城市轨道交通牵引供电系统示意图。

第一步：画出钢轨、接触网及列车；（列车运行在钢轨上，通过受电弓从接触网受电）

第二步：牵引变电所、馈电线的绘制。城市轨道交通正线采用双边供电，在列车的前方和后方画两个牵引变电所，牵引变电所通过馈电线将电流引入接触网。

第三步：绘制回流线。电流要形成封闭的回路方能使电流流通，在钢轨上引一条线至牵引变电所，将轨道及牵引变电所连接起来，以供牵引电流返回牵引变电所。

# 【项目小结】

## 一、本项目的工作任务

工作任务 1 为绘制城市轨道交通集中供电示意图，工作任务 2 为绘制城市轨道交通牵引供电系统示意图。

## 二、本项目需掌握的相关知识

通过本项目相关知识的学习以及任务的操作，学习者应该掌握城市轨道交通系统采用的电压、电流制，供电方式的分类以及常用的集中供电的含义，采用集中供电时的变电所的种类及各类变电所的功能，牵引网的组成以及各组成部分在牵引供电系统中的功能；了解中压环网的功能掌握牵引供电系统的工作原理、城市轨道交通供电系统的组成（牵引供电系统和动力照明系统的组成）；学习者可根据自己的实际情况掌握或了解拓展知识。

# 【思考与实训】

（1）城市轨道交通供电系统的工作原理是什么？

（2）城市轨道交通供电系统大致由哪几个部分组成？

（3）城市轨道交通供电系统外部电源的供电方式有哪几种？

（4）简述城市轨道交通供电系统中使用的变电所种类及各类变电所的功能。

（5）牵引供电系统的工作原理是什么？

（6）牵引网由哪几部分组成？在牵引供电系统中分别起什么作用？

# 项目五　信　号

## 工作任务 1　站务员停车（紧急停车）手信号

【看一看】

图 5.1 为信号旗示意图。

图 5.1　信号旗

图 5.2 为信号灯示意图，从左至右顺序分别是手信号灯、显示红色手信号灯、红闪灯。

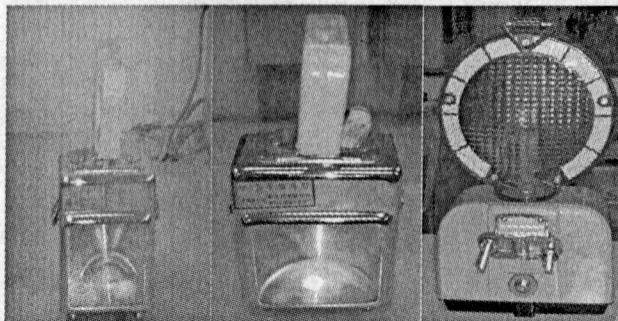

图 5.2　信号灯

## 【任务分析】

(1) 什么是手信号？

(2) 使用手信号怎么接发列车？

## 【相关知识】

### 一、信号概述

如果将轨道交通系统比喻为人，那么轨道交通信号与通信就是其神经系统。轨道交通显示信号与实现通信的设备包括轨道交通信号、联锁、闭塞等设备，统称信号设备；其主要作用是保证行车、调车工作的安全和提高区间通过能力。

信号通常用红、黄、绿三种不同颜色显示其意义，这三种基本颜色代表意义如下：红色表示停车（不得越过该信号机），黄色提醒列车注意或减速，绿色则是按线路及车辆设备规定的速度行驶（见图 5.3）。除了以上三种基本颜色显示外，常见的还有蓝色和白色用作显示调车信号，其中蓝色表示禁止意义的信号，而白色则作为允许信号。

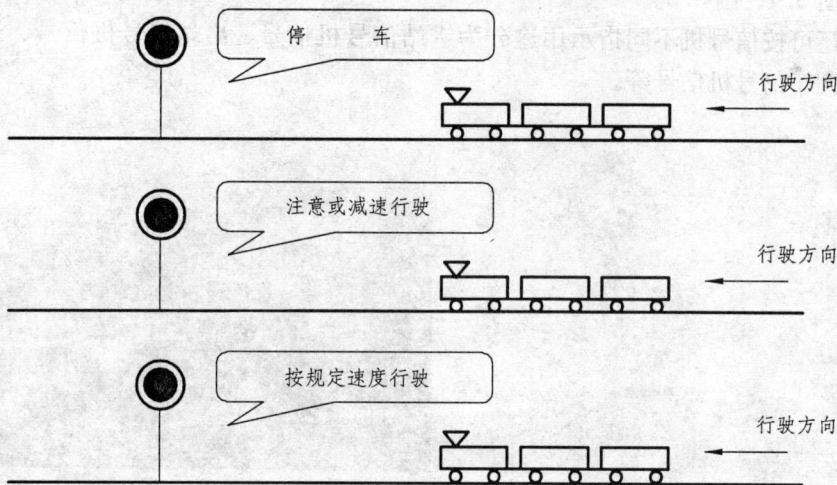

图 5.3　信号基本颜色意义

### 二、信号的作用和基本技术要求

信号是向有关行车人员和调车人员发出指示和命令。行车有关人员和调车人员必须执行信号显示要求以保证安全和提高效率，因此信号的显示必须满足以下基本技术要求：

(1) 显示明确，易于识别；

(2) 不同的信号显示能反映不同的运行条件；

（3）有足够的显示距离，便于司机确认信号和反应操作；

（4）有较高的可靠性，符合"故障—安全"原则；

（5）符合列车左（或右）侧行车制原则，指示列车左（或右）侧行车。

### 三、信号分类

信号按人体感官分可分为视觉信号和听觉信号：视觉信号是以物体或灯光的颜色、形状、位置、数目或数码显示等特征表示的信号，主要包括信号机信号、机车信号、信号旗（见图 5.1）、信号牌及信号显示器等；听觉信号是以不同声响设备发出音响的强度、频率、音响长短和数目等特征表示的信号，常见的主要有机车鸣笛、号角等。

信号按设置位置的不同可分为固定信号和移动信号：固定信号又可分为地面信号和机车信号。其中地面固定信号主要有进站信号机信号、出站信号机信号、通过信号机信号及调车指示信号等；机车信号是用设在机车司机室的机车信号机自动反映运行条件，指示司机运行的信号显示制度（参见"拓展知识"）。移动信号主要有信号牌、信号旗等。

信号按信号机的安装方式可分为高柱信号机和矮型信号机信号，高柱信号机及矮柱信号机见图 5.4、图 5.5。

信号还可按信号机不同指示用途分为进站信号机信号、出站信号机信号、进路信号机信号、调车信号机信号等。

图 5.4　高柱信号机　　　　　　图 5.5　色灯信号机

现在的轨道交通信号机一般采用透镜式色灯信号机。色灯信号机是用灯光的颜色、数目及亮灯状态表示信号含义的信号机，信号机显示颜色取决于有色透镜，不管白天还是夜间都用不同颜色的灯光来显示信号的。按照它们制作结构的不同，色灯信号机可以分为透镜式和探照式两大类。透镜式色灯信号机采用透镜组将电源发出的光线聚成平行光线，故称为透镜式。探照式色灯信号机是一组透镜能显示出三个颜色灯光。透镜式相比探照式得以广泛应用的原因在于其结构简单，安装方便。探照式色灯信号机现仅少量保留使用。

## 四、手信号

手信号,是一种轨道交通移动信号,是由人直接挥动信号旗和信号灯来下达的各种命令,紧急情况下也可徒手指示。

手信号的信号旗同其他信号一样有三种基本颜色:绿、黄、红;信号灯(也叫号志灯)有四种基本灯光:绿、黄、红、白。

手信号的种类很多,常见的有列车运行手信号、调车手信号、联系用手信号等。

地铁作业时,列车以规定速度进站,车站不显示接车信号。

## 五、手信号的显示意义

车站原则上不办理接发列车作业,遇特殊情况须接发列车时,车站、车辆段接发列车人员应遵守下列手信号的显示。

### (一)停车信号

停车信号要求列车停车。

昼间——展开的红色旗。

夜间——红色灯光。

昼间无红色信号旗时,两臂高举头上向两侧急剧摇动,夜间无红色灯光时,用白色灯光上下急剧摇动。列车停车信号如图5.6所示。

**图5.6 停车手信号**

要求司机紧急停车的紧急停车信号:

昼间——展开红旗下压数次。

夜间——色灯光下压数次。

如果未带信号旗等信号设备,徒手信号的显示如下:昼间无信号旗时,两臂高举头上，向两侧急剧摇动。夜间无红色灯光时，用白色灯上下急剧摇动，如图5.7所示。

图5.7　紧急停车手信号

（二）发车手信号

发车手信号要求司机发车：

昼间——展开的绿色旗面对司机作顺时针圆形转动。

夜间——绿色灯光面对司机作顺时针圆形转动。

图5.8为发车手信号。

图5.8　发车手信号

（三）通过手信号

通过手信号是在列车行车凭证具备的条件下，向准许由车站通过的列车显示的信号，如图 5.9 所示。

昼间——展开的绿色信号旗。

夜间——绿色灯光。

图 5.9　通过手信号

（四）临时停车信号

必须使列车临时停车时显示的信号，要求司机立即采取停车措施。

昼间——展开的红色信号旗高举头上左右摇动。

夜间——红色灯光高举头上左右摇动。

（五）引导手信号

引导手信号准许列车进入车站，如图 5.10 所示。

昼间——展开的黄色信号旗高举头上左右摇动。

夜间——白色（黄色）灯光高举头上左右摇动。

图 5.10　引导手信号

（六）道岔开通信号

道岔开通信号表示进路准备妥当，准许列车通过道岔区段，道岔开通手信号如图5.11 所示。

昼间——拢起的黄色信号旗高举头上左右摇动。

夜间——白色（黄色）灯光高举头上。

图 5.11　道岔开通手信号

（七）股道信号

股道信号表示当前道岔所开通的位置。

昼间——右手拢起的黄旗，左手拢起的红旗。

夜间——白色（黄色）灯光。

1. 一道手信号

昼间——左右手平举。

夜间——白灯（黄灯）平举胸前左右移动。

图 5.12 为开通一道手信号显示。

图 5.12　开通一道手信号

## 2. 二道手信号

昼间——左手自然垂下，右手高举头顶。

夜间——白灯（黄灯）放于胸前由右向左再向右上方移动。

图 5.13 为开通二道手信号显示。

**图 5.13　开通二道手信号**

## 3. 三道手信号

昼间——左右手高举头顶。

夜间——白灯（黄灯）放于胸前右侧上下移动。

图 5.14 为开通三道手信号。

**图 5.14　开通三道手信号**

## 4. 四道手信号

昼间——左手举向左斜下方，右手举向右斜上方。

夜间——白灯（黄灯）高举灯顶左右移动。

图 5.15 为开通四道手信号。

图 5.15　开通四道手信号

## 六、手信号显示原则

地面车站及车辆段为昼间使用信号旗，夜间使用信号灯；地下站一律按夜间办理，全部使用信号灯。

## 七、手信号的有关规定

接发列车时，接发列车人员应穿着规定服装，衣帽整齐，佩戴臂（胸）章，携带列车无线调度电话，持规定信号旗（灯），立正姿势，站在规定地点，面向列车，注意列车运行状态。

在显示手信号时，凡昼间持有手信号旗的人员，应将信号旗拢起，左手持红旗，右手持绿旗（扳道员右手持黄旗）。

## 八、手信号显示时机和地点

（1）接车时，在看见列车头部灯后开始显示。显示地点为头端墙。

（2）通过列车，应待列车头部越过信号显示地点后方可收回。显示手信号地点为：有屏蔽门的车站在站台尾端墙（内方），没有屏蔽门的车站在站台尾端墙靠近紧急停车按钮附近。

（3）停站列车，应待列车停车后方可收回。

（4）发车信号（或好了信号）显示，必须在司机鸣笛回示后方可收回。显示地点为靠列车前进方向第2个车门。

（5）引导手信号，待列车头部越过信号显示地点后方可收回。显示地点为来车方向端墙。

## 九、徒手信号

在日常车务运作中，调车员或管理人员及行车有关人员检查工作或遇列车救援、发生紧急情况，没有携带信号灯或信号旗时，徒手信号的显示如表5.1所示。

表5.1　徒手信号

| 序号 | 徒手信号类别 | 显示方式 |
|---|---|---|
| 1 | 紧急停车信号（含停车信号） | 两手臂高举头上，向两侧急剧摇动 |
| 2 | 三、二、一车信号 | 单臂平伸后，小臂竖直向外压直，反复三次为三车、二次为二车、一次为一车 |
| 3 | 连挂信号 | 紧握两拳头高举头上，拳心向里，两拳相碰数次 |
| 4 | 试拉信号 | 当列车刚起动马上给停车信号 |
| 5 | 向显示人方向稍行移动 | 左手高举直伸，右手平伸小臂前后摇动 |
| 6 | 向显示人反方向稍行移动 | 左手高举直伸，右手向下斜伸，小臂上下摇动 |
| 7 | 发车（指示）信号（好了信号） | 单臂向列车运行方向上弧圈做圆形转动 |

## 【操作过程】

站务员指示列车停车的信号，如果当时是昼间，展开红色旗；如果当时是夜间，则显示红色灯光。昼间若无红色信号旗时，站务员应两臂高举头上向两侧急剧摇动；夜间若无红色灯光时，可用白色灯光上下急剧摇动，示意司机停车。

站务员要求司机紧急停车的紧急停车信号：昼间显示，用展开红旗下压数次；夜间显示，红色灯光下压数次。

如果未带信号旗等信号设备，徒手信号的显示如下：昼间无信号旗时，两臂高举头上，向两侧急剧摇动。夜间无红色灯光时，用白色灯上下急剧摇动。

## 【拓展知识】

### 一、调车手信号的显示

调手信号的显示见表5.2。

表 5.2    调车手信号

| 序号 | 调车手信号 类别 | 显 示 方 式 昼间 | 夜间 |
|------|------|------|------|
| 1 | 停车信号 | 展开的红色信号旗，无红色信号旗时，两臂高举头上，向两侧急剧摇动 | 红色灯光，无红色灯光时，用白色灯光上、下急剧摇动 |
| 2 | 减速信号 | 展开的绿色信号旗下压数次 | 绿色灯光下压数次 |
| 3 | 指挥列车或车辆向显示人方向来的信号 | 展开的绿色信号旗在下方左右摇动 | 绿色灯光在下方左右摇动 |
| 4 | 指挥列车或车辆向显示人反方向去的信号 | 展开的绿色信号旗上、下摇动 | 绿色灯光上、下摇动 |
| 5 | 指挥列车或车辆向显示人方向稍行移动的信号（包括连挂） | 左手拢起红色信号旗直立平举，右手展开的绿色信号旗在下方左右小摆动 | 绿色灯光下压数次后，再左右小动 |
| 6 | 指挥列车或车辆向显示人反方向稍行移动的信号（包括连挂） | 左手拢起红色信号旗直立平举，右手展开的绿色信号旗在下方上、下小动 | 绿色灯光平举上、下小动 |
| 7 | 三、二、一车距离信号 | 右手展开的绿色信号旗下压三、二、一次 | 绿色灯光平举下压三、二、一次 |
| 8 | 连挂作业 | 两臂高举头上，拢起的手信号旗杆成水平末端相接 | 红、绿色灯光（无绿色灯用白色灯代替）交互显示数次 |
| 9 | 试拉信号（连挂好后试拉） | 按本表第5或第6项的信号显示，当列车启动后立即显示停车信号 | |
| 10 | 取消信号：通知前发信号取消 | 拢起的手信号旗，两臂于前下方交叉后，左右摇动数次 | 红色灯光作圆形转动后，上下摇动 |

## 二、升降弓手信号

开降弓手信号如表 5.3 所示。

表 5.3    升降弓手信号

| 序号 | 调车手信号 类别 | 显 示 方 式 昼 间 | 夜 间 |
|------|------|------|------|
| 1 | 降弓信号 | 左臂垂直高举，右臂前伸并左右水平重复摇动 | 白色灯光上下左右重复摇动 |
| 2 | 升弓信号 | 左臂垂直高举，右臂前伸上下重复摇动 | 白色灯光作圆形转动 |

### 三、机车信号和列车自动控制系统

机车信号又称机车自动信号，是用设在机车司机室的机车信号机自动反映运行条件，指示司机运行的信号显示制度。机车信号的实现有赖于地面线路上也安装相关装置，使机车上能接收到反映地面信号的信息，为实现机车信号而装设的整套技术设备称为机车信号设备。

机车信号初始作为辅助信号，用作复示地面信号机的显示，以改善司机的瞭望条件。目前，随着列车提速和机车信号可靠性的提高，机车信号已开始从辅助信号转为主体信号。例如当列车速度超过 200km/h 时，司机无法再确认地面信号，只能凭机车信号行车。

机车信号按接收地面信息的时机可分为连续式和接近连续式两种。连续式机车信号的车上设备和地面设备间保持不间断的联系，从而能在整条线路上连续不断地反映线路状态和列车运行条件。

接近连续式机车信号是当机车到达进站信号机前方的接近区段，才可以连续地得到由地面传输来的用以控制机车信号显示的信息。

为了防止司机不够警惕而使列车冒进信号，列车又在机车信号的基础上配置了列车自动停车装置，该装置与机车信号一起可有效地促使司机提高警惕，并在司机丧失警惕而有可能冒进信号时强迫列车停车，从而保证行车安全。现今使用广泛的列车自动控制系统（AutomaticTrainControlSystem）正是在机车信号和列车自动停车装置基础上逐渐发展起来的。

列车自动控制系统是将现代工业自动控制技术、计算机技术、信号、数据、通信、传感及信息传输技术有机结合起来的列车自动控制技术在列车智能化控制上的应用，是列车自动运行全过程的控制系统，由列车自动保护系统、列车自动运行系统及列车自动监控系统 3 个子系统组成。其主要功能包括：列车安全性停车点防护、列车速度监督和防护、车门控制、站间运行控制及列车运行自动调整、运行图管理及旅客向导等。

## 【项目小结】

本项目主要介绍了信号的作用、分类等，重点介绍了手信号的相关知识。

本项目的工作任务是车站站务员岗位所必须掌握的行车相关工作，站务员手信号的掌握并不能仅仅局限于停车手信号，而是所有的信号都必须非常熟悉，希望读者对其他的手信号显示也多做练习；行车及调车作业必须按信号的显示要求进行，因此信号显示决不可随意、不按规章指示，指示动作手势一定要到位。随着社会和科学技术的发展，轨道交通系统应用了越来越多的智能高新技术，国内外的城市轨道交通系统更多地利用自动化系统来保障行车的安全和可靠，将车站工作人员由原先繁重的人工接发车等行车安全保障中脱开身来，投入到客运服务当中去，站务工作人员尤其如此。希望读者通过本项目的学习，触类旁通，掌握信号的基础知识和相关操作。

【思考与实训】

(1) 信号显示有何作用及哪些技术要求？

(2) 连挂作业完了，给列车的手信号指示是怎么做的？试拉信号呢？

(3) 提醒列车减速的信号应怎样操作？

(4) 试讨论归纳信号的昼间显示和夜间显示的不同，并分析为什么会有这种不同？

# 项目六　联锁设备的使用

## 工作任务 1　在 6502 电气集中联锁控制台上为一列进站停车的列车办理接车进路及发车进路

**【看一看】**

(1) 某站 6502 电气集中联锁信号控制台如图 6.1 所示。

**图 6.1　6502 电气集中联锁信号控制台**

(2) 6502 电气集中控制台盘面图如图 6.2 所示。

(3) 某站场的信号平面布置图如图 6.3 所示。

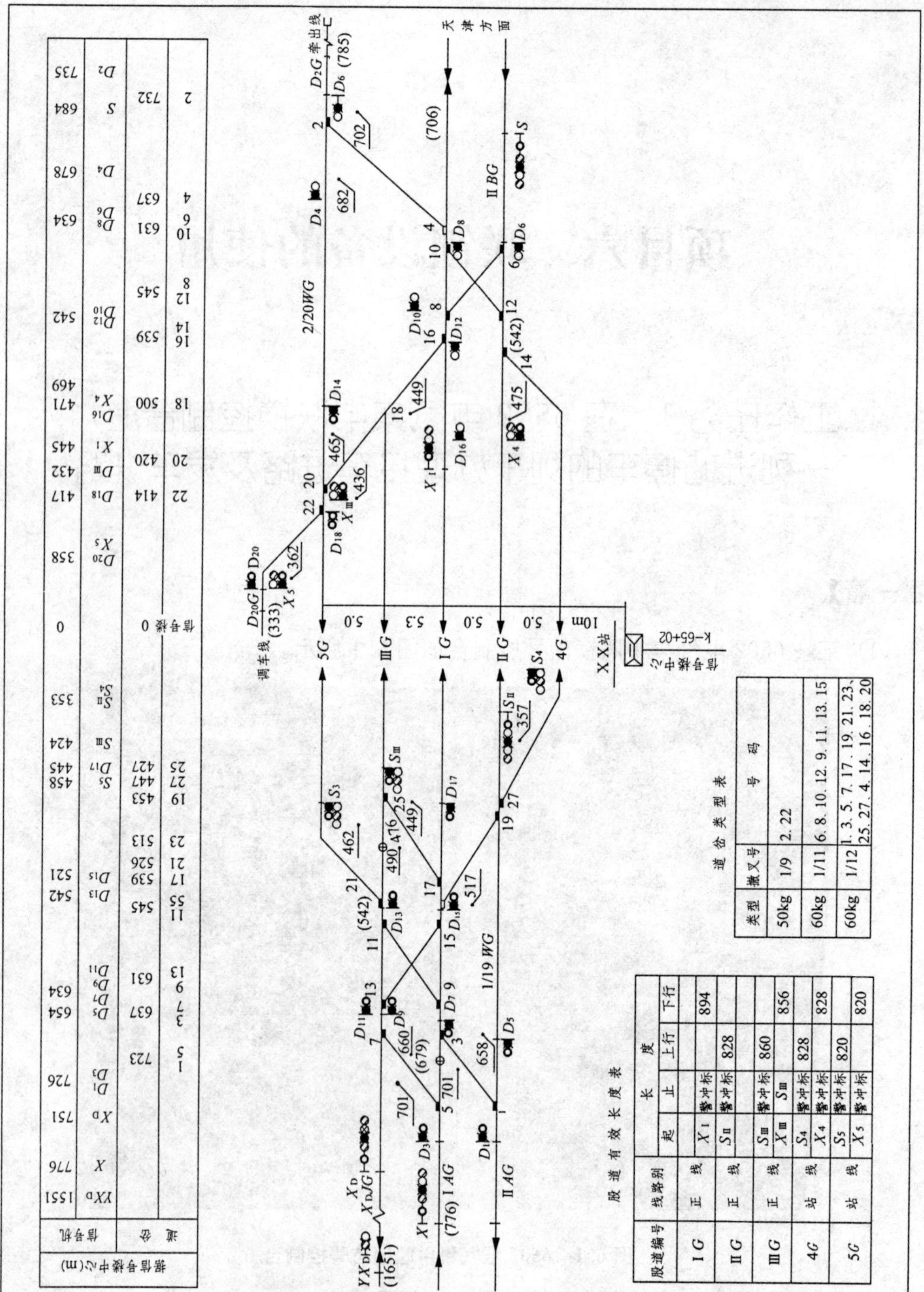

**图 6.2　6502 电器集中控制台盘面图**

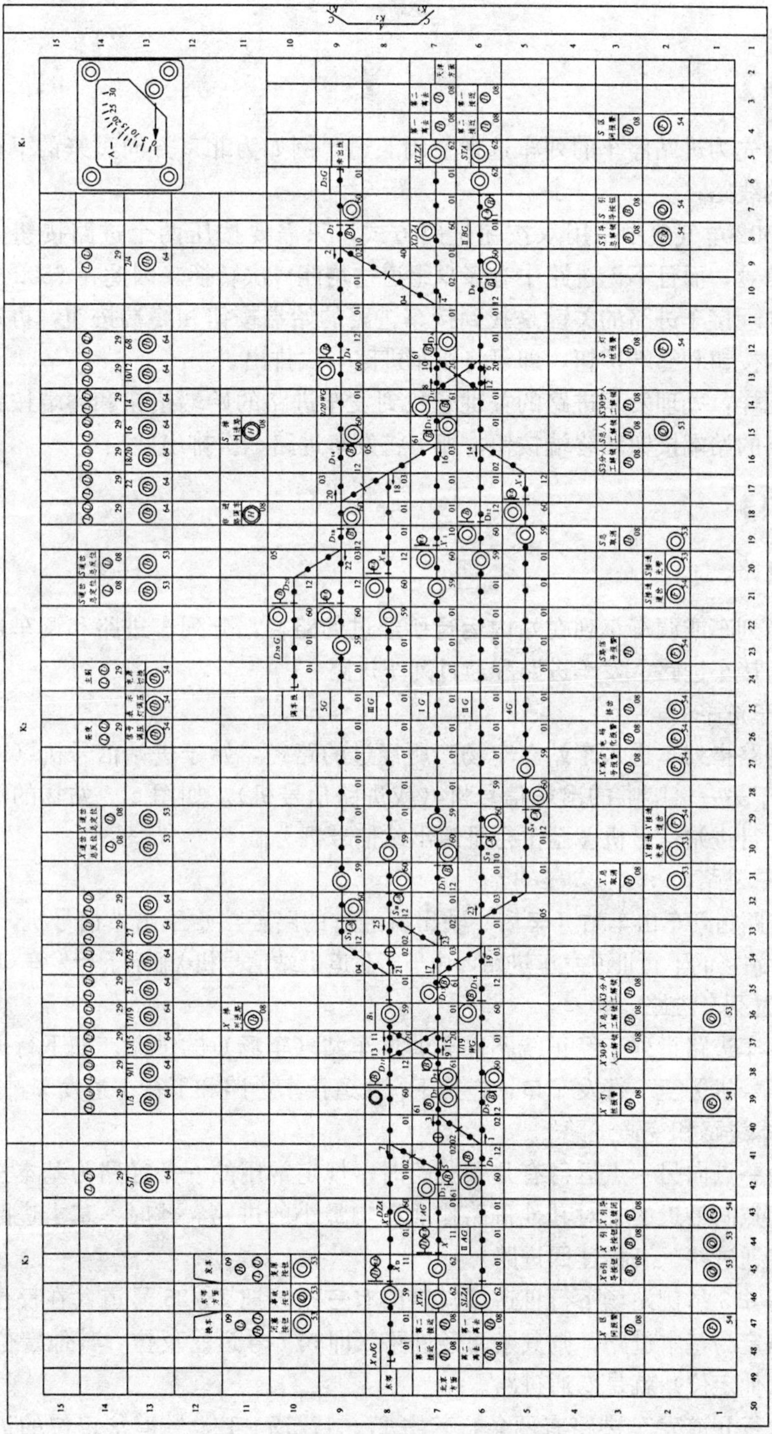

图 6.3　某举例站场的信号平面布置图

## 【任务分析】

(1) 首先为进站停车的列车选择空闲股道，例如为北京方向过来的下行列车选择Ⅲ道作接车的线路；

(2) 6502电气集中采用双按钮选路方式，只需要按压两个进路按钮，就能转换道岔、开放信号，而且不论进路中有多少组道岔均能一次转换。因此在6502电气集中联锁控制台上办理接车进路的关键是找到接车进路的始端按钮和终端按钮，再顺序按压接车进路的始端按钮和终端按钮，即可将接车进路一次排出。

(3) 同样，办理发车进路的关键是找到发车进路的始端按钮和终端按钮，再顺序按压发车进路的始端按钮和终端按钮，即可将发车进路一次排出。

## 【相关知识】

### 一、进路

进路指列车或调车车列在站内运行所经过的路径，分列车进路和调车进路。而列车进路可分为接车进路、发车进路和通过列车进路。

1. 接车进路

接车进路指列车进入车站（车场）所经过的路径，始于进站信号机（或接车进路信号机），终于另一端咽喉的出站信号机（或进路信号机）。如图6.3站场的下行Ⅲ道接车进路，由下行进站信号机Ⅹ至下行Ⅲ道出站信号机ⅩⅢ。

2. 发车进路

发车进路指列车由车站（车场）驶出所经过的路径，始于出站信号机，止于发车口。图6.3所示站场的下行Ⅲ道发车进路，由下行Ⅲ道出站信号机ⅩⅢ至下行发车口站界标处。

3. 通过列车进路

通过列车进路指列车经正线不停车通过车站（车场）的进路。如下行通过进路，由下行进站信号机Ⅹ至下行发车口，包括下行Ⅰ道接车进路和下行Ⅰ道发车进路。

4. 基本进路和变通进路

站内由一点向另一点运行有几条径路时，规定常用的一条径路为基本进路。基本进路一般是两点间最近的、对其他进路作业影响最小的进路。此时，基本进路以外的其余进路叫做变通进路（又称迂回进路）。

例如图6.3举例站场下行Ⅲ道接车进路有三条。把23/25号道岔在反位其他各道岔定位的进路定为基本进路，则其余两条进路（即5/7号道岔反位，其他定位；9/11号道岔反位，其他定位）就是变通进路。

又如上行Ⅱ道发车进路有两条，其中27、17/19、1/3号道岔定位的进路为基本进路，经27、9/11、13/15号道岔定位，17/19、1/3号道岔反位的进路为变通进路。

设计变通进路的目的是为了提高作业效率，增加列车或调车车列运行的灵活性。当正常行车线路上的道岔发生故障、轨道电路被占用或故障等原因，不能开通正常进路时，可以开通变通进路，使列车或调车车列迂回前进而不必受阻。

**二、6502 电气集中联锁控制台上排列进路用的按钮和指示灯**

控制台盘面上设有以光带构成的与站场形状相似的车站线路模型，用以表示进路的开通位置以及列车或调车车列的运行情况。当进路排通且锁闭后，进路自始点至终点亮一条白光带，该光带由几个道岔区段和无岔区段组成。车占用某区段，该区段光带由白变红，出清后灭灯。

6502 电气集中联锁控制台盘面上设有各种按钮用来进行各种操作。它们按用途分为六类：①办理进路和单独操纵道岔；②办理各种解锁；③办理引导接车；④接通表示灯；⑤切断报警；⑥电源切换和调压。

1. 进路按钮

在车站模拟线路上相当于进路始、终端处各设一个进路按钮，这样操作形象、简便，便于确认。进路始端设信号复示器。进路按钮均为二位自复式，带灯，列车进路按钮表示灯为绿色，调车进路按钮表示灯为白色。

（1）对应于每架进站信号机处，设列车进路按钮和进站信号复示器。如图 6.3 站场的 X、$X_D$ 和 S。

（2）对应于每架出站兼调车信号机处，分别设列车进路按钮和调车进路按钮，及出站信号复示器。

分别设两个进路按钮，是为了区分列车进路和调车进路。如图 6.3 站场的 $S_Ⅱ$。$Ⅰ G$ 和 $Ⅱ G$ 为单方向运行线路，$Ⅰ G$ 上行端设 $D_{17}$ 信号机，$Ⅱ G$ 下行端设 $D_{16}$ 信号机，它们不能作发车进路的始端，但要作接车进路的终端（实际终端应在股道对端，由于电路结构的要求，此处作终端），所以它们除调车进路按钮外，还要设列车进路按钮。

（3）作为列车进路终端处若无信号机，则对应于此处应设列车终端按钮。如图 6.3 站场上行发车口处所对应的上行列车终端按钮 SLZA 和下行发车口所对应的下行列车终端按钮 XLZA。

（4）对应于有通过进路的进站信号机处设通过按钮（二位自复式，带灯）。如对应于 X 处的 XTA 和对应于 S 处的 STA。

（5）对应每架调车信号机处设调车进路按钮和调车信号复示器。在调车进路终端无调车信号机处，对应设调车终端按钮。如对应于 X 内方的 $S_DDZA$ 和对应于下行发车口的 XDZA。

（6）在需经某处排列变通进路，而对应于该处又无调车信号按钮可利用时，则设变通按钮。如举例站场控制台上的 $B_1$。变通按钮的设置位置必须是对应于与基本进路径路分歧处，否则起不到变通作用。变通按钮二位自复式，带绿灯。它既不能作始端按钮，也不能做终端按钮，只能作变通用。

为减少按钮数量，大多数进路按钮兼作始端和终端按钮。究竟作始端按钮还是作终端按钮，取决于排列进路时按压按钮的顺序，先按下作始端按钮用，后按下作终端按钮用。单方向运行的线路，有的进路按钮只能作始端按钮，如图 6.3 举例站场的 XLA 和 SLA；有的只能作终端按钮，如前述 $D_{16}$、$D_{17}$ 的列车进路按钮。

2. 信号按钮

进路始端按钮均设于对应信号机处，所以也称信号按钮，它可用作重复开放信号。所谓重复开放是指信号开放后因故关闭（例如进路中的轨道电路被人工瞬间短路使信号关闭），这时进路仍锁闭（白光带点亮），车站值班员在确认没有危及行车安全的情况后可再次按压进路始端按钮，使信号机再次开放。

任何信号机（规定可自动开放的除外，如转为自动变换显示的进、出站及进路信号机，办理非进路调车的调车信号机）在其关闭后非经办理都不能重复开放。因为信号关闭，除因车列正常运行及受车站值班员操纵外，还可能因设备故障或其他不安全因素所引起。如果在信号关闭后不经办理就能重复开放，就不能体现车站值班员的操纵意图，也不利于及时发现和迅速处理故障，存在危及安全的潜在因素。取消和人工解锁进路时，都要按进路始端按钮。

3. 按钮表示灯

按钮表示灯用来反映按压按钮的动作以及选的情况。

4. 信号复示器

信号复示器用来反映信号机的状况。除进站、接车进路信号复示器经常亮红灯外，其他信号复示器平时均不着灯。

进站信号复示器在信号开放时亮绿灯（不管其显示绿灯、一个黄灯还是两个黄灯），引导信号开放时同时亮红灯和白灯，进站信号机红灯主、副灯均断丝时闪红灯，引导信号灯泡断丝时亮红灯闪白灯。

接车进路信号复示器除这些显示外，在调车信号开放时亮白灯。出站（发车进路）兼调车信号复示器在列车信号开放时亮绿灯，调车信号开放时亮白灯，红灯主、副灯丝断丝时闪白灯。调车信号复示器在信号开放时亮白灯，蓝灯主、副灯丝断丝时闪白灯。

5. 排列进路表示灯

每一咽喉设一个排列进路表示灯，红色。它平时不亮，按下始端按钮后亮红灯，表示正在选路（即确定进路上各道岔应转换的位置），进路选出后灭灯。

## 【操作过程】

以排列北京开往天津方向的下行列车进Ⅲ道接车进路和发车进路为例。

## 一、Ⅲ道接车进路的办理

从图 6.3 可知，北京方向过来的下行列车Ⅲ道接车的接车进路的始端是下行进站信号机Ⅹ，终端是下行Ⅲ道出站信号机ⅩⅢ。

对应的接车进路始端按钮是Ⅹ处的列车进路按钮（图上压线的按钮为列车按钮）；接车进路终端按钮不是ⅩⅢ处的列车进路按钮，而是SⅢ处的列车进路按钮（由于同一咽喉电路结构的需要）。

具体操作过程为：

（1）先按下进路始端按钮Ⅹ进站信号机处的列车进路按钮，进路按钮表示灯闪绿灯，本咽喉的排列进路表示灯点亮；

（2）后按下进路终端按钮上行Ⅲ道出站信号机SⅢ处的列车进路按钮，按钮表示灯闪绿灯，表示正在选路；

（3）当始、终端进路按钮表示灯熄灭，排列进路表示灯熄灭，同时始端按钮表示灯改点稳定绿灯时，说明进路已选出；

（4）此时进路上的各道岔正在顺序转换，当各道岔转至所要求位置后，随即被锁闭，进路点亮白光带（从相应于Ⅹ进站信号机处到ⅩⅢ出站信号机处，包括ⅢG）。

（5）然后Ⅹ进站信号复示器点绿灯，说明Ⅹ进站信号已开放。此时始端进路按钮表示灯熄灭。

至此，接车进路建立。

**练一练**：办理上行 4G 接车进路。

**提示**：先按 S 进站信号机的列车进路按钮，后按 X₄ 出站信号机的列车进路按钮，表示灯显示同上述。

## 二、发车基本进路的办理

ⅢG 上的列车在站作业（旅客乘降、行包装卸）完毕后，要从车站出发。因此需为其办理发车进路。

从图 6.3 可知，Ⅲ道发车进路的始端是下行Ⅲ道出站信号机ⅩⅢ，终端是下行发车口站界标处。

对应的发车进路始端按钮是ⅩⅢ处的列车进路按钮（图上压线的按钮为列车按钮）；发车进路终端按钮是下行发车口所对应的下行列车终端按钮 XLZA。

具体操作过程为：先按ⅩⅢ处的列车进路按钮，后按 XLZA，表示灯显示同接车进路的办理。

**想一想**：若办理ⅢG 向东郊方面的发车进路，如何操作？

若从ⅢG 向东郊方面办理发车进路，其相接区间采用半自动闭塞。应在办理闭塞手续后，先按 SⅢ 出站信号机的列车进路按钮，其按钮表示灯闪绿灯，本咽喉的排列进路表示灯点亮。再按 X$_D$ 进站信号机的进路按钮，按钮表示灯也闪绿灯。进路选出后，始端按钮表示灯改点稳定绿灯，终端按钮表示灯和排列进路表示灯熄灭。此后进路点亮白光带（从相应于 S$_Ⅲ$ 处到 X$_D$ 处），S$_Ⅲ$ 出站信号复示器亮绿灯，S$_Ⅲ$ 出站信号机显示两个绿灯，指示往次要方向——东郊方向发车。

自动闭塞区段办理发车进路，需看前行列车驶离情况。在三显示自动闭塞区段，若第一、第二离去表示灯熄灭，即运行前方有两个闭塞分区空闲，办理发车进路后出站信号机显示绿灯。在第二离去表示灯点亮、第一离去表示灯熄灭，即运行前方只有一个闭塞分区空闲，办理发车进路后出站信号机显示黄灯。若在第一离去表示灯点亮时办理发车进路，出站信号机不能开放，因运行前方无闭塞分区空闲。

## 【背景知识】

### 一、联锁

#### （一）联锁的定义

联锁是指进路、进路上的道岔、防护进路的信号机之间相互制约的关系。

车站内有许多线路，它们用道岔联结着。列车和调车车列在站内运行所经过的径路，称为进路。各道岔开通不同方向可以构成不同的进路。列车和调车车列必须依据信号的开放而通过进路，即每条进路必须有相应的信号机来防护。如进路上的道岔位置不正确，或进路上有车占用，有关的信号机就不能开放；信号开放后，其所防护的进路上的道岔不能转换。

#### （二）联锁的基本内容

1. 联锁关系的基本内容

防止建立会导致机车车辆相冲突的进路；必须使列车或调车车列经过的所有道岔均锁闭在与进路开通方向相符合的位置；必须使信号机的显示与所建立的进路相符。

2. 联锁最基本的三个技术条件

（1）进路上各区段空闲时才能开放信号机，这是联锁最基本的条件之一。如果进路上有车占用，却能开放信号，则会引起列车、调车车列与原停留车冲突。

（2）进路上有关道岔在规定位置才能开放信号，这是联锁最基本的条件之二。如果进路上有关道岔开通位置不对却能开放信号，则会引起列车、调车车列进入异线或挤坏道岔。信号开放后，其防护的进路上的有关道岔必须被锁闭在规定位置，不能转换。

（3）敌对信号未关闭时，防护该进路的信号机不能开放，这是联锁最基本的条件之三。否则列车或调车车列可能造成正面冲突。信号开放后，与其敌对的信号也必须被锁闭在关闭状态，不能开放。

## 二、联锁的基础设备

联锁设备的作用是用来实现进路、道岔、信号机之间的联锁关系，操纵道岔和信号机。联锁基础设备包括信号机、继电器、轨道电路、转辙机等。

集中联锁有电气集中联锁和计算机联锁。城市轨道交通正线一般普遍采用计算机联锁，在早期修建的线路或车辆段采用电气集中联锁。集中联锁可集中控制和监督全站（线）的道岔、进路和信号机，并实现它们之间的联锁关系。由于集中联锁把全部道岔、进路和信号集中起来控制和监督，在一定程度上实现了行车指挥的自动控制，能准确及时地反映现场行车情况，不再需要分散控制时所需的联系时间，而且完全清除了因联系错误而引起的事故，因而大大提高行车安全程度和作业效率，并且极大改善行车人员的劳动条件。

信号机在信号设备的运用部分已经介绍，本项目主要介绍联锁基础设备中的继电器、轨道电路和转辙机。

### （一）继电器

继电器是自动控制中常用的电器，用于接通或断开电路，以构成自动控制和远程控制电路。在轨道交通信号系统中广泛使用各种继电器，以控制道岔的转换、信号机的开放和关闭、进路的锁闭及解锁。

根据的动作原理继电器分为电磁继电器和感应继电器；按动作电流分直流继电器和交流继电器；按动作时间分正常动作继电器和缓动作继电器；按可靠程度分安全型继电器和非安全型继电器。最基本的继电器是直流无极继电器，如图 6.4 所示。

直流无极继电器的基本工作原理是当电流通过线圈时，铁芯吸动衔铁，使推杆向上移动，带动动接点断开后接点，而与前接点闭合；当电流减少到一定数值或切断时，铁芯失磁，衔铁自行释放，使推杆下降，动接点断开前接点，而与后接点闭合。

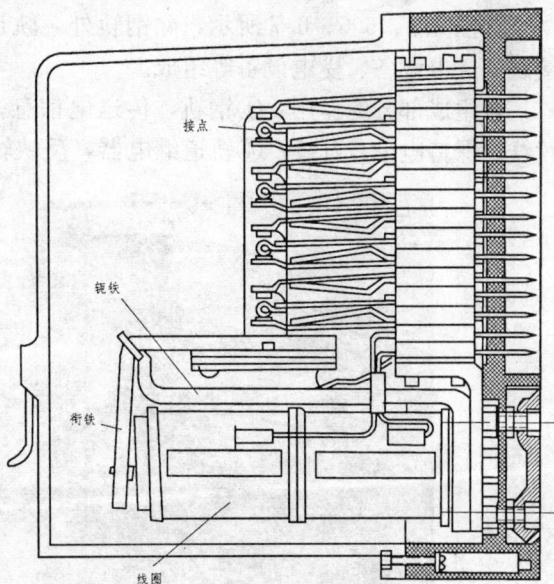

图 6.4  直流无极继电器

应用原理：继电器线圈没电时，铁芯失磁，动接点与后接点闭合，使信号点灯电路接通红灯，则红灯亮；继电器线圈有电时，铁芯吸动衔铁，动接点与前接点闭合，使信号点灯电路接通绿灯，则绿灯亮。

## （二）轨道电路

### 1. 轨道电路

（1）轨道电路是利用轨道的两条钢轨作为导体，两端加以机械绝缘或电气绝缘，接上送电和受电设备，使电流在轨道的一定范围内流通而构成的电气回路电路。最简单的轨道电路如图 6.5 所示。

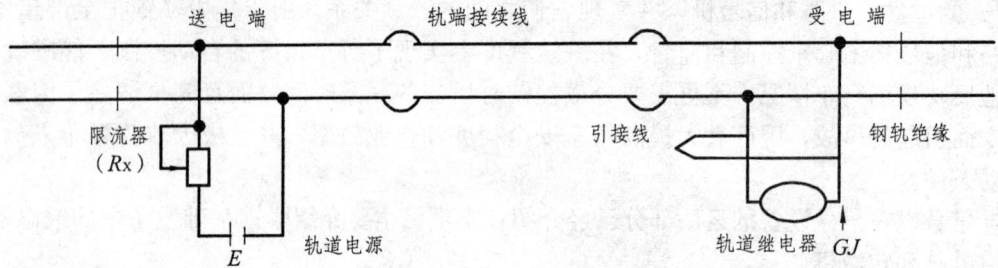

最 简 单 的 轨 道 电 路

**图 6.5　轨道电路的组成**

### 2. 轨道电路的组成

如图 6.5、6.6、6.7 所示，除钢轨外，轨道电路一般由钢轨绝缘、钢轨接续线、引接线、送电设备、受电设备等组成。

各组成部分的作用：①钢轨，传送电信息；②绝缘节，划分各轨道区段；③轨端接续线，保持电信息延续；④轨道继电器，反映轨道的状况。

**图 6.6　轨道电路**

**图 6.7 轨道电路的轨端接续线**

3. 轨道电路的作用

(1) 可以检查和监督股道是否被占用；

(2) 可以检查和监督道岔区段有无机车车辆通过，锁闭被占用道岔区段的道岔；

(3) 检查和监督轨道上的钢轨是否完好；

(4) 传输不同的信息，使信号机根据所防护区段及前方邻近区段被占用情况的变化而变换显示。

4. 轨道电路的工作原理

轨道电路的工作原理如图 6.8 所示。

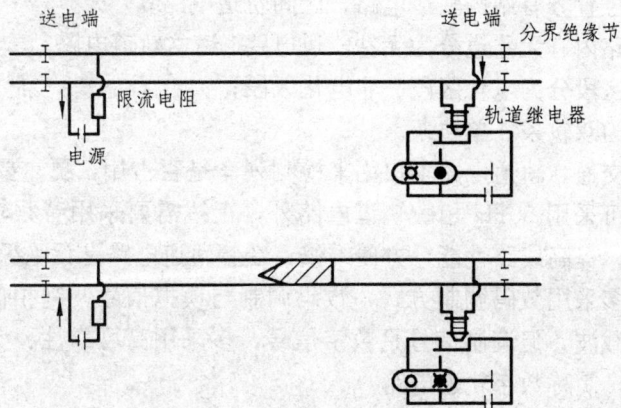

**图 6.8 轨道电路的工作原理**

如图 6.8、6.9、6.10 所示，列车或调车车列未占用轨道电路，即线路空闲时，电流流过钢轨，使轨道继电器保持吸起，该状态称为轨道电路的调整状态。可用轨道继电器的前接点接通表示轨道电路空闲。

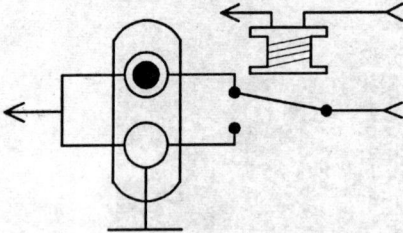

图 6.9　轨道电路无车时的信号显示　　　图 6.10　轨道电路有车时的信号显示

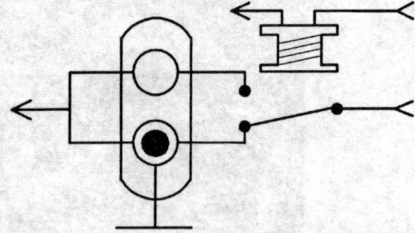

当列车或调车车列进入轨道电路，即线路被占用时，电流通过轮对分流，使流过轨道继电器的电流大大减小，低于轨道继电器的落下值，使轨道继电器落下，该状态称为轨道电路的分路状态，可用轨道继电器的前接点断开来关闭信号机。

列车或调车车列出清该轨道电路后，轨道继电器恢复吸起。特别的，当钢轨折断后，轨道继电器落下，称为轨道电路的断轨状态。

因此，轨道继电器监督轨道电路的工作状态，轨道继电器的接点成为控制信号的主要条件之一。

5. 轨道电路的分类

(1) 按动作电源分为直流轨道电路（已经淘汰）和交流轨道电路；

(2) 按工作方式分为开路式和闭路式（广泛使用）；

(3) 按所传送的电流特性分为连续式、脉冲式、频率电码式、数字编码式；

(4) 按分割方式分为有绝缘轨道电路、无绝缘轨道电路（电气隔离式）；

(5) 按所处的位置分有站内轨道电路、区间轨道电路；

(6) 按轨道电路内有无岔道分为无岔轨道电路、道岔轨道电路；

(7) 按适用的区段分为电化区段、非电化区段；

(8) 按通道分为双轨条、单轨条。

对于城市轨道交通，轨道电路不仅用来检测列车是否占用，更重要的是要传输 ATP 信息。除了车辆段可采用 50 Hz 相敏轨道电路外，正线需要采用音频轨道电路。同时为便于牵引电流流通，提高线路性能，方便维修，音频轨道电路是无绝缘的轨道电路。

音频轨道电路多采用数码调制方式，数码调制与模拟信号调制相似，也是用较高频率的正弦信号作为载波，但调制信号是数字信号，多采用高可靠性、多信息量的数字编码式音频轨道电路，简称数字轨道电路。

6. 站内轨道电路区段的划分和命名轨道电路区段划分的原则

①有信号机的地方，必须装有钢轨绝缘。即信号机的内外方应划分为不同的区段。

②凡是能平行运行的进路，其间应设钢轨绝缘把它们隔开，如渡线上的钢轨绝缘。

③在一个轨道电路区段内，包括道岔的数目原则上不超过三组。因包括道岔过多，轨道电路不易调整。

④有时为了提高咽喉利用效率，把轨道电路区段适当划短，使道岔能及时解锁，立即排列别的进路。

7. 轨道电路区段的命名

道岔区段是根据道岔编号来命名的，如图6.3所示站场只包含一组道岔的1DG、3DG，包含两组道岔的11—13DG、9—15DG。如果包括三组道岔，则以两端的道岔号码命名，如图6.11所示的11.27DG，包含11、23、27三组道岔。

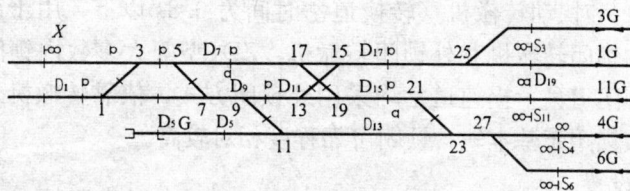

**图6.11　轨道电路区段**

无岔区段存在于股道、进站信号机内方、双线发车口、半自动闭塞区间进站信号机外方的接近区段、差置调车信号机之间、尽头线调车信号机外方的接近区段等处。

无岔区段的命名有不同的情况。对于股道，以股道号命名，如IG、ⅡG。进站信号机内方及双线发车口的无岔区段，根据所衔接的股道编号加上A（下行）及B（上行）来表示。如图6.3站场下行进站信号机内方，所衔接的股道为IG，无岔区段编为I AG。上行进站信号机内方，所衔接的道岔为ⅡG，无岔区段编为ⅡBG。半自动闭塞区间进站信号机外方的接近区段，用进站信号机名称后加JG来表示，如Xd进站信号机外方的XdJG。

差置调车D5信号机D15之间的无岔区段，以两端相邻的道岔编号写成分数形式来表示。如图6.3站场的D5、D15间的1/19WG，D4、D14间的2/20WG。

牵出线、机待线、机车出段线、调车线、岔线入口和其他用途的尽头线处调车信号机外方设接近区段，用来保证信号开放后机车车辆接近时完成接近锁闭。还能帮助车站值班员及时了解上述线路是否留有机车车辆或调车车列的接近情况以及早采取措施（如尽快开放信号等）提高作业效率。该接近区段的编号是在调车信号机名称后加G来表示的，如D2G、D20G。

**（三）转辙机**

1. 要求

（1）有足够的拉力，带动尖轨作直线往返运动。当尖轨受阻不能动到底时，应随时通过操纵使尖轨恢复原位。

（2）当尖轨和基本轨不密贴时，不应进行锁闭；一旦锁闭，应保证不致因车通过道岔时的震动而错误解锁。

（3）应能正确反映道岔的状态；

（4）道岔被挤后，在未修复前不应再使道岔转换。

2. 转辙机的分类

按动作能源和传动方式分为电动转辙机、电动液压转辙机和电空转辙机；按供电电源种类分为直流转辙机和交流转辙机，常用的 ZD6 型电动转辙机就是直流转辙机，目前推广的提速道岔用的转辙机即采用交流转辙机；按动作速度分为普通转辙机（转换道岔时间为 3.6s 以上）和快动转辙机（转换道岔时间为 0.8s 以下，用于调车场分路道岔）；按锁闭方式分为内锁闭转辙机和外锁闭转辙机，ZD6 型等大多数内锁闭转辙机依靠转辙机内的锁闭装置锁闭道岔，提速道岔均采用外锁闭方式，依靠转辙机外的锁闭装置锁闭道岔，将尖轨直接锁闭于基本轨，锁闭可靠程度相对较高。

3. 转辙机的设置

一般情况下，车站联锁区域内每组道岔均设一台转辙机。弹性可弯道岔每组道岔均设两台转辙机。复式交分道岔的两组尖轨和两组心轨各由 1 台转辙机牵引。

4. ZD 型电动转辙机

目前使用 ZD6 和 ZD7 两种。ZD6 型是普通型转辙机，用于电气集中车站和铁路驼峰峰上道岔，ZD7 型用于驼峰调车场峰下分路道岔和平面调车区分路道岔的快动转辙机。

ZD6 型电动转辙机主要由电动机、减速器、摩擦连接器、转换锁闭装置、自动开闭器、挤切连接器和移位接触器等部件组成，由动作杆和表示杆连接道岔尖轨。

电动机采用直流串激式，为电动转辙机提供动力；减速器可降低转速，以变换为较大扭矩；摩擦连接器防止道岔转换过程中尖轨被阻后电机烧坏和机件受损；转换锁闭装置将转矩变换为动作杆的伸出或拉入运动，牵引尖轨，完成道岔的转换和锁闭；自动开闭器反映道岔的位置，在转换过程中自动接通和断开电动机电路，挤切连接器用以在挤岔时保护转辙机内部部件不受损害，同时向车站值班员报警，它直接与行车安全有关。正常转换道岔时，应保证不发生挤切动作。当道岔被挤，尖轨离开基本轨，将连接动作杆和转换锁闭装置的挤切销挤断，移位接触器接点断开，切断道岔表示电路，发出挤岔报警。

安全接点（又称遮断点）是为了确保维修人员安全而设的，插入手摇把，断开电动机电路才能进行维修，或人工变换道岔位置。

手摇电动转辙机时，先用钥匙打开锁，露出摇把插孔，插入手摇把，摇动转辙机使道岔转换至所需位置。此后虽抽出摇把，但安全接点被断开，转辙机电路也被断开。必须由电务维修人员打开机盖，合上安全接点，转辙机电路才能恢复正常。遇有多动道岔和多台转辙机牵引的道岔，必须摇动各台转辙机使道岔至所需位置。它们在进路控制情况下是联动的，但手摇转换时必须一一摇动。手摇把关系到行车安全，必须按规定严格管理。

5. 提速道岔用转辙机

为满足列车提速后的行车安全和提高运输效率的要求，道岔转换装置必须高安全、高可靠、长寿命、少维护。ZD6 型电动转辙机不能满足这样的要求，它的直向过岔速度有规定限速，因此提速道岔一般采用 S700K 型电动转辙机和 ZYJ7 型电动液压转辙机。它们具有以下共同特点：采用外锁闭，尖轨及心轨的动态安全由外锁闭装置保证；两根尖轨由联动改为分动；尖轨、心轨均用两点牵引，可实现全程密贴，以及全程夹异物检查，确保列车运行安全。

### 三、联锁图表

联锁图表是车站联锁设备间联锁关系的说明，采用图和表的形式来表示。它由信号平面布置图和联锁表两部分组成。联锁图表说明车站信号设备之间的联锁关系，显示了进路、道岔、信号机以及轨道电路区段之间的基本联锁内容。电路设计是根据联锁图表的要求严格进行的，联锁试验和竣工验收时也以联锁图表作为检查工程质量的重要依据。本书介绍电气集中联锁图表。

#### （一）信号平面布置图

信号平面布置图（见图 6.3 所示）是编制联锁表的主要依据。为满足编制联锁表的需要，信号平面布置图上一般应有以下主要内容：

（1）联锁区和非联锁区中与信号设备有关的线路布置及编号。

（2）联锁道岔、信号机、信号表示器、轨道电路区段（含侵限绝缘区段）等有关设备及其编号和符号。

（3）尽头线、专用线、机务段以及无岔段的轨道电路区段编号。

（4）正线和到发线的接车方向、区间线路及机车走行线的运行方向。

（5）站舍、站台、信号楼（或值班员室）以及扳道房等的符号。

（6）信号楼（或值班员室）中心公里标，联锁道岔和信号机距信号楼（或值班员室）中心的距离。

（7）进站信号机外制动距离内有超过 6‰ 下坡道时的换算坡度数。

#### （二）联锁道岔的相关知识

1. 联动道岔

排列进路时，几组道岔要定位都要在定位，要反位则都要在反位，这些道岔称为联动道岔。

一般渡线两端的道岔为联动道岔。例如图6.3站场的1号和3号道岔，1号道岔定位时3号道岔必须在定位，1号道岔反位时3号道岔也必须在反位，即1号道岔和3号道岔是联动道岔，记为1/3，它们必须同时转换，否则不能保证安全。

复式交分道岔包括两组尖轨和两组可动心轨，需4台转辙机牵引。其中前一组尖轨和前一组可动心轨联动，后一组尖轨和后一组可动心轨联动，如图6.12所示。

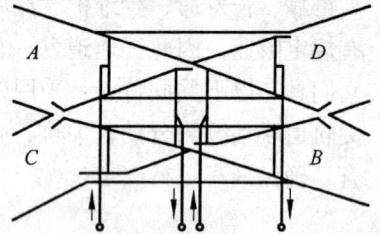

根据不同的站场布置，可能有三动、四动和假双动（所谓假双动，指室外由两台转辙机牵引，室内道岔电路按单动道岔处理的双动道岔）情况。图6.13中2、4、6号道岔为三动道岔，记为2/4/6，简记2/6；8、10号为假双动，记为8/（10）。图6.14中的2、4、6、8号为四动道岔，记为2/4/6/8，简记为2/8；10、12和14、16为假双动，分别记为10/（12）、14/（16）。

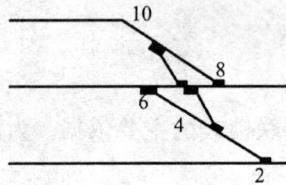

图6.12 复示交分道岔

图6.13 三动道岔

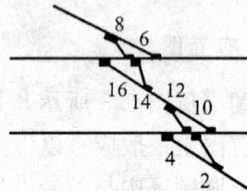

图6.14 四动道岔

## 2. 防护道岔和带动道岔

为了防止侧面冲突，排列进路时有时需要将不在所排进路上的道岔锁闭于防护位置，这种道岔称为防护道岔。

如图6.15（a）所示，排列$D_3$至$D_9$的进路，尽管1号道岔不在该进路上，但仍然要求1号道岔锁闭在反位。目的是防止1号道岔在定位时，一旦下行列车在长大下坡道运行失控而冒进下行进站信号机，在5号道岔处造成侧面冲突。

如图6.15（b）所示，下行经3/5号道岔反

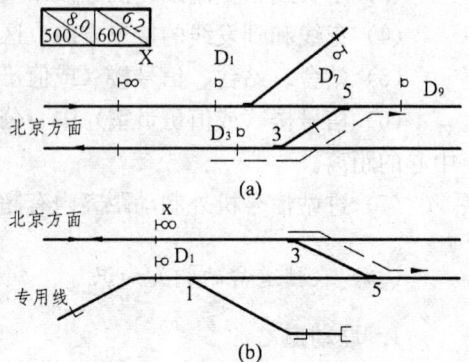

图6.15 防护道岔

位接车时，1号道岔不在该进路上，专用线方面也无长大坡道，但因1号道岔是引向专用线的道岔，应将其锁闭在定位，开通安全线方向，以免专用线方面调车车列闯入D1信号机在5号道岔处造成侧面冲突。

经由交叉渡线的一组双动道岔反位排列进路时，应使与其交叉的另一组双动道岔防护在定位。例如图6.3站场上行5道发车时，1/3、9/11、21号道岔需锁闭在反位。13/15号道岔不在该进路上，但为了防止侧面冲突，应使其防护在定位。否则，排列经9/11号道岔反位进路时，若允许再排列经13/15号道岔反位的进路，将会在交叉渡线处造成侧面冲突。将13/15号道岔防护在定位，经两组双动道岔反位的进路就不能同时建立，而且由于9/11号道岔已锁在反位，经两组双动道岔定位的进路也不能建立，从而避免了侧面冲突的发生。

为了满足平行作业的需要，排列进路时还需要把某些不在进路上的道岔带动到规定位置，并对其锁闭，这种道岔称为带动道岔。

例如图6.3中站场下行4道接车时，要求5/7、1/3、9/11、13/15号道岔定位，17/19、27号道岔反位。23/25号道岔不在该进路内，但考虑平行作业，需将其带动至定位。因23/25的23号道岔与17/19的17号道岔同属17-23DG区段，若23/25号道岔反位时锁闭了下行4道接车进路，它就被锁在反位，不能再排经23/25号道岔的进路。

如东郊方面至Ⅲ道的接车进路须等17-23DG解锁后才能建立，这就影响了平行作业的进行，降低了效率。如果在建立下行4道接车进路时，将23/25号道岔带动至定位再锁闭，就能满足平行作业的要求。

对防护道岔必须进行联锁条件的检查，防护道岔不在防护位置，进路不能建立。对带动道岔则无需进行联锁条件检查，能带动到规定位置就带动，带动不到（若它还被锁闭）也不影响进路的建立，不涉及安全，只影响效率。

（三）联锁表

联锁表是根据车站信号平面图所展示的线路、道岔、信号机、轨道电路区段等情况，按规定的原则和格式编制的。

联锁表以进路为主体，逐条地把排列进路需顺序按压的按钮、防护该进路的名称和显示、进路要求检查并锁闭的道岔编号和位置、进路应检查的空闲轨道电路区段名称，以及与所排进路敌对的信号填写清楚。

图6.3站场中北京方向的7条接车进路（含一条通过进路）、5条发车进路、东郊方向的4条接车进路和4条发车进路以及部分调车进路的联锁关系如表6.1所示。

表 6.1

| 方向 | 进路 | 进路方式 | 排列进路按下按钮 | 确定运行方向道岔 | 信号机名称 | 显示 | 表示器 | 道岔 | 敌对信号 | 轨道区段 | 迎面进路 列车 | 调车 | 其他联锁 | 进路号码 |
|---|---|---|---|---|---|---|---|---|---|---|---|---|---|---|
| 发车 北京方向 列车进路 | 由5股道 | | $S_5$LA, SLZA | | $S_5$ | L或U | | (21), [3/15], (9/11), (1/3) | $D_9$, $D_7$, $D_1$, $S_5$D | 21DG, <23/25>, 25DG, 11—13DG, 9—15DG, 1DG, <5/7>5DG, ⅡAG | | | BS | 9 |
| | 由Ⅲ股道 | 1 | SⅢLA, SLZA | (23/25) | SⅢ | L或U | | (23/25), 17/19, 13/15, 9/11, (1/3) | $D_{13}$, $D_9$, $D_7$, $D_1$, SⅢD | 25DG, <21>21DG, 17—23DG, 9—15DG, 3DG, 1DG, 5DG, ⅡAG | | | BS | 10 |
| | 由Ⅲ股道 | 2 | SⅢLA, BA, SLXA | 23/25 | SⅢ | L或U | | 23/25, 21, [13/15], (9/11), (1/3) | $D_9$, $D_7$, $D_1$, SⅢD | 25DG, 21DG, 11—13DG, 9—15DG, 3DG, 1DG, <5/7>5DG, ⅡAG | | | BS | 11 |
| | 由Ⅱ股道 | | SⅡLA, SLXA | | SⅡ | L或U | | 27, 17/19, 1/3 | $D_{15}$, $D_5$, $D_1$, SⅡD | 19—17DG, 1/19WG, 1DG, ⅡAG | | | BS | 12 |
| | 由4股道 | | $S_4$LA, SLXA | | $S_4$ | L或U | | (27), 17/19, 1/3 | $D_{15}$, $D_5$, $D_1$, $S_4$D | 19—17DG, 1/19WG, 1DG, ⅡAG | | | BS | 13 |
| 接车 北京方向 列车进路 | 至5股道 | 1 | XLA, $S_5$LA | (5/7) | X | U,U | | (5/7), 9/11, 13/15, (21) | $D_5$, $D_{11}$, $S_5$D | IAG, 5DG, <1/3>, 3DG, 7DG, 11—13DG, 21DG, <23—25>25DG, 5DG | 5G | 5G | | 14 |
| | 至5股道 | 2 | XLA, $D_7$A 或$D_9$A, $S_5$LA | 5/7 | X | U,U | | 5/7, 1/3, (9/11), [13/15], (21) | $D_5$, $D_7$, $S_5$D | IAG, 5DG, 3DG, 9—15DG, 11—13DG, 21DG, <23—25>25DG, 5DG | 5G | 5G | | 15 |
| | 至Ⅲ股道 | 1 | XLA, SⅢLA | (23/25) | X | U,U | | 5/7, 1/3, 9/11, 13/15, 17/19, (23/25) | $D_5$, $D_7$, $D_{13}$, SⅢD | IAG, 5DG, 3DG, 9—15DG, 17—23DG, 25DG, <21>21DG, ⅢG | ⅢG | ⅢG | | 16 |

续表 6.1

| 方向 | | 进路 | 进路方式 | 排列进路按下按钮 | 确定运行方向道岔 | 信号机名称 | 信号机显示 | 表示器 | 道岔 | 敌对信号 | 轨道区段 | 迎面进路列车 | 迎面进路调车 | 其他联锁 | 进路号码 |
|---|---|---|---|---|---|---|---|---|---|---|---|---|---|---|---|
| 列车进路 | 北京方向 接车 | 至Ⅲ股道 | 2 | XLA, D₁₁A, SⅢLA | (5/7) | X | U, U | | (5/7), 9/11, 13, 15, 21, 23/25 | D₅, D₁₁ SⅢ, D | IAG, 5DG, <1/3>, 3DG, 7DG, 11−13DG, 21DG, 25DG, ⅢG | | ⅢG | ⅢG | 17 |
| | | 至Ⅰ股道 | | XLA, D₇LA | | X | U | | 5/7, 1/3, 9/11, 13/15, 17/19, 23/25 | D₅, D₇, D₉, D₁₃, D₁₇ | IAG, 5DG, 3DG, 9−15DG, 17−23DG, IG | | IG | | 18 |
| | | 至4股道 | | XLA, S₄LA | | X | U, U | | 5/7, 1/3, 9/11, 13/15, (17/19), {23/25}, (27) | D₅, D₇, D₉, D₁₃, S₄D | IAG, 3DG, 5DG, 9−15DG, 17−23DG, 19−27DG, 4G | | 4G | 19 | |
| | 通过 | 经Ⅰ股道天津方向通过 | | XLA, XLZA | | X/X1 | L/L, 或 U | | 5/7, 1/3, 9/11, 13/15, 17/19, 23/25, 16, 6/8, 10/12, 2/4 | D₅, D₇, D₉, D₃, D₇, X1, D, D₁₂, D₁₀, D₈ | IAG, 5DG, 3DG, 9−15DG, 17−23DG, IG, 16DG, 8−10DG, 4DG | | IG | BS | 18/56 |
| | 东郊方面 接车 | 至5股道 | | XᴅLA, S₅LA | | Xᴅ | UU | | 5/7, 9/11, 13/15, (21) | D₁₁, S₅ | 7DG, 11−13DG, 21DG, <23/25>, 25DG, 5G | 5G | 5G | | 1 |
| | | 至Ⅲ股道 | | XᴅLA, SⅢLA | | Xᴅ | U | | 5/7, 9/11, 15, 21, 23/25 | D₁₁, SⅢ | 7DG, 11−13DG, 21DG, 25DG, ⅢG | ⅢG | ⅢG | | 2 |
| | | 至Ⅰ股道 | | XᴅLA, D₇LA | | Xᴅ | UU | | 5/7, [9/11], (13/15), 17/19, 23/25 | D₁₁, D₁₃, D₁₇ | 7DG, 11−13DG, 9−15DG, 17−23DG, 1G | | 1G | | 3 |
| | | 至4股道 | | XᴅLA, S₄LA | | Xᴅ | UU | | 5/7, [9/11], (13/15), (17/19), [23/25], (27) | D₁₃, S₅D | 7DG, 11−13DG, 9−15DG, 17−23DG, 19−27DG, 4G | 4G | 4G | | 4 |

续表 6.1

| 方向 | | | 进路 | 进路方式 | 排列进路按下按钮 | 确定运行方向道岔 | 信号机 名称 | 信号机 显示 | 表示器 | 道岔 | 敌对信号 | 轨道区段 | 迎面进路 列车 | 迎面进路 调车 | 其他联锁 | 进路号码 |
|---|---|---|---|---|---|---|---|---|---|---|---|---|---|---|---|---|
| 东郊方面 | 发车 | 列车进路 | 由5股道 | | $S_5LA$, $X_DLA$ | | $S_5$ | LL | | (21)、3/15、9/11,5/7 | $D_{11}$, $X_D$, $S_5D$ | $21DG$、<23—25>$25DG$,11—13DG,7DG | | | BS | 5 |
| | | | 由Ⅲ股道 | | $S_ⅢLA$, $X_DLA$ | | $S_Ⅲ$ | LL | | 23/25、21、13/15,9/11,5/7 | $D_{11}$, $X_D$, $S_ⅢD$ | $25DG$,$21DG$,11—13DG,7DG | | | BS | 6 |
| | | | 由Ⅱ股道 | | $S_ⅡLA$, $X_DLA$ | | $S_Ⅱ$ | LL | | 27、(17/19)、[23/25]、(13/15)、[9/11],5/7 | $D_{13}$、$D_{11}$, $X_D$, $S_ⅡD$ | $19—27DG$,$17—23DG$,$9—15DG$,11—13DG,7DG | | | BS | 7 |
| | | | 由4股道 | | $S_4LA$, $X_DLA$ | | $S_4$ | LL | | (27)、(17/19)、[23/25]、(13/15)、[9/11],5/7 | $D_{13}$、$D_{11}$, $X_D$, $S_4D$ | $19—27DG$,$17—23DG$,$9—15DG$,11—13DG,7DG | | | BS | 8 |
| | 由 | 调车进路 | 至 $D_9$ | | $D_1A$, $D_7A$ | | $D_1$ | B | | (1/3) | $D_7$、<(1/3)>$S_5L$, $S_ⅢL$, $S_ⅡL$, $S_4L$ | $1DG$,$3DG$,<5/7>5DG | | | | 20 |
| | | | 至 $D_5$ | | $D_1A$, $D_5A$ | | $D_1$ | B | | 1/3 | $D_5$、<19>$S_Ⅱ$, $S_4$ | $1DG$ | | | | 21 |
| | | | 至 $D_9$ | | $D_3A$, $D_7A$ | | $D_3$ | B | | 5/7,1/3 | $D_7$、X | $5DG$,$3DG$ | | | | 22 |
| | | | 至 $D_{11}$ | | $D_3A$, $D_{11}A$ | | $D_3$ | B | | (5/7) | X、<(5/7)>$S_5$, $S_ⅢD$, $D_7$, $S_ⅡD$, $S_4D$ | $5DG$,$7DG$、<(1/3)>DG | | | | 23 |
| | 接车 | | 向 $D_1$ 信号机 | | $D_5A$, $D_1A$ | | $D_5$ | B | | 1/3 | $D_1$、<19>$S_ⅡL$, $S_4L$ | $1DG$ | | | | 24 |
| | | | 向 $D_1$ 信号机 | | $D_7A$, $D_1A$ | | $D_7$ | B | | (1/3) | $D_1$、<(1/3)>$S_5L$, $S_ⅢL$, $S_ⅡL$, $S_4L$ | $3DG$,$1DG$、<5/7>5DG | | | | 25 |
| | | | 向 $D_3$ 信号机 | | $D_7A$, $D_3A$ | | $D_7$ | B | | 1/3,5/7 | $D_3$、X | $3DG$,$5DG$ | | | | 26 |

联锁表各栏内容为：

（1）方向栏。填写进路性质（通过、接车、发车、转场、调车或延续进路）和运行方向。

（2）进路号码栏。按全站列车进路和调车进路顺序编号，亦可按咽喉区、场分别编号。通过进路由正线接、发车进路组成，不另编号，仅将接、发车进路号码以分数形式填写。例如，接车进路号码为 2，发车进路为 8，通过进路就写作"2/8"。

逐条列出列车和进路顺序编号，亦可按咽喉区、场分别编号。

（3）进路栏。逐条列出列车及调车的基本进路。在较大车站，列车进路同时存在两种以上方式，除列出基本进路外，还需列出一条变通进路作为第二种进路方式。

列车进路：如将列车接至某股道时记作"至×股道"。列车由某股道发车时记作"由×股道"。由某信号机发车时记作"由×信号机"，通过进路应记作"经×股道向××方向通过"。

调车进路：如由 D×× 信号机调车时记作"由 D××"。调车至另一顺向调车信号机时记作"至 D××。"调车至股道记作"至×股道"。向尽头线、专用线、机务段、双线出站口等处调车时分别填记由各该线向集中区调车的调车信号机名称，记作"向 D××"。当进站信号机内方仅能作调车终端时，应记作"至×进站信号机"。延续进路：区间接近车站一端接车方向有超过 6‰的下坡道而接车线末端又无隔开设备时，有下坡道的一端向某股道接车进路的延续进路应列出，并按接车进路方式检查延续进路上的全部道岔位置、轨道电路区段和敌对信号。

当向某股道接车进路末端有多条延续进路时应列出其推荐进路。

延续进路编号由接车进路号码和接车进路的第×条延续进路号码组成。

（4）排列进路按下按钮栏，填写排列该进路时需按下的按钮名称。

（5）确定运行方向道岔栏，当有两种以上方式运行时，为了区别开通的进路，填写关键对向道岔的位置。

（6）信号机栏，填写排列该进路时开放的信号机名称及其显示。色灯信号机按显示颜色表示，进路表示器一般以左、中、右区分，如超过三个方向以两组进路表示器组合后的灯位分别表示。

（7）道岔栏，顺序填写进路中所包括的全部道岔及防护和带动道岔的编号和位置。其填写方式如：1/3，表示将 1/3 号道岔锁在定位；(5/7)，表示将 5/7 号道岔锁在反位；[9/11]，表示将 9/11 号道岔防护在定位；[（9/11）]，表示将 9/11 号道岔防护在反位；{23/25}，表示将 23/25 号道岔带动到定位；{（27）}，表示将 27 号道岔带动到反位。

（8）敌对信号栏，填写排列该进路的全部敌对信号。

填写方式举例如下列车兼调车信号机的填写方式为，$S_5$，$S_5$ 信号机的列车和调车信号均为所排进路的敌对信号；$S_5L$，$S_5$ 信号机的列车信号为所排进路的敌对信号；$S_5D$，

S₅ 信号机的调车信号为所排进路的敌对信号。

调车信号机的填写方式为，D₁，D₁ 信号机为所排进路的敌对信号。

有条件敌对时的填写方式为，<1>D₁，经 1 号道岔定位的 D₁ 信号机为所排进路的敌对信号；〈(3)〉S₅L，经 3 号道岔反位的 S₅ 信号机的列车信号为所排进路的敌对信号。

(9) 轨道电路区段栏，顺序填写排列进路时须检查空闲的轨道电路区段名称。

其填写方式举例如下：5DG，表示排列进路时须检查 5DG 区段的空闲；〈21〉21DG，表示当 21 号道岔在定位时排列进路须检查侵入限界绝缘区段 21DG 区段空闲；〈(25)〉25DG，表示当 25 号道岔在反位时排列进路须检查侵入限界绝缘区段 25DG 空闲。

(10) 迎面进路栏。填写同一到发线（或场间联络线）上对向列车、调车进路的敌对关系，以线路区段名称表示。

(11) 其他联锁栏。

非进路调车：F，表示所排进路与非进路调车为敌对。当有多处非进路调车时，以 F₁、F₂，…表示。

得到同意：T，表示由本联锁区向其他区域排列进路需要征得对方同意。

延续进路：Y，表示所排接车进路延续至另一咽喉线路末端。

闭塞：BS，表示所排发车进路与邻站间的闭塞关系（含各种闭塞）。

(12) 非进路联锁的联锁关系应单独列表，包括非进路调车的线路、非进路调车按下的按钮、进路上应锁闭的道岔编号及位置、进路上应开放的信号机、检查侵限绝缘区段及照查关系（敌对信号）。

### 四、6502 电气集中车站信号联锁系统

在轨道交通信号系统中，控制车站内的道岔、进路和信号机并实现它们之间的联锁关系的系统称为车站信号联锁系统。它是保证站内行车安全、提高铁路运输效率、改善行车人员劳动条件、指挥列车按运行计划行车的重要技术装备。车站信号联锁系统的功能、体系结构、技术应用和操作方式等各个方面都在不断的演变和完善、发展和改革，现代的联锁系统是以色灯信号机、转辙机和轨道电路作为室外三大基础设备，以电气设备或电子设备实现联锁功能并采取集中控制方式对信号机和道岔进行控制的系统。目前主要采用电气集中联锁系统和计算机联锁系统。

电气集中联锁系统主要由室外信号机、转辙机、轨道电路、室内联锁继电器电路、控制台、电源以及这些设备之间的连接电路设备所组成。

#### (一) 6502 电气集中联锁系统层次结构

根据系统各主要部分的功能分工和设置地点的不同，系统的一般层次结构如图 6.16 所示。在 6502 电气集中车站联锁系统中，图中的人机会话层是控制台，操作人员通过操

作控制台上的按钮向联锁机构输入操作信息和接受联锁机构输出的反映设备工作状态和行车作业情况的表示信息联锁机构是指实现联锁功能的继电器及其电路。联锁机构是联锁系统的核心，必须具有故障—安全性能。联锁机构除了接收来自人机会话层的操作信息外，还接收来自监控层的反映信号机、转辙机、轨道电路状态的信息。联锁继电器电路的功能既根据联锁需要，对操作信息和状态信息以及联锁机构当前的内部信息进行处理，改变内部信息，产生相应的输出信息，即道岔控制命令和信号控制命令，并交付监控层的中心电路予以执行。联锁系统的监控层包括道岔控制电路、信号点灯电路、轨道电路等，它的主要功能是接收来自联锁层的控制命令，经过信号点灯电路控制信号机的显示和道岔控制电路控制道岔转换道岔位置，向联锁机构传输信号状态信息、道岔状态信息和轨道电路状态信息。其中道岔控制电路和信号点灯电路必须是故障—安全的。

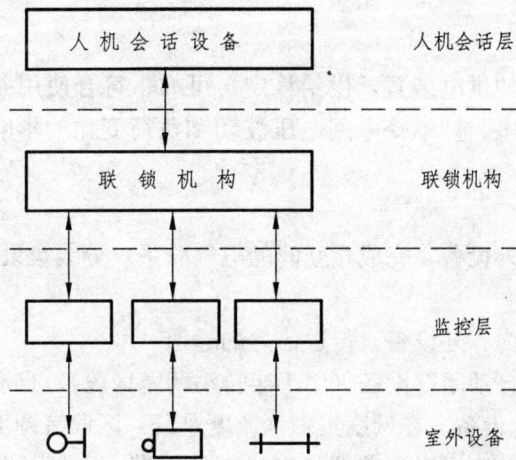

**图 6.16　6502 电气集中联锁系统的一般层次结构**

（二）6502 电气集中的设备组成

电气集中包括室内设备和室外设备；室内设备有控制台、区段人工解锁按钮盘、继电器组合及组合架、电源屏、分线盘等；室外设备有信号机、电动转辙机、轨道电路，以及连接室内外设备的电缆线路。

1. 控制台

控制台是车站值班员指挥列车运行和调车作业的控制中心，用来控制道岔的转换和信号的开放，并对进路、信号、道岔进行监督。控制台设于信号楼控制台室或车站值班员室内。

控制台采用单元拼凑式，由各种单元拼装而成，便于生产和站场变更时的改建。控制台上设有各种按钮和表示灯。表示灯现采用发光二极管。

2. 区段人工解锁按钮盘

区段人工解锁按钮的作用是，在更换继电器、轨道电路停电恢复等情况下使设备解锁恢复电路的正常状态；在道岔区段因故不能解锁时办理故障解锁；在取消进路时若发生不能关闭信号的情况下也可用来关闭信号。

区段人工解锁按钮盘上设有多个二位自复式带铅封的事故按钮，对应于每个道岔区段或有列车经过的无岔区段设一个。区段人工解锁按钮盘与控制台同设于控制台室内，但须与控制台隔开一定距离。操作时须一人按控制台上的按钮，另一个按区段人工解锁按钮盘上的按钮，以免单人操作而危及安全。

3. 继电器、继电器组合和组合架

继电器插在继电器组合中，组合安装在组合架上。组合和组合架的数量取决于车站规模。

4. 电源屏

电源屏是电气集中的供电装置，供给稳定、可靠、符合使用条件的各种交、直流电源。它要保证不间断供电，且不受电网电压波动和负荷变化的影响。电源屏设于继电器室或电源室内。

5. 分线盘

分线盘连接室内、外设备，完成相互间的电气联系。分线盘设于继电器室。

6. 电缆线路

电缆线路是连接室内、外设备，传送信息的通道。

此外，室内还有半自动闭塞设备（用于半自动闭塞区段）、自动闭塞设备（用于自动闭塞区段）、站内电码化设备。在调度集中（调度监督）区段有调度集中（调度监督）分机，有的车站还有微机监测设备。普遍设熔丝断丝报警、主灯丝断丝报警、跳信号报警等报警装置，轨道电路测试盘、电缆绝缘测试盘等测试设备。

(三) 6502 电气集中的工作原理

6502 电气集中电路的动作层次是：先选择进路，再锁闭进路，然后开放信号，最后解锁进路。

6502 电路是继电逻辑电路，包括网路电路和局部电路，其中网路电路的形状与站场形状相似。6502 电路分为选择组电路和执行组电路两大部分。

选择组电路主要用来记录车站值班员按压按钮的动作，按要求自动选通所需进路，并将操作意图付给执行组电路。

所有联锁关系，包括检查道岔位置正确与否、轨道电路区段空闲且锁闭、敌对进路未建立且锁闭在未建立状态，都由执行组电路完成。各种解锁条件的检查也通过执行组电路进行。

（四）6502 电气集中的主要技术特征

（1）6502 电气集中是组合式电路。即按道岔、信号机和轨道电路区段为基本单元设计成定型的单元电路，称为继电器组合，简称组合。将各种组合按站场形状拼装起来即成为组合式电路。组合式电气集中具有简化设计、加速施工工厂预制、便于维修等优点。6502 电气集中几乎是用定型组合拼成的，只需设计少量零散电路。

（2）6502 电气集中采用双按钮选路方式，只需要按压两个进路按钮，就能转换道岔、开放信号，而且不论进路中有多少组道岔均能一次转换，简化了操作手续，提高了效率。

（3）6502 电气集中采用逐段解锁方式。它把进路分为若干段，采用多次分段解锁的方式，即列车或调车车列出清一段解锁一段。

（五）6502 电气集中主要技术要求

1. 进路的锁闭和解锁
见工作任务六的拓展知识。

2. 信号的开放和关闭
正常办理的信号机（除引导信号）只在其防护的进路空闲（包括限界检查）、有关道岔位置正确、进路锁闭、未履行人工解锁、敌对进路未建立且被锁闭，方可开放。

已开放的信号在下列情况下应及时关闭：

（1）列车信号，当列车进入该信号机内方第一个轨道区段时。

（2）调车信号，当调车车列全部越过信号机后，若信号机外方留有车辆时则在车列出清内方第一个轨道电路区段时。

（3）在机车走行线和机务段出口处以及机待线上的调车信号机，当机车进入信号机内方时。

（4）因故障使联锁关系发生改变或信号灯泡断丝时。

（5）办理取消或人工解锁进路时。

（6）预先及复示信号机当其信号关闭时。

必须保证车站值班员能随时关闭信号。开放后又关闭的信号机，不经办理不得重复开放。

在自动闭塞区段，根据需要对正向经常有连续通过列车的车站，经办理开放通过信号后应能使通过进路上的有关列车信号机随列车自动变换其显示。此时进路必须保证锁闭。

引导信号的开放一般为非保留式。当其开放后能保证进路中有关道岔施行锁闭时，可采用开放保留方式，并保证能随时将其关闭。

信号机应设灯丝监督，应不间断地检查点亮灯泡的灯丝。进站、接车进路和正线出站信号机红灯灭灯时不得开放。信号点灯电路应具有主、副灯丝自动转换功能，列车信号机主灯丝断丝时应有表示和报警。

3. 道岔的操纵和表示

联锁道岔应能实行单独操纵，根据需要能为进路选动。单独操纵优先于进路选动。集中道岔一般受进路锁闭、区段锁闭和其他联锁锁闭，当受一种锁闭时即不能启动。联锁道岔一经启动应能转换到底，因故被阻，不能转到规定位置，当所在区段无车占用时经操纵有转回原位的可能。

集中道岔表示电路应保证：

（1）只有当道岔的实际位置与操纵要求的位置一致，并经检查转辙机的两组自动开闭器接点排的相应接点接通才能构成道岔位置的正确表示。

（2）联动道岔只有当各道岔均在规定位置才能构成位置表示。

（3）启动道岔时应先切断位置表示。

（4）发生挤岔时应有挤岔表示。

（5）人工锁闭时不应影响道岔的位置表示。

4. 控制和表示设备

可根据站场规模和作业繁忙程度，设计操纵与表示合用的控制台或分列式操纵台、表示盘。

涉及行车安全的按钮，如最终导致进路或区段解锁，以及导致进路中的道岔转换的按钮必须加铅封，必要时可装设计数器。

人工解锁按钮不得独立使用，应用时配合解锁对象的按钮方能生效。

电路动作的每一环节，排列与取消进路时，控制台盘面上都应有明显的表示。

（六）6502 电气集中技术条件

除应满足上述电气集中的技术要求外，还必须完成以下技术条件：

（1）向咽喉区无岔区段调车不检查无岔区段空闲；若经该无岔区段排列长调车进路，要检查其空闲，以保证安全。

（2）不准由两个方向同时向一个无岔区段调车。

（3）只有验证所选进路和实际排列进路一致，在道岔位置正确、进路空闲、未建立敌对进路的情况下，才准许锁闭进路。

（4）每个咽喉同时只能选一条进路。

（5）在排列长调车进路时不论该进路上有几架同方向的调车信号机，均可保证它们由远及近依次开放，以防止由于进路中间某信号机未开放造成调车车列中途停车将咽喉堵塞，或由于冒进信号而发生行车事故。

（6）信号开放过程中一直不间断地检查道岔位置正确、进路空闲、未建立敌对进路并已锁闭等条件，若某条件发生变化就立即关闭信号。

（7）为防止轨道电路人工短路引起进路错误解锁，对进路的正常解锁一般实现三点检查，进路中的第一个区段都能实现两点检查。为防止小车跳动造成轨道电路瞬时分路不良而提前错误解锁，采用车出清区段后延时 3s 解锁的方法。

（8）在信号开放车未接近前，当轨道电路发生人工短路时，采用使信号自动关闭但进路不能解锁的办法。这样可避免车站值班员怀疑信号设备发生故障，使他发现后能立即办理重复开放信号的手续。

（9）因列车迎面的前方道岔区段错误解锁可能引起事故，有必要在车驶入进路后未占用前方道岔区段前，排除前方各道岔区段有任何解锁的可能性。

（10）在开放引导信号时必须实行锁闭。

## 【拓展知识】

同时行车会危及行车安全的任意两条进路是敌对进路。下列进路规定为敌对进路：

（1）同一到发线上对向的列车进路与调车进路。如图 6.3 站场下行东郊方面Ⅲ道接车进路和上行Ⅲ道接车进路。

（2）同一到发线上对向的列车进路与调车进路，如下行 5 道接车进路和 $D_{18}$ 至 5G 的调车进路。

（3）同一咽喉区内对向重叠的列车进路或调车进路。如下行东郊方面Ⅰ道接车进路和上行东郊方面Ⅰ道发车进路，$D_{11}$ 至 4G 调车进路与 $S_4$ 至 $X_D$ 调车进路。

（4）同一咽喉区内对向重叠或顺向重叠的列车进路与调车进路。顺向重叠进路指两条方向相同、互相间有部分或全部重合的进路，如下行Ⅰ道接车进路和 $D_{17}$ 至 $D_7$ 调车进路。

（5）进站信号机外方制动距离内接车方向为超过千分之六下坡道，而在该下坡道方向的接车线末端设有线路隔开设备时，该下坡道方向的接车进路与另一端咽喉的接车进路、非同一到发线顺向的发车进路以及另一端咽喉的调车进路。

同一到发线上对向的调车进路允许同时建立，如图 6.3 站场 $D_{11}$ 至 5G 调车进路与 $D_{18}$ 至 5G 调车进路。这样对调车作业较多的车站可提高作业效率。但对于调车作业较少的中间站，当同一到发线上对向的调车进路无必要同时开通时，也可作为敌对进路。股道、无岔区段有车占用时允许向其排列调车进路，便于取车。不允许两端同时向无岔区段办理调车进路。

敌对进路必须互相照查，不得同时建立。

# 工作任务 2　在 6502 电气集中联锁控制台上 为一下行通过列车办理通过列车进路

## 【看一看】

参见图 6.2 所示，6502 电气集中联锁控制台上的下行通过按钮 XTA、下行列车按钮 XA、下行进站信号复示器 X。

## 【任务分析】

6502 电气集中采用双按钮选路方式，只需要按压两个进路按钮，就能转换道岔，开放信号。但与办理接车进路或发车进路不同的是，通过进路由正线接车进路和同方向的正线发车进路构成，可采用分段办理的方式，即先办理正线发车进路，再办理正线接车的方式建立通过进路。

为了简化办理通过进路的操作手续，凡有通过进路的车站应增设通过按钮。这样可通过按压下行通过按钮 XTA，再按下行列车终端按钮 XLZA，即可将整条通过进路一次办理。

## 【操作过程】

办理下行通过进路，在运行前方离去区段空闲的情况下只需先按下行通过按钮 XTA，再按下行列车终端按钮 XLZA，此时上、下行咽喉同时选路。当接、发车进路建立并锁闭后，整条通过进路亮白光带，$X_1$ 出站信号机开放，X 进站信号机随之开放，显示绿灯，通过进路建立。(注：四显示自动闭塞区段，进站信号机此时还可能显示绿黄灯)

办理上行通过进路，只要先按上行通过按钮 STA，再按上行列车终端按钮 SLZA。

提示：对于图 6.3 中东郊方面，虽然接车进路为直向，但没有直向的发车进路，故不设通过进路。

# 工作任务 3　在 6502 电气集中联锁控制台上 排列 $D_6$ 至 ⅡG 的调车进路

## 【任务分析】

同前所述，6502 电气集中采用双按钮选路方式，只需要按压两个进路按钮，就能转换道岔，开放信号，排列进路。

同样，办理调车进路的关键是找到调车进路的始端按钮和终端按钮，再顺序按压调车进路的始端按钮和终端按钮，即可将调车进路一次排出。

## 【相关知识】

调车进路包括短调车和长调车进路。短调车进路指从起始调车信号机开始，到下一架阻挡信号机为止的一个单元调车进路，如图 6.3 举例站场中的 $D_3$ 至 $D_9$。而长调车进路则是由两个以上的单元调车进路组成的进路。如 $D_3$ 至 IG 的调车进路，是由 $D_{13}$ 至 IG、$D_9$ 至 $D_{13}$、$D_3$ 至 $D_9$ 三个单元调车进路构成的长调车进路。

调车进路的长与短，不是指进路长度的长与短，而是指调车进路中阻挡信号机是一架还是几架。

## 【操作过程】

（1）排列图 6.3 举例站场 $D_6$ 至 ⅡG 的调车进路，先按下 $D_6$ 处的调车进路按钮，按钮表示灯闪白灯，本咽喉的排列进路表示灯点亮；

（2）再按下 $D_{16}$ 处的调车进路按钮，其按钮表示也闪白灯；

（3）选路完成后，$D_6$ 按钮表示灯转为稳定白灯，本咽喉的排列进路表示灯和 $D_{16}$ 的调车进路按钮表示灯灭灯，进路建立并锁闭后，白光带从相应于 $D_6$ 至 $S_Ⅱ$ 处点亮（$S_Ⅱ$ 为进路真正终端）；

（4）$D_6$ 调车信号复示器亮白灯，$D_6$ 按钮表示灯灭灯。

## 【练一练】

排列 ⅡG 向 $D_6$ 的调车进路。

提示：先按 $D_{16}$ 调车进路按钮，再按 $D_6$ 进路，白光带相应于 $D_{16}$ 处亮至 S 进站信号机处（包括 ⅡBG）。

## 【拓展知识】

1. 调车信号机作为调车进路终端时

当牵出线、岔线、尽头线、调车线等处的调车信号机作为调车进路终端时，其接近区段没有白光带表示，仅在车占用时点亮红光带，车出清后灭灯。

2. 尽头线调车信号机的进路按钮

尽头线调车信号机的进路按钮，既可作始端按钮，又可作终端按钮，先按下时作始端按钮，后按下时作终端按钮。

3. 以并置或差置调车信号机为终端的调车进路

并置和差置调车信号机的进路按钮，先按下时作始端按钮，后按下时作终端按钮。

但是在排列以并置或差置信号机为终端的调车进路时，应将与进路始端调车信号机相背对的调车进路按钮作终端按钮，而不能以阻挡调车信号机的进路按钮作终端按钮，这是电路结构所决定的。

例如排图 6.3 例站场 $D_1$ 至 $D_{15}$ 的调车进路，进路终端按钮应是 $D_5$ 的进路按钮，而不是 $D_{15}$ 的进路按钮。进路排出后白光带从 $D_1$ 处亮至 $D_{15}$ 处（包括 1/19WG）。

又如，排 $D_3$ 至 $D_9$ 的调车进路，进路终端按钮应是 $D_7$ 进路按钮，而不是 $D_9$ 进路按钮。

4. 排列以单置调车信号机为终端的调车进路

排列这样的调车进路，该调车信号机的进路按钮即为终端按钮。例如排 $D_3$ 至 $D_{11}$ 的调车进路，终端按钮是 $D_{11}$ 的进路按钮。但单置调车信号机的进路按钮不能作背向的调车进路终端按钮用。例如向 $X_D$ 信号机处调车，$D_{11}$ 进路按钮不能作终端按钮，只能以专设的 $S_DD2A$ 为调车终端按钮。

5. 办理长调车进路

长调车进路可分段办理，即一段一段地由远及近依次办理。如 $D_1$ 向 IG 调车，先办理 $D_{13}$ 至 IG 调车进路，$D_{13}$ 信号机开放后再办理 $D_9$ 至 $D_{13}$ 调车进路，$D_9$ 信号机开放后再办理 $D_1$ 至 $D_9$ 调车进路，$D_1$ 信号机开放。

调车信号机必须由远及近顺序开放的原因是为了保证安全，提高作业效率。若由近而远开放调车信号机，当第一架调车信号机 $D_1$ 开放后，发生 $D_9$、$D_{13}$ 不能开放的故障时，会造成调车车列运行后又停止，堵塞咽喉影响作业效率。

为简化操作手续，长调车进路可一次办理，只要按下长调车进路的始、终端按钮，即可选出整条长调车进路。如上述 $D_1$ 至 IG 长调车进路，可先按 $D_1$ 进路按钮，再按 $D_{17}$ 进路按钮，进路上调车信号机 $D_{13}$、$D_9$、$D_1$ 由远及近顺序开放。此时若中间的调车信号机不能开放，则近处的调车信号机就不能开放。

6. 调车变通进路的办理

调车变通进路不能像长调车进路那样一次办理，一般也不能像列车变通进路那样附加操作后选出，应按基本调车进路分段办理。例如图 6.3 中举例站场 $D_3$ 至 $D_{13}$ 经 5/7、13/15 号道岔反位的八字变通进路，应先办 $D_{11}$ 至 $D_{13}$ 的调车进路，再办 $D_3$ 至 $D_{13}$ 的调车进路，在此过程中 $D_{11}$ 进路按钮先后被按过两次。又如 $D_1$ 至 ⅡG 经 1/3、17/19 号道岔反位，9/11、13/15 号道岔反位的八字变通进路，应先办 $D_{13}$ 至 ⅡG 调车进路，再办 $D_1$ 至 $D_{13}$ 长调车进路；或先办 $D_9$ 至 ⅡG 长调车进路，再办 $D_1$ 至 $D_9$G 调车进路。

变通按钮可用作调车进路的变通，如 $D_9$ 至 ⅢG 经 9/11 号道岔反位的平行变通进路，可顺序按 $D_9$ 进路按钮、变通按钮 $B_1A$、$S_Ⅲ$ 的调车进路按钮。

咽喉区的调车进路按钮一般不能作调车变通按钮用，但作为特殊情况，单置调车信号机的进路按钮可兼作反方向调车进路的变通按钮。例如 IG 向 IAG 办理经 13/15、5/7

号道岔反位的八字变通进路时，D₁₁进路按钮可作变通按钮，顺序按下 D₁₇调车进路按钮，D₁₁进路按钮、D₃进路按钮，即可排出该进路。

# 工作任务 4  在 6502 电气集中联锁控制台上 将某一道岔单独操作至定位并锁闭

## 【看一看】

6502 电气集中联锁控制台上的道岔按钮，参见图 6.1 所示。

## 【任务分析】

6502 电气集中联锁道岔根据需要能为进路选动，同时也应能实行单独操纵。单独操纵优先于进路选动。

## 【相关知识】

### 一、联锁道岔的定反位

每组道岔都有两个位置：定位和反位。道岔的定位是指道岔经常开通的位置，而反位则是排列进路时临时改变的位置。

确定道岔定位的原则是：

（1）单线车站上正线的进站道岔，为由车站两端向不同线路开通的位置为定位，由左侧行车制决定。如图 6.17 道岔的是反位所示，以 1 号道岔开通 1G，2、4 号道岔开通 ⅡG 为定位。

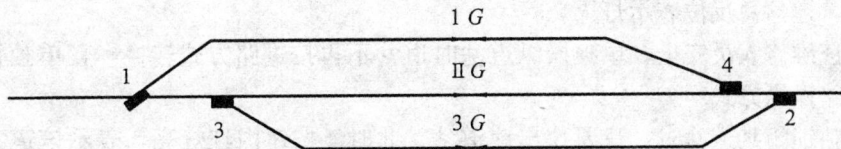

图 6.17  道岔的定反位

（2）双线车站正线上的进站道岔，向各该正线开通的位置为定位。

（3）所有区间及站内正线上的其他道岔，除引向安全线及避难线外，均以向各该正线开通的位置为定位。

（4）引向安全线、避难线的道岔，以开通该安全线及避难线的位置为定位。

（5）侧线上的道岔除引向安全线和避难线者外，为向列车进路开通的位置或靠近站舍的进路开通的位置为定位。

（6）站内其他道岔，由车站依据具体情况决定。

（7）城市轨道交通线路车站较简单，一般正线上的道岔以开通正线为定位，其他道岔由站细具体规定。

**二、单独操纵道岔用的按钮和表示灯。**

为办理引导接车、清扫和试验道岔、检修转辙机等，需单独操纵道岔。

在 6502 电气集中联锁控制台盘面对应于咽喉区上方，设一排道岔按钮，如图 6.1 所示。道岔按钮为三位式带灯按钮，按下为自复式，用来进行单独操纵；拉出为非自复式，用来进行单独锁闭，并点亮按钮内部红色单独锁闭表示灯。新型控制台分设二位自复式的单独操纵按钮和单独锁闭按钮。

每组单动道岔设一个道岔按钮，每组联动道岔（双动、三动、四动）均共设一个道岔按钮，其上方标明道岔编号。

道岔按钮上方有两个表示灯，绿灯点亮表示道岔在定位，黄灯点亮表示道岔在反位。

站场每一咽喉设道岔总定位和道岔总反位按钮各一个，二位自复式。道岔总定位按钮上方有一绿灯，总反位按钮上方有一黄灯，按下时点亮。

## 【操作过程】

当要操纵某道岔至定位时，同时按下该道岔按钮和本咽喉的道岔总定位按钮（上方绿灯亮），道岔启动，道岔反位表示灭灯。道岔转至定位后，道岔定位表示灯绿灯亮。松开按钮，道岔总定位表示灯灭。

同样，当要操纵某道岔至反位，同时按下该道岔按钮和本咽喉的道岔总反位按钮（上方黄灯灯亮）。道岔启动，道岔定位表示灯灭。道岔转至反位后，道岔反位表示灯亮；松开按钮，道岔总反位表示灯灭。

为保证维修人员安全，单独操纵道岔时道岔不再按进路方式转换，且单独操纵方式优先于进路操纵方式。

需单独锁闭某道岔时，只要拉出该道岔。此时，按钮内红灯亮，表示该道岔已单独锁闭，不能再转换。解除单独锁闭时，只要按一下道岔按钮使之恢复定位，按钮内红灯灭。

控制台设一块直流电流表，在进路操纵和单独操纵时均可通过观察电流表偏转，来了解直流转辙机道岔的转换情况。

## 【练一练】

在图 6.3 举例站场将 1/3 号道岔单独操作至定位并锁闭。

**提示**：同时按下 1/3 号道岔按钮和下行咽喉的道岔总定位按钮——X 道岔总定位（上方绿灯亮），1/3 号道岔启动，道岔反位表示灯灭灯。道岔转至定位后，道岔表示灯绿灯亮。松开按钮，道岔总定位表示灯灭。最后拉出 1/3 号道岔按钮，进行单独锁闭。

## 工作任务 5　在 6502 电气集中联锁控制台上取消一条<br>刚建立的东郊方向列车进Ⅲ道的接车进路，<br>变更为 5 道接车

### 【看一看】

图 6.2 所示 6502 电气集中联锁控制台上的 X 总取消按钮、X 总人工解锁按钮、X 总人工解锁表示灯、X 3 分钟人工解锁表示灯和 X 30 秒人工解锁表示灯。

### 【任务分析】

本任务分两步：首先是取消刚建立的东郊方向列车进Ⅲ道的接车进路，然后办理东郊方向列车进 5 道的接车进路。办理接车进路工作任务前面已讲述，本任务关键是取消一条刚建立的进路。

### 【相关知识】

进路建立后有可能未占用就要办理解锁，如试验电路时办理的进路，或进路建立后欲变更进路等。在 6502 电气集中联锁控制台上取消一条刚建立的进路，需同时按压本咽喉的总取消按钮和进路的始端按钮。

1. 取消进路时必须符合的条件

取消进路时必须符合下列条件才允许进路解锁：

（1）进路的接近区段确实无车占用；

（2）防护该进路的信号机随办理取消而关闭；

（3）进路处于空闲状态。

2. 6502 电气集中联锁控制台盘面上办理各种解锁的按钮

6502 电气集中联锁控制台盘面上解锁进路用的按钮和表示灯如下所述：

（1）每一咽喉设总取消按钮和总人工解锁按钮各一个。总取消按钮为二位自复式，上方有红色表示灯，按下按钮时点亮。总取消按钮用来取消进路。排列进路时错误按下进路按钮，按钮表示灯闪绿灯或白灯，欲复原，按下本咽喉的总取消按钮即可。

（2）总人工解锁按钮为二位自复式，带铅封。上方有三个红色表示灯，中间的是总

人工解锁表示灯，按下按钮时点亮，两侧分别是 3 min 人工解锁表示灯和 30 s 人工解锁表示灯，分别在 3 min 和 30 s 延时解锁时间内点亮。总人工解锁按钮用来进行人工解锁进路，区段故障解锁时也要按压该按钮。

## 【操作过程】

（1）取消进路时，已锁闭的进路的接近区段必须空闲，可通过观察该接近区段的光带表示灯是熄灭状态来证实。

（2）在列车未进入接近区段时，同时按下所要取消的进路的始端按钮 $X_D$ 列车进路按钮和本咽喉的总取消按钮 X 总取消按钮，X 总取消按钮上方的红色表示灯点亮。

（3）$X_D$ 进站信号复示器由绿灯变为红灯后松开按钮。X 总取消表示灯灭灯，进路解锁从终端推向始端，但这一过程很快，看上去光带几乎是同时熄灭的。

（4）先后按压 5 道接车进路的始、终端按钮——$X_D$ 列车进路按钮和 $S_5$ 列车进路按钮，排列东郊方向列车进 5 道的接车进路。

## 【练一练】

取消图 6.3 举例站场下行 Ⅱ 道接车进路或上行 Ⅱ 道接车进路，操作提示：

（1）取消举例站场下行 Ⅱ 道接车进路，在列车未进入第二接近区段时，同时按下 X 列车进路按钮和 X 总取消按钮；

（2）取消举例站场上行 Ⅱ 道接车进路，在列车未进入第二接近区段时，同时按下 S 列车进路按钮和 S 总取消按钮；

## 【拓展知识】

1. 通过进路的取消

通过进路的取消必须分别办理接车进路和发车进路的取消，而不能采用一次办理的方法。例如图 6.3 举例站场下行通过进路，可先按下 X 进路按钮和 X 总取消按钮，取消接车进路；再按下 X 列车进路按钮和 S 总取消按钮，取消发车进路。

2. 长调车进路的取消

长调车进路的取消也要分段办理，不能一次取消。例如，$D_2$ 至 $D_{20}$ 的调车进路，包括 $D_2$ 至 $D_{14}$，$D_{14}$ 至 $D_{18}$，$D_{18}$ 至 $D_{20}$ 三条短调车进路，要对这三条调车进路分别取消。

## 【背景知识】

### 一、进路的锁闭

进路有建立和未建立两种状态。建立了进路，即排列了进路且处于锁闭状态；进路未建立，即未排列进路，其在解锁状态。

1. 进路锁闭和接近锁闭

进路的锁闭是为实现联锁关系而将所排进路上的各道岔限制于规定位置。进路的锁闭按时机分为进路锁闭和接近锁闭。

①进路锁闭（又称预先锁闭）在进路选通、有关联锁条件具备时构成，此时列车或调车车列尚未占用该进路的接近区段。

②接近锁闭（又称完全锁闭）在信号开放后接近区段有车占用时构成。

当无接近区段时，信号开放后即构成接近锁闭。设接近锁闭的作用是为了防止列车或调车车列接近后信号突然关闭而停不住冒进信号时，进路上道岔有可能转换以致发生挤岔或进异线而危及行车安全。

2. 道岔区段的各种锁闭

电气集中联锁以道岔区段为锁闭对象，进路的锁闭即由构成该进路的各道岔区段的锁闭组成。根据道岔的锁闭情况，可分为进路锁闭、区段锁闭、人工锁闭和其他锁闭。

进路排出后该进路上各区段的道岔锁闭在规定位置，即为进路锁闭；道岔区段有车占用时道岔不能转换，即为区段锁闭；人工锁闭则指利用操纵设备断开道岔控制电路或用转辙机安全接点断开启动电路的单独锁闭。其他锁闭包括：超过6%下坡道的接车进路的延续进路锁闭、到发线中间出岔的接发车进路锁闭、非进路调车锁闭、到达场推送进路锁闭等。

在故障情况下道岔区段被锁闭即为故障锁闭。例如，列车通过进路后因轨道电路故障使个别区段未解锁，或轨道电路停电恢复后引起的区段锁闭，或维修时更换继电器引起的区段锁闭。

集中操纵的道岔受上述所列的任意种锁闭时，应保证机车车辆通过道岔时均不转换。

3. 接近区段

列车进路的接近区段长度既要满足列车制动距离的要求，又要考虑车站的作业效率，一般为信号机外方的第一个轨道电路区段。

对于接车进路，为进站信号机（或接车进路信号机）外方的闭塞分区（或轨道电路区段）。

对于发车进路，为发车线（一般为股道）；有通过进路的正线，应从前方列车信号机内方第一个轨道电路区段开始。

调车进路的接近区段为调车信号机外方的轨道电路区段。不设轨道电路时，调车信号机一开放即构成接近锁闭。

注：列车提速后，接近区段必须延长，接车进路为进站信号机外方的两个闭塞分区，有通过进路的正线发车进种，延至同方向进站信号机外方的第三接近区段。

**二、进路的解锁**

进路解锁指解除对进路的锁闭。进路的解锁也是构成该进路的各区段的解锁。按不同情况，进路的解锁分为正常解锁、取消解锁、人工解锁、调车中途返回解锁和故障解锁。

1. 进路的正常解锁

进路的正常解锁指列车或调车车列驶入被锁闭的进路使防护该进路的信号机自动关闭，在顺序出清进路上各道岔区段后，各道岔区段的自动解锁。

6502 电气集中采用逐段解锁的方式，即采用多次分段解锁的方式，车出清一段解锁一段。这样可以充分发挥咽喉道岔的利用率，缩短两项作业间的间隔时间，提高车站咽喉区的通过能力和调车作业效率。

进路的正常解锁必须符合以下条件：

(1) 由于列车或调车车列进入进路而使信号机自动关闭；

(2) 要用三点检查法来验证车占用过进路；

(3) 车出清进路上各道岔区段。

三点检查指在解锁某区段时，必须证实列车或调车车列曾占用相邻的前一区段，再占用并出清本区段，而且又占用相邻的后一区段。列车进路解锁原则上应满足三点检查。

例如图 6.3 举例站场下行 I 道接车，列车按 X 进站信号机的显示——一个黄灯，进正线停车。列车驶入信号机内方的第一区段——I AG，该区段的光带变红，进站信号机自动关闭，信号复示器改点红灯。列车依次进入 5DG、3DG、9－15DG、17－23DG，然后进入股道 IG，各区段依次由白光带转点红光带。依次出清 I AG、5DG、3DG、9－15DG、17－23DG，它们的红光带逐段熄灭。列车全部进入 I G 后且 17－23DG 解锁后股道红光带仅保留中间二节，其他均熄灭。这样在列车停留股道期间，既节省用电，减少表示灯泡的损坏，又减轻了车站值班员眼睛的刺激。至此，除股道外各区段已逐段解锁。

发车进路的解锁和接车进路一样，从始端向终端逐段解锁。

但在到发线上根据作业需要，发车后股道上仍留有车辆，为提高效率，发车进路应能正常解锁，所以发车进路第一个区段可用两点法检查。采用车曾占用过某区段相邻的前一区段，及占用并出清本区段的方法叫做两点检查法。

调车进路的正常解锁一般也要三点检查，但在调车进路的接近区段是无岔区段时，由于允许在股道或无岔区段上留有车辆向外调车时，在这种情况下，第一个区段的解锁只能实现两点检查。对于只有一个道岔区段而其接近区段是无岔区段时，只能实现一点检查。短调车进路的正常解锁同列车进路的正常解锁，也是由始端至终端逐段进行的，只是调车信号机要保留到调车车列全部进入其内方才自动关闭，而长调车进路的正常解锁是按各调车进路进行的。例如举例站场 D17 至 I AG 长调车进路，由 D17 至 D7 和 D7 至 I AG 两条短调车进路组成。调车车列全部进入 D17 信号机内方，D17 自动关闭，随调车车列的运行自始至终逐段解锁。当列车车列全部进入 D7 信号机内方，D7 自动关闭，此后也随着调车车列的运行逐段解锁。

总之，进路的正常联锁是随着列车或调车车列的运行自动地逐段解锁，无需任何操作。

**2. 取消解锁**

本任务前面部分已讲述了取消解锁。

**3. 人工解锁**

进路完成接近锁闭后,即列车或调车车列占用进路的接近区段时,应保证不因进路上任意区段故障而导致进路错误解锁,必须办理人工延时解锁(简称人工解锁)。

办理人工解锁手续后信号关闭,进路自动延时解锁。接车进路及有通过列车的正线发车进路人工解锁延时 3 min。之所以延时 3 min,是为了防止因信号故障关闭(如灯丝断丝、电路断线或轨道电路故障)或改变进路时,已运行在接近区段的列车看不见突然关闭的信号,或虽看见信号关闭但不能保证停于机外,而冒进信号造成危险。

调车进路和站线发车进路因车速较低,故只延时 30 s 就解锁。

进路的人工解锁应具备以下条件:

(1)信号机开放后列车或调车车列已驶入接近区段;

(2)防护该进路的信号机必须随办理人工解锁手续而关闭;

(3)在整个延时过程中必须证明车未冒进信号;

因此列车或调车车列驶入接近区段时欲解锁进路,就不能用取消的方法,而必须施行人工解锁。在人工解锁过程中必须证明车始终未冒进信号才允许解锁。因此在延时时间内车站值班员要始终监视列车和调车车列是否冒进信号机。若冒进,进路不能解锁。此时应让车退出信号机内方,重新办理人工解锁,必要时将列车引导进站。

办理进路人工解锁的手续是,同时按下被解锁进路的始端按钮和本咽喉的总人工解锁按钮。例如举例站场下行Ⅲ道接车进路,在列车已进入第二、第三接近区段时欲解锁,须施行人工解锁。破封按下 X 总人工解锁按钮,同时按下 X 进路按钮。X 总人工解锁按钮上方红色表示灯点亮,X 总取消按钮上方红色表示灯也点亮。随后 X 进站信号机关闭,其信号复示器由绿灯变为红灯,3 分人工解锁表示灯点亮,表示开始延时,此时可松开按钮,X 总人工解锁和总取消表示灯熄灭。在 3 min 内列车未冒进信号机,到 3 min 后,3 分人工解锁表示灯熄灭。进路从终端向始端逐段解锁,因这一过程很快,看上去白光也几乎是同时熄灭的。

其他进路的人工解锁过程同上。正线发车进路也是延时 3 min。到发线发车进路和调车进路延时 30 s,在延时过程中点亮的是 30 s 人工解锁表示灯。

通过进路的接近区段有车占用时欲解锁,接车进路按人工解锁方式延时解锁,发车进路因其接近区段无车占用采用取消方式解锁。长调车进路其接近区段有车占用时,组成该长调车进路的第一条单元调车进路按人工解锁方式延时解锁,其他各条因接近区段无车,用取消方式解锁。

接近区段未设轨道电路的调车信号机,进路一锁闭即构成接近锁闭,只能用人工解锁方式解锁进路。

同一咽喉不能同时办理两条进路的人工解锁，只有前一条进路延时解锁后，才能办理另一条进路的人工解锁。

4. 调车中途返回解锁

调车中途返回解锁指调车中途折返时对原调车进路上不能正常解锁的区段，在调车车列退回后也能使之自动解锁。

转线作业包括牵出和折返两个过程。为提高作业效率，调车车列牵出时往往未通过原排进路上的全部区段，即按最近的反向调车信号机的显示返回。这时原牵出线可能有部分区段或全部区段未解锁，需用调车中途返回解锁使未解锁的区段解锁。

这有两种情况：一是牵出进路中有部分区段解锁，还有部分区段未解锁；二是牵出进路中的所有区段都未解锁。

咽喉区的调车信号机都有可能碰到这种情况，它的牵出进路上的不少区段要按调车中途返回解锁方式解锁。

调车中途返回解锁分两种情况。第一种情况是牵出进路中已有部分区段解锁，还有部分区段未解锁。这种情况只是在牵出进路上设有反向单置调车信号机时才有可能。如举例站场 IG 至 IAG 牵出进路中 D17 至 D7 调车进路。调车车列跨入 D7 信号机内方并出清 17—23DG，17—23DG 能正常解锁。此时可开放 D13 信号机内方，出清 9—15DG。9—15DG 不具备正常解锁条件，因车列牵出时虽占用过 17—23DG、9—15DG、3DG，但未出清 9—15DG，车列折返时先出清 3DG，后出清 9—15DG，所以只能按调车中途返回方式解锁。9—15DG 在车出清解锁后解锁，红光带熄灭。

第二种情况是牵出进路的所有区段均未解锁。凡是咽喉区的调车信号机，不论单置、并置和差置，都有可能遇到这种情况。如上述牵出进路，当调车车列退出 D7 信号机内方，折返进入 D13 信号机内方并出清 D7 的接近区段——9—15DG，D7 自动关闭，其内方的 3DG、5DG 不具备正常解锁条件，按调车中途返回方式解锁。5DG 未被占用过，此时白光带熄灭，区段解锁。3DG 被占用过，车退出 3DG，白光一度变红又变白，然后熄灭，区段解锁。

调车中途返回解锁是自动进行的，无需进行任何操作。

若调车车列较短，未跨入 D7 信号机内方就按 D13 信号机折返，则 D7 不能自动关闭，其内方 3DG、5DG 均不能按调车中途返回方式解锁，需按取消进路方式解锁。

5. 故障解锁

进路不应锁闭而锁闭了，或该解锁而没有解锁，都叫做故障锁闭。使故障锁闭后的区段解锁称为故障解锁。信号因故关闭，不应导致锁闭的进路自动解锁，或已锁闭的进路不应因轨道电路瞬间分路不良或轨道电路停电恢复而错误解锁。

轨道电路停电恢复后，已锁闭的区段应经车站值班员办理故障解锁后才能解锁。这是因为轨道电路在停电恢复后因轨道继电参数不可能完全一致，吸起有先有后，当吸起顺序和列车或调车车列驶过的顺序一致时，有可能造成错误解锁。所以当轨道电路停电恢复后，须经车站值班员确认无危险因素存在时进行故障解锁。

故障解锁的操作方法是，一人破封按下控制台上本咽喉的总人工解锁按钮，另一人破封按下区段人工解锁按钮盘上的故障区段的事故按钮。有多少区段，要一一按下。对于无列车通过的无岔区段，不设事故按钮，其两端的道岔区段施行故障解锁后，白光带自动熄灭。在实行故障解锁时，要求车站值班员特别注意车的动态，并注意要解锁的区段是否已排入进路。

对于点红光带的区段，只有排除轨道电路故障后才能施行故障解锁。

# 工作任务 6　为一进站列车开放 X 引导信号

## 【看一看】

6502 电气集中联锁控制台上的下列按钮：

(1) 下行咽喉的 X 引导按钮，$X_D$ 引导按钮，X 引导总锁闭按钮；

(2) 上行咽喉的 S 引导按钮，S 引导总锁闭按钮；

(3) 下行咽喉的 X 接通光带按钮和 X 接通道岔表示按钮；

(4) 上行咽喉的 S 接通光带按钮和 S 接通道岔表示按钮。

## 【任务分析】

引导有引导进路锁闭和引导总锁闭两种方式。

1. 引导进路锁闭方式接车

两种情况下可采用引导进路锁闭方式引导接车：

(1) 进站信号机或接车进路信号机因故不能正常开放，如允许信号灯泡断丝；

(2) 接车进路上某一轨道电路区段故障不能建立正常的接车进路。

2. 引导总锁闭方式接车

引导总锁闭是将全咽喉联锁全部锁闭的方式，用于接车进路上道岔失去表示（不是由于道岔被挤）时，以及向非接车线或无联锁的线路上接车。

上述两种方式开放 X 引导信号的方法不同。

## 【相关知识】

### 一、开放引导信号进行引导接车的情况

(1) 进站信号机（或接车进路信号机）故障或轨道电路故障等不能正常办理接车进路；

（2）道岔失去表示；

（3）向非固定的接车进路（即非接车线或无联锁的线路）接车时采用引导方式接车。

开放引导信号时该信号机必须显示红灯。仅显示一个月白灯，不作为引导信号，以避免司机误认其他白灯为引导信号。

### 二、开放引导信号用的按钮和表示灯

1. 引导按钮

对应于每架进站信号机（接车进路信号机）设一个引导按钮。如图 6.3 中举例站场，对应于 X 设 X 引导按钮，对应于 X$_D$ 设 X$_D$ 引导按钮，对应于 S 设 S 引导按钮。引导按钮是二位自复式按钮，带铅封，上方设白色表示灯，按下时点亮。引导按钮用来在引导进路锁闭方式时开放引导信号。

2. 引导总锁闭按钮

每一咽喉设一个引导总锁闭按钮，二位非自复式带铅封，上方设白色表示灯，按下按钮时点亮。当发生道岔失去表示等情况时，按下该按钮，对全咽喉道岔施行总锁闭，再按下该进站信号机的引导按钮，开放引导信号。

### 三、接通光带按钮和接通道岔表示按钮。

每一咽喉设一接通光带按钮，二位自复式，在需要了解进路各道岔位置和进路的开通方向时，按下它可使咽喉区内光带按道岔开通位置全部点亮（但不说明进路已建立）。

每一咽喉设一个接通道岔表示按钮，二位非自复式，在需要了解各道岔时，按下它使各道岔按钮上方的道岔表示灯按道岔所在位置相应点亮。

## 【操作过程】

如前所述，引导有引导进路锁闭和引导总锁闭两种方式。

### 一、引导进路锁闭方式接车

两种情况下可采用引导进路锁闭方式引导接车：

1. 进站信号机或接车进路信号机因故不能正常开放，如允许信号灯泡断丝

此时可按下接车进路的始、终端按钮，排出该进路。这时白光带点亮，但信号复示器因信号机不能开放而不点绿灯。确定防护该进路的进站信号机或接车进路信号机未开放，再破封（每次破铅封前须在《行车设备检查登记簿》上登记，下同）按下相应的引导按钮，其上方白色表示灯点亮。此接车进路被锁闭，引导信号开放，控制台上信号复示器红、白灯同时点亮。当列车驶入进站信号机（或接车进路信号机）的接近区段，若已开放的该信号机允许信号灯泡突然灭灯，此时可不采用人工解锁方式解锁后再办理引

导进路锁闭，可立即办理引导接车，不致使列车在站外停车等候。

2. 接车进路上某一轨道电路区段故障不能建立正常的接车进路

因轨道电路故障（确认不是被占用），道岔不能按进路操纵。故障区段的道岔应不需转换（若需转换，只能在现场用手摇把摇动，将失去道岔表示，不能办理引导进路锁闭，只能采用引导总锁闭的方式办理），其他道岔单独操纵至所需位置。为防止故障区段修复（或自然恢复）后道岔解锁，还须拉出道岔按钮施行单独锁闭。然后破封按下引导按钮，锁闭进路，控制台上除故障区段显示红光带外其余部分点亮白光带，引导信号开放。

若进站信号机（或接车进路信号机）内方第一个轨道区段故障时，办理引导进路锁闭开放引导信号后，要在整个引导接车过程中一直按下，才能保持引导信号的开放。待列车进入信号机内方，才能松开引导按钮。

### 二、引导总锁闭

引导总锁闭是将全咽喉联锁全部锁闭的方式，用于接车进路上道岔失去表示（不是由于道岔被挤）时，以及向非接车线或无联锁的线路上接车。对于前一种情况，除故障道岔需用手摇把摇至所需位置外，其他道岔可单独操纵。确认引导进路正确后，破封按下本咽喉的引导总锁闭按钮，其上方白色表示灯点亮，将该咽喉的联锁道岔全部锁闭。然后再按下防护该接车进路的信号机的引导按钮，其上方的白色表示灯点亮，开放引导信号。但此时白光带不点亮。

向非接车进路接车，如举例站场Ⅰ道为下行单方向运行线路，欲办理上行Ⅰ道接车；Ⅱ道为上行单方向运行线路，欲办理下行Ⅱ道接车；调车线为无联锁线路，欲办理自S信号机直接向调车线接车，此时一般单独操作道岔至所需要位置。

对于单方向运行的正线股道的非接车进路，也可用进路方式选路，但道岔转换后进路不锁闭，进站信号机不开放。此时可按下接通光带按钮，确认引导进路正确，再按下引导总锁闭按钮及引导按钮，开放引导信号，进路白光带不点亮。向调车线接车时，办理引导总锁闭后锁闭了全咽喉的联锁道岔，但集中区以外的非联锁道岔无法锁闭，须人为确认其位置正确并加以人工锁闭。

采用引导总锁闭方式接车时，不检查本咽喉的联锁条件，也不锁闭另一咽喉的敌对进路，此时必须停止本咽喉的一切其他接发车和调车作业，以及另一咽喉的敌对作业，行车安全完全由车站值班员人为保证。

### 【拓展知识】

#### 一、引导进路锁闭的解锁

引导进路锁闭的解锁不是自动进行的，不会因列车驶过而正常解锁。列车按引导信号进站，进入其内方第一个轨道区段，引导信号关闭。随着列车的行驶，每占用一个轨道区段，即由白光带转点红光带，每出清一个区段又转点白光带。列车全部进入股道后，除股道点红光带外，整条引导进路点白光带，引导按钮上方表示灯也不熄灭，说明进路未解锁。此时车站值班员确认列车全部进入股道后，同时按下本咽喉的总人工解锁按钮和该进站（或接车进路）信号机进路按钮，引导按钮上方表示灯熄灭，引导进路白光带不经延时熄灭，进路解锁。

若引导进路上某一轨道区段故障，则引导进路解锁后，该区段仍亮红光带，处于单独锁闭状态。只有在排除故障后拉出其道岔按钮，该区段才解锁。

试验完引导信号后要解锁引导进路，也采取上述引导解锁方式，采取取消方式不能解锁。

### 二、引导总锁闭的解锁

列车按引导信号驶入进路，引导信号关闭。列车依次驶过各轨道电路区段，各区段逐段亮红光带，出清后逐段熄灭。车站值班员确认列车全部进入股道或调车线后，拉出本咽喉的总锁闭按钮，使全咽喉道岔解锁。

# 工作任务 7　在计算机联锁工作站排列
## 一条基本进路，并取消

【看一看】

城市轨道交通联锁工作站排列进路的界面如图 6.18 所示。

**图 6.18　计算机联锁工作站排列进路的界面**

## 【任务分析】

与铁路相比较，城市轨道交通正线上的车站线路简单，除了有折返功能的车站配有配线及道岔外，许多车站只有上行和下行两条正线。城市轨道交通联锁工作站指正线上设有道岔并配有联锁设备的车站。

我国城市轨道交通正处于快速发展的历史时期，大部分是新建线路，一般都采用计算机联锁并装备列车自动控制系统（ATC）。正常情况下，列车进路由 ATC 中的列车自动监控，子系统（ATS）根据列车运行图中的列车车次包含的目的地码等信息自动排列列车进路。只有当中央 ATS 故障时，才由联锁站实行站级控制。本书主要以我国地铁采用的德国西门子计算机联锁 SICAS 区域工作站为例进行讲解。

与 6502 电气集中联锁相似，作为集中联锁设备的计算机联锁工作站排列进路也是通过有序点击进路的始端信号机和终端信号机完成的。只不过计算机联锁改用鼠标点击，而 6502 电气集中联锁是用手指按压信号按钮。

## 【相关知识】

### 一、局域操作员工作站 LOW 站

每个联锁站都有联锁设备。行车设备状况（轨道状态、道岔位置和信号显示等）在彩色显示器上以站场图形式显示，在命令对话窗口上，使用鼠标和键盘可以实现常规命令及安全相关命令的联锁操作。

### （一）SICAS 联锁站的计算机屏幕界面

如图 6.19 所示，SICAS 联锁站的微机屏幕界面可以分为基本窗口、主窗口和对话窗口三部分。

| |
|---|
| 基本窗口：可进行登录/退出、联锁区转换、报警等操作，显示软件版本信息 |
| 主窗口：启动 LOW 后显示整个联锁区轨道布置图，能选择轨道区段、道岔、信号机等信号元件并进行封锁、设限等操作 |
| 对话窗口：由命令按钮栏、执行按钮、取消按钮、记事按钮及综合信息显示栏组成 |

**图 6.19  SICAS 联锁站的微机屏幕界面**

对话窗口栏如图 6.20 所示。

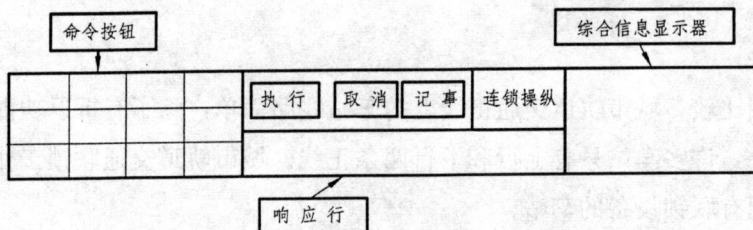

**图 6.20 SICAS 联锁站的对话窗口栏**

（二）局域操作员工作站主要可进行的操作

1. 对联锁站可进行的操作

(1) 自排全开，全部信号机处于自动排列进路状态；

(2) 自排全关，全部信号机处于人工排列进路状态；

(3) 追踪全开，全部信号机由联锁自动排列追踪进路；

(4) 追踪全关，全部信号机取消由联锁自动排列追踪进路；

(5) 关区信号，关闭联锁区全部信号机；

(6) 交出控制，建议交出控制权；

(7) 接收控制，接收控制权；

(8) 关站信号，关闭车站所有信号机。

2. 对轨道可进行的操作

(1) 封锁区段，禁止通过轨道区段排列进路；

(2) 列车换向，折返命令，指示 ATP/ATO 进行列车驾驶端切换；

(3) 终止站停，取消运营停车点；

(4) 换上至下，换机车位置；

(5) 换下至上，换机车位置。

3. 对道岔可进行的操作

(1) 单独锁定，锁定单个道岔，阻止转换

(2) 转换道岔，转换道岔；

(3) 封锁道岔，禁止通过道岔排列进路。

4. 对信号机可进行的操作

(1) 关单信号，设置信号机为关闭状态；

(2) 封锁信号，封锁在关闭状态下的信号机；

(3) 自排单开，设置单架信号机处于自动排列进路状态；

(4) 自排单关，设置单架信号机处于人工排列进路状态；

(5) 追踪单开，单架信号机由联锁自动排列进路；

(6) 追踪单关，单架信号机取消由联锁自动排列进路；

（7）开放信号，设置信号机为开放状态。

5. 对进路可进行的操作

排列进路、取消进路及变更进路。

## 二、西门子计算机联锁 SICAS 信号子系统 ATS 的人机接口

城市轨道交通控制中心一般设有信号子系统 ATS 的人机接口（MMI），分别供值班主任和行调使用。值班主任使用 MMI 对行调的 MMI 进行操作权限分配。

### （一）信号子系统 ATS 的人机接口的操作规定

（1）ATS 中央设备正常时，应实施中央监控，在需放权车站操作或中央 ATS 发生故障（含与车站 RTU 连接故障）时，方可授权联锁站实行站级控制。

（2）当中央设备恢复使用时，向车站收回控制权。需要对操作控制权下放或收回时，行调必须向相关车站介绍或听取该联锁区的列车运行情况及已执行的相关操作命令。

（3）非安全相关命令由行调或值班主任在 MMI 上操作，安全相关命令则授权相关的联锁站，在联锁工作站上操作。

（4）由联锁工作站操作的安全相关命令，行调除听取车站的执行情况外，还需查看相关操作界面，在 MMI 上确认其有效性。

（5）对封锁的线路或正线接触网已停电的区域，行调必须使用"封锁区段/道岔"的命令，防止客车误入封锁线路或无电区。

（6）当 ATS 不能自动取消运营停车点时，行调使用 MMI 人工介入操作，取消运营停车点。

ATS 设备通常是自动操作，但在发生延误和突发事件时，调度员可通过 MMI 上的功能键对话框进行人工干预，如设置进路或人工调整列车的运行。行车调度员可通过 MMI 得到有关信号系统设备状况的显示和各种故障报警信息（伴有声响），可以用 MMI 来监视时刻表，通过装载列车图显示计划图和实际运行图。

### （二）信号子系统 ATS 的人机接口的主要功能

MMI 的基本信号窗如图 6.21 所示。

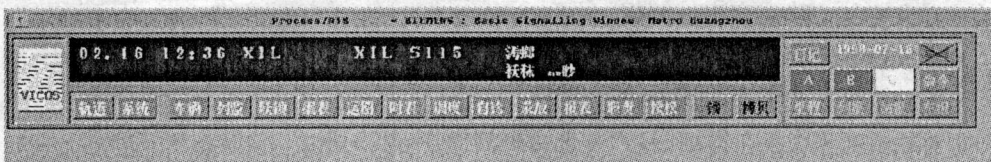

**图 6.21　ATS 模式基本信号窗**

基本信号窗包含总图选择按钮、对话按钮、维护功能按钮及信息功能按钮 4 个不同的功能键组。

1. 总图选择按钮组

总图选择按钮分轨道和系统两个功能键。

(1)"轨道"功能键用于显示某号线的线路设备情况及在线列车情况,分轨道层、列车车次号层和详细层。

①轨道层。用高集成的形式显示完整的轨道设备,可显示该号线全线的线路布置情况、车站位置、在线列车位置及部分信息(部分车次号和列车正晚点);

②列车车次号层。用高集成的形式显示带列车识别号的完整设备,较轨道总图可完整地显示列车车次;

③详细层。按符号的类型准确地表示设备的结构,可显示相关车站详细的站场线路图(包括轨道电路、道岔和信号机的详细情况)、在线列车详细情况。

(2)系统功能键显示 ATS 工作站的配置及当前各工作站设备的状态。

2. 对话按钮组

对话按钮组分车辆、列监、联锁、编表、运图、时表、调度、自诊、录放、报表、职责、授权 12 个功能键。其中与列车运行有关的可操作的主要功能键是列监、联锁、运图、时表、调度等功能键。

(1)列监功能键,表示列车运行监控,利用该功能键可进行输入、更换、删除、人工更正、搜索列车车次号,旅客信息系统(PⅡS)的操作,列车运行的时间修正等操作。

(2)联锁功能键,是较复杂且重要的功能键,主要用于对联锁站(一般指有道岔的车站)的联锁各因素(轨道元素、道岔、信号机、进路)进行相应的操作。

①对联锁站主要可进行下列操作:

·自排全开,全部信号机处于自动排列进路状态;

·自排全关,全部信号机处于人工排列进路状态;

·追踪全开,全部信号机由联锁自动排列追踪进路;

·追踪全关,全部信号机取消由联锁自动排列追踪进路;

·关区信号,关闭联锁区全部信号机;

·交出控制,建议交出控制权;

·接收控制,接收控制权;

·关站信号,关闭车站所有信号机。

②对轨道元素(只在详细层),可进行下列操作:

·封锁区段,禁止通过轨道区段排列进路;

·列车换向,折返命令,指示 ATP/ATO 进行列车驾驶端切换;

·终止站停，取消运营停车点；

·换上至下，换机车位置；

·换下至上，换机车位置。

③对道岔（只在详细层），可进行下列操作：

·单独锁定，锁定单个道岔，阻止转换；

·转换道岔，转换道岔；

·封锁道岔，禁止通过道岔排列进路。

④对信号机（只在详细层），可进行下列操作：

·关单信号，设置信号机为关闭状态；

·封锁信号，封锁在关闭状态下的信号机；

·自排单开，设置单架信号机处于自动排列进路状态；

·自排单关，设置单架信号机处于人工排列进路状态；

·追踪单开，单架信号机由联锁自动排列进路；

·追踪单关，单架信号机取消由联锁自动排列进路；

·开放信号，设置信号机为开放状态。

⑤对进路（只在详细层）可排列进路、取消进路及变更进路。

（3）运图功能键。用于表示列车运行图，进行有关列车运行图操作。可关闭或硬拷贝当前的运行图，也可调整或显示运行图。

（4）时表功能键。用于时刻表的操作和人工列车运行调整。调度员可装入一个新的时刻表，或调整实际上已经装入的时刻表，可插入或删除一个新的车次以及打印时刻表。

（5）调度功能键。人工列车运行调整的操作，可进行以下操作（列车操作对象为一列或所有列车）：

①ATR（列车）：激活或停止自动列车调整；

②ATR（列车和车站）：释放车站停车点、确定停站时间、给区间确定运行时间。

③命令（车站）：列车跳停、扣车、列车放行。

此外还有维护功能按钮组和信息功能按钮组，用于锁住和复制屏幕以及其他生成里程报表、列车报表等功能。

## 【操作过程】

### 一、在联锁工作站上排列一条基本进路

左键点击进路的始端信号机，再右键点击进路的终端信号机，此时所选始端信号机和终端信号机都会被打上灰色底色，然后左键点击命令按钮栏中的"排列进路"命令，最后左键点击"执行"按钮。

备注：此时，联锁计算机会自动检查该进路的进路建立条件，如果满足进路的建立条件，则自动建立所排列的进路，并进入相应的监控层。如果达到了主信号层，且始端信号机正常，始端信号机就会自动开放；如果只达到了引导层，始端信号机不会开放，只能在满足开放引导信号的条件下人工开放引导信号。

### 二、在联锁工作站上取消进路

鼠标左键点击进路始端信号机，再用鼠标右键点击该进路的终端信号机，所选始端和终端信号机都会被打上灰色底色，鼠标的左键点击"取消进路"命令，最后用鼠标左键点击"执行"。

操作提示：在对联锁工作站进行操作过程中，只有在排列进路及取消进路时，才会用到鼠标的右键，其他的操作都只用鼠标的左键。

## 【拓展知识】

20 世纪自 70 年代以来，由于微型计算机的问世，以及容错理论和可靠性技术的发展，激励人们利用计算机来构成计算机联锁系统。在世界上一些发达国家相继开展了计算机联锁系统的研究和使用。在我国，计算机联锁系统的研制工作在 20 世纪 80 年代初开始进行。1990 年铁道部科技司对通号总公司研究设计院和铁道科学研究院通号所批准立项，进行车站计算机联锁系统的研制和开发，并于 1994 年分别在哈尔滨局平房站和上海局交通站开通使用，这是我国铁路首次将计算机联锁系统用于客货列车通过的车站。目前铁路采用的主要有铁道部科学研究院、通号公司研究设计院、北京交通大学、卡斯柯信号有限公司研制计算机联锁车站信号系统。城市轨道交通采用的有德国西门子的 SI-CAS 计算机联锁信号系统。

本书介绍的主要是德国西门子的 SICAS 计算机联锁信号系统和卡斯柯信号有限公司的 CIS－1 型计算机联锁系统的运用。

### 一、计算机联锁系统的层次结构

计算机联锁系统的人机会话层的接口设备既可采用计算机联锁专用控制台，也可采用通用的计算机人机接口设备，如鼠标、数字化仪、键盘以及显示器等。

计算机联锁系统的联锁机构由工业控制计算机构成，可完成联锁逻辑运算功能，简称工控机。

计算机联锁系统的监控电路在我国基本上采用与 6502 相同的继电器电路，因为监控电路是和室外设备相联系的，必须考虑故障—安全问题和功率以及防雷问题。

计算机联锁系统的室外设备与电气集中联锁设备相同。

## 二、计算机联锁系统的构成特点

### 1. 计算机联锁系统的实时控制特点

计算机联锁系统是计算机实时控制系统的一个实例。实时控制系统是指在限定的时间内对外来信息能够作出反应的系统。即如果一个计算机系统要在确切的时间内从外部系统输入数据，并向它发送数据，或者进行其他的处理，该系统就是一个计算机实时控制系统。

实时计算机控制系统的主要特点是：

（1）实时性。这是实时计算机系统区别于其他计算机系统的关键特点。

（2）现场信号的输入和输出控制能力。计算机需要直接从现场采集各种信号，并对这些信号进行处理，然后把结果输出到显示器或执行机构。

（3）高可靠性。因为该系统直接控制输出结果，一旦计算机系统发生故障，如果没有相应的冗余措施，会造成重大损失，因此系统必须是高可靠性的。

（3）可维护性。因为系统的故障直接控制输出结果，因此系统设计时必须考虑维护性。可维护性的另一层意思是系统的部分改变可以适应现场的变化，即故障导向安全。

（5）其他特点。实时计算机控制系统一般要求允许工作环境比较恶劣，如温度高、湿度大、抗冲击、抗震动等。

目前的计算机联锁系统基本上包括了以上计算机实时系统的各种特点。

### 2. 计算机联锁系统用计算机代替继电器电路构成联锁机构的原因

（1）计算机的逻辑运算功能与继电器逻辑电路具有共同的理论基础。

（2）由于可靠性技术和容错技术及安全技术的发展使得可以利用计算机实现联锁控制功能。

（3）工业控制计算机商品化，为保证系统的可靠性和降低成本提供了有利条件。

（4）为轨道交通信号向智能化和网络化方向发展创造了条件。

## 三、计算机联锁系统的组成

CIS-1型计算机联锁系统采用模块化设计原则，分别设置了用于站场显示、按钮操作、进路选择、语音提示/报警、提供调度集中/TDCS等系统所需功能的 MMI 子系统；用于联锁逻辑运算、信息状态采集、动态输出驱动的联锁子系统；用于实时监视车站列车、调车作业情况，监视现场信号设备工作状态，系统维护、信息存储、记录查询、打印的电务维护子系统；用于远程监测系统工作状态的远程诊断子系统；用于自动生成结合电路图、配线表、联锁表、系统配置图、站场及按钮布置图、选路数据、联锁数据的计算机辅助设计子系统以及用于与调度集中/TDCS、微机监测、信息管理等系统联网的接口设备，并采用两台共享式集线器和双网段隔离的因特网将上述所有设备连接起来，使其成为一个网络化计算机联锁系统。其结构图如图 6.22 所示。

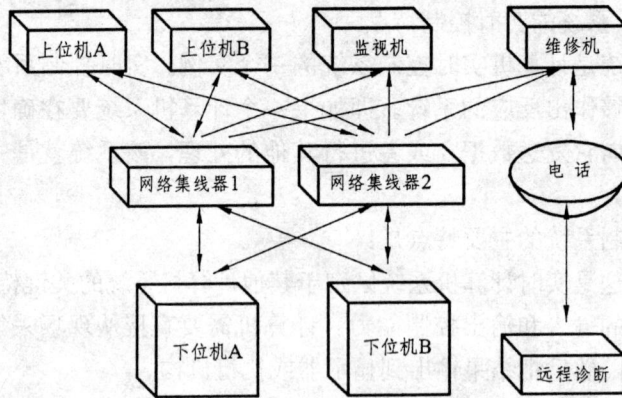

**图 6.22　CIS - 1 型计算机联锁系统结构图**

人机接口计算机的主要任务是接收操作员的操作输入，判明操作输入能否构成有效的操作命令，并将操作命令转换成约定的格式，由网络传输给联锁处理计算机。同时，接收来自联锁处理计算机的表示信息及系统自检信息，将它们转换成屏幕显示信息。

CIS - 1 型计算机联锁系统 MMI 采用了无主并行运行的动态冗余结构。车站值班员可同时在两台上位机上进行操作，相互间不会产生任何影响。其主要功能有：

1. 站场显示

MMI 每台监视器上，显示全站站场平面布置图，其中站场背景为黑色，基本图形用灰色表示，锁闭为白色，占用为红色，出清未解锁为绿色。普通绝缘节和超限绝缘节分别用短竖线和带圆圈的短竖线表示。站场界面直接采用联锁机采集的信号设备状态信息显示各种图形。信号机采用完全复示现场信号显示方式，使车站值班员能更直观地监视全站的行车情况。

2. 按钮处理

操作按钮与站场显示集成在 MMI 的一个界面上，车站值班员能十分方便地通过鼠标或数字化仪进行各种按钮操作。

按钮分信号按钮和功能按钮两大类：信号按钮用于进路操作；功能按钮集中在站场下方的功能区，包括原电气集中带铅封按钮。为保证安全性，原铅封按钮改为需进行密码验证的按钮。

3. 选路处理

为了保证进路选排的安全性，MMI 根据车站值班员输入的选路按钮，同时进行各种方向的进路选排。

4. 语音提示及报警

语音提示及报警系统可以给出当前站场显示和值班员操作的各种语音提示和报警提示，如进路办理、列车接近提示、列车信号故障关闭报警、道岔挤岔报警及系统故障报警等，使 MMI 具有图文声并茂的优点，减轻了车站值班员的工作强度。

5. 网络通信

MMI 采用网络隔离的 10Mbps 双因特网与联锁机及电务维护子系统交换信息，采用 TCP/IP 协议，并经过多重编码及网络加密处理等方式确保各节点间信息传输的绝对可靠。

## 四、联锁逻辑处理系统（下位机）

联锁逻辑处理系统如图 6.23 所示。

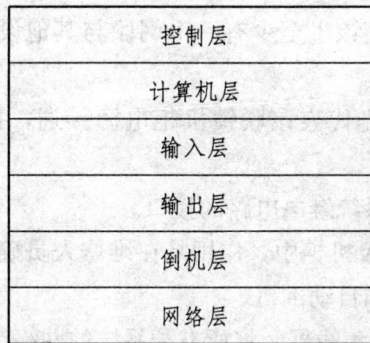

| 控制层 |
| :---: |
| 计算机层 |
| 输入层 |
| 输出层 |
| 倒机层 |
| 网络层 |

图 6.23　单套联锁处理系统结构简图

联锁逻辑处理系统采用双机热备冗余机制，具有联锁运算、信息采集、驱动命令的发出等功能。其结构采用双套欧式标准机柜构成，包括控制层、计算机层、输入层、输出层、倒机层、网络层。控制层、输入层、输出层采用标准高的机箱模块化设计，若某层机箱需要大修改造时，可直接将这个机箱更换，大大地缩短了现场开通和维修时间。

1. 单套联锁处理系统配置介绍

（1）选用高可靠的工业控制计算机或专用的联锁计算机，使联锁系统具有极高的可靠性、实时性、抗干扰能力和环境适应能力。作为 CIS-1 型计算机联锁系统的核心，联锁机完成信号设备的联锁逻辑处理，进行进路选排和锁闭，发出开放信号和动作道岔命令，采集轨道状态、道岔表示状态及信号机状态等现场信号设备工作状态。

（2）控制面板层：下位机的状态显示，包括主机显示、同步显示、故障显示、网络状态显示及机柜电源显示，如图 6.24 所示。

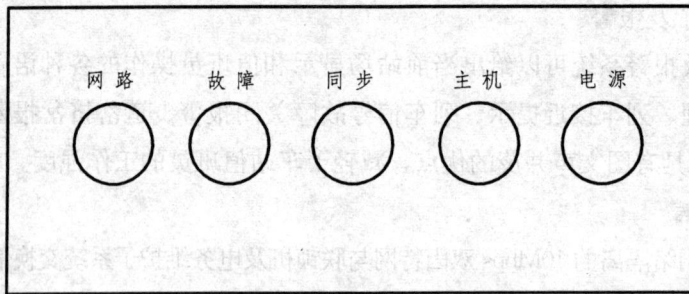

图 6.24

①主机灯：绿色闪光代表该机为主机，即该机的输出电路与接口电路连通。

②同步灯：绿色闪光代表该机的联锁结果与另一台的联锁逻辑运算结果一致。

③故障灯：系统出现硬件或双网络故障时为红色闪光，在系统正常情况下不闪光。

④网络灯：绿色闪光代表该机至少有一个网段与其他设备相联，灭灯代表该机脱离整套系统。

⑤电源按钮灯：绿色灯光代表该联锁机柜电源接通，按钮可控制本机柜的总电源输入。

（3）输入输出层：联锁系统继电电路的接口。

（4）倒机层：设在下位 A 机柜中，作用是在维修人员确认安全的情况下，通过倒机钥匙的设置，实现人工倒机和自动倒机。

（5）网络层：设置 HUB 集线器，将所有子系统的网络节点都汇集于此。

2. 联锁处理机功能

（1）进路确选和锁闭。联锁机根据 MMI 送来的按钮操作命令，以及采集到的现场设备状态，按树型数据结构和联锁表两种方式同时进行进路确选。

（2）进路建立、解锁和取消。联锁机严格按照车站联锁技术条件，完成进路的正常开放、解锁、取人工解锁及故障区段解锁。

（3）现场设备状态采集。现场设备工作状态通过信息采集板整形输入至联锁逻辑处理计算机。

（4）现场设备输出驱动。现场设备由输出驱动板来控制，每个单元输出电路均采用光电隔离防护措施。为了确保输出单元电路任意元器件故障或计算机接口电路故障时，不产生故障升级，每个输出单元电路均采用代码—动/静变换闭环检查动态输出和动态回测技术，通过动/静—电平变换的动态继电器驱动现场信号设备。若输出单元电路或动态回测电路发生故障时，计算机接口回测不到正常的脉冲序列，则停止脉冲输出，动态继电器落下，使故障倒向安全侧；若计算机接口故障时，其输出只能是固定的"0"电平或固定的"1"电平，输出单元电路因不能得到正常的脉冲序列，动态继电器落下，使故障倒向安全侧；若因干扰或电路故障，输出电路输出一个或两个窄脉冲或宽脉冲信号，动态继电器均不能励磁吸起，确保系统的安全性。

（5）网络传输。系统联锁机通过因特网与MMI、电务维护子系统来传输现场信号设备工作状态信息、联锁逻辑处理数据、各硬件模块工作状态信息及其他系统维护信息，两台联锁机之间通过网络进行信息加密交换。

### 五、CIS-1计算机联锁人机接口MMI界面

CIS-1计算机联锁系统人机接口MMI界面屏幕显示分为四部分：系统工作状态区（实时提供系统各项工作状态）、站场显示区（实时提供车站各项作业显示）、功能按钮区（实时提供车站功能操作显示）、操作提示区（实时提供车站操作内容显示）。

1. 系统工作状态区（实时提供系统各项工作状态）

（1）绿色实心圆，表示工作正常；

（2）白色实心圆，表示工作正常，提示操作状态；

（3）红色实心、闪动圆，表示故障状态；

（4）白闪动圆，表示本咽喉引导总状态。

2. 站场显示区说明

（1）可通过［信号名称］、［道岔名称］、［道岔方向］三个按钮显示车站设备名称；

（2）将光标指向站场对象（道岔缺口、信号机按钮、无岔区段及股道），可自动显示设备名称。

3. 轨道区段状态

（1）灰色光带，表示基本站场图形；

（2）白色光带，表示进路锁闭；

（3）红色光带，表示区段占用；

（4）绿色光带，表示车列出清区段后尚未解锁或退路锁闭区段。

竖线（或短横线）表示绝缘节，加圈短竖线为超限绝缘。

4. 站场区内的按钮

（1）列车按钮为绿色正方形，设置在光带上面；

（2）调车按钮为白色正方形，设置在调车信号机旁；

（3）变更按钮为绿色正方形，设置在进路的中间光带上；

（4）列车终端按钮为绿色正方形，设置在列车进路的终端；

（5）调车终端按钮为白色正方形，设置在调车进路终端。信号值班人员点压上述按钮后，按钮闪动，同时伴有短促声响，表示点压操作有效。

5. 道岔位置状态

道岔定位位置用短绿箭头表示，反位位置用短黄箭头表示。

（1）黄色闪光表示道岔正在转换；

（2）红色闪光表示道岔发生挤岔或无表示；

（3）加白色圈表示道岔单独锁闭；

（4）加红色圈表示道岔检修封锁；

（5）黄色闪动实心圆表示提示安全线道岔应单操至定位。

6. 车次窗口

（1）输入车次号：用鼠标右键单击站场股道，弹出车次窗对话框，键入车次号，点压确定后，车次窗内就显示出车次号。如点压取消后，车次窗对话框消失。

（2）取消车次号：用鼠标右键单击站场股道，弹出车次窗对话框，点压确定。

7. 工具区内的按钮

工具区内的按钮设置意义：

（1）［总取消］：①同［复原］按钮。②可取消任何一条完整的列车或调车进路（接近区段无车）。

（2）［复原］，将特定的按钮停止闪动。

（3）［按钮封锁］，对进路按钮进行加封操作，防止错误办理作业。（奇次，执行；偶次，取消）

（4）［道岔单锁］，用于对道岔进行单独锁闭。

（5）［道岔封锁］，用于对道岔进行加封锁闭。（用于工务、电务人员检修道岔）

（6）［总定位］，用于对道岔进行定位操作。

（7）［总反位］，用于对道岔进行反位操作。

（8）［道岔名称］，显示所有道岔名称，再点压一次，显示消失。

（9）［信号名称］，显示所有信号机名称，再点压一次，显示消失。

（10）［道岔方向］，显示所有道岔定位标志，再点压一次，显示消失。

（11）［区故解］，车站值班员确认为故障区段，键入正确密码后，用鼠标点击选定的故障区段的道岔岔口处或无岔区段，确认，该区段立即解锁。

（12）［总人解］，接近区段有车时，办理进路后欲取消进路，延时解锁。

注释说明：

注1：［总反位］、［总定位］、［道岔单锁］、［道岔封锁］这些按钮每点压一次，只能

办理一组道岔的单操、单锁、单解及封锁；

注2：道岔［单锁］后，仅允许办理通过该道岔锁闭位置的进路；道岔［封锁］后，不许通过该道岔办理进路，但值班员允许单操道岔，为工务、电务人员检修道岔使用。

注3：［道岔单锁］、［道岔封锁］、［股道封锁］、［区间封锁］、［总人解］按钮，均涉及行车安全，办理时应特别注意。使用前，车站值班人员必须先在行车日志上登记。输入密码使用后，应记录原因。

（13）［引导］，在信号机故障、轨道电路故障时，采取此"引导进路锁闭"方式，需输入密码开放引导信号。如接车进路的第一区段轨道电路故障时，应每隔30秒补办一次引导信号。

（14）［引导总锁］，上、下行咽喉区各设一个。当得不到道岔表示或信号机故障时，只能采用"引导总锁闭方式"进行引导接车作业。整个咽喉的所有道岔失电锁闭，并且出现白色闪光灯，需密码验证。

（15）［计次］，对各种密码操作的次数进行记录。

（16）［区间闭塞］，用于办理区间闭塞作业。

（17）［区间复原］，用于办理恢复闭塞作业。

（18）［区间事故］，用于办理区间故障恢复作业。

（19）［允许驼峰推送］，用于办理或正常取消允许驼峰推送作业。

（20）［驼峰故障恢复］，用于办理驼峰推送后出现故障时，恢复作业。

（21）［非进路控制］，用于办理或正常取消非进路控制作业。

（22）［非进路故障恢复］，用于办理非进路调车后出现故障时，恢复作业。

（23）［坡道解锁］，用于办理延续接车时，值班员确认车列已经停稳在股道，需要取消从未开放过出站信号的延续进路的作业。

8. 进路及故障解锁的操作方式

（1）取消完整的进路操作：

方式一：总取消→进路始端钮；

方式二：总人解→密码→进路始端钮；

（此种进路必须有始端和终端，且进路中无故障占用的区段）

（2）取消不完整进路（进路中含有故障区段）必须同时完成下面两步操作：

第一步：总人解→密码→进路始端钮；

第二步：使用［区故解］方式，对故障恢复后的锁闭区段进行解锁：

［区故解］→密码→［故障锁闭点］→［确认］→解锁。

（3）取消引导进路操作：［总人解］＋密码＋［始端钮］。

（引导进路的锁闭必须用此种方式解锁）

（4）取消引导总锁闭操作：引导总锁闭＋密码。

# 工作任务 8　在城市轨道交通计算机联锁工作站上单独锁闭一组道岔，并对道岔区段设置限速 45 km/h

## 【看一看】

联锁工作站上道岔的显示，如图 6.25 所示。

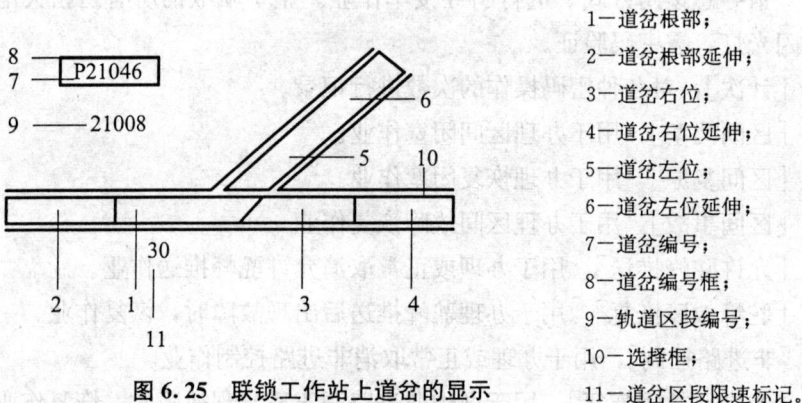

1—道岔根部；
2—道岔根部延伸；
3—道岔右位；
4—道岔右位延伸；
5—道岔左位；
6—道岔左位延伸；
7—道岔编号；
8—道岔编号框；
9—轨道区段编号；
10—选择框；
11—道岔区段限速标记。

**图 6.25　联锁工作站上道岔的显示**

## 【相关知识】

### 一、道岔在 SICAS 联锁工作站上的显示

（一）道岔编号

（1）颜色。白色表示正常、无锁定，红色表示道岔被单独锁定。

（2）状态。稳定表示正常；闪烁表示出现 kick－off 储存故障，此时只要对该道岔区段执行"岔区逻空"命令即可排除该故障。

（二）道岔编号框

如果该道岔没有被进路征用，则道岔编号不会出现道岔编号框，只有该道岔被进路征用锁闭时，道岔编号框才会出现。

（三）轨道区段编号

在道岔区段中，轨道区段编号只会灰色显示，道岔区段是一个带道岔的特殊轨道区段。

（四）岔体

岔体由根部1、2和腿部3、4、5、6组成。

1. 颜色表示的含义

（1）黄色，常态、空闲、没有被进路征用。

（2）绿色，空闲、被进路征用。

（3）淡绿色，空闲、被进路征用为保护区段。

（4）红色，占用、物理占用。

（5）粉红色，占用、逻辑占用。

（6）道岔中部深蓝色，表示该区段已被封锁，拒绝通过该区段排列进路。（如果轨道中部深蓝色闪烁，表示对该区段已进行封锁操作，但对下一条进路才有效。）

（7）灰色，无数据。

2. 道岔位置判断

（1）岔体4、5、6、7有颜色显示，而8、9为灰色，且都为稳定显示时，则道岔为右位。

（2）岔体4、5、8、9有颜色显示，而6、7为灰色，且都为稳定显示时，则道岔为左位。

（3）岔体4、5、6、7有颜色显示，且6为闪烁（俗称短闪），而8、9为灰色且稳定时，则为右位转不到位（右位无表示）。

（4）岔体4、5、8、9有颜色显示，且8为闪烁，而6、7为灰色且稳定时，则该道岔表示为左位转不到位（左位无表示）。

（5）岔体4、5、6、7、8、9均有颜色显示，且6、7、8、9均为闪烁（俗称两腿长闪），则为挤岔表示。

（五）道岔区段限速标记

道岔区段设置了限速，限速的列车最高速度会以红色的60、45、30、25、20、10字体在相应的区段下方显示出来。此时，列车通过该道岔区段的最高速度不能大于此限制速度，可设置的速度分别为：60 km/h、45 km/h、30 km/h、25 km/h、20 km/h、10 km/h四种。

## 二、常规命令

1. 单独锁定

功能：命令执行后，可以锁定该道岔（电子锁定），阻止该道岔通过电操作转换。

2. 转换道岔

(1) 执行条件：道岔区段逻辑空闲；道岔没有被锁闭（没有被进路、保护区段、侧防征用）；道岔没有挤岔；道岔没有（单独）锁定。

(2) 功能：命令执行后，可以把该道岔从一个位置转换到另一个位置。

3. 封锁道岔。

功能：命令执行后，可以禁止通过该道岔排列进路，但道岔可通过转换道岔命令进行位置转换。

## 三、安全相关命令

1. 取消锁定

功能：命令执行后，可以取消对该道岔的（电子）锁定，道岔可通过执行转换道岔命令自由转动。

2. 强行转岔

(1) 执行条件：道岔区段非逻辑空闲；道岔没有挤岔；道岔没有（单独）锁定；道岔没有被锁闭（没有被进路、保护区段、侧防征用）。

(2) 功能：命令执行后，可以强行转换非逻辑空闲的道岔，道岔转一个位置。

3. 解封道岔

功能：命令执行后，能取消对该道岔区段的封锁，允许通过该道岔区段排列进路。

4. 强解道岔

功能：命令执行后，能解锁进路中的道岔区段，如果接近区段及进路无车，道岔区段立即解锁，有车将会延时解锁（30 s）。

5. 岔区逻空

功能：命令执行后，能使道岔区段设置为逻辑空闲。

6. 岔区设限

功能：命令执行后，可对道岔区段设置限速，限制速度可设为 10 km/h、20 km/h、25 km/h、30 km/h、45 km/h 和 60 km/h。

7. 岔区消限

功能：命令执行后取消对道岔区段的限速。

8. 挤岔恢复

(1) 执行条件：道岔没有锁闭（没有被进路、保护区段、侧防征用）；道岔挤岔（挤岔显示）；道岔没有（单独）锁定；（注：不管道岔区段是逻辑占用还是逻辑空闲，都可以对该道岔执行"挤岔恢复"命令）。

（2）功能：命令执行后，可以取消挤岔逻辑标记，并且道岔转换一个位置。

## 【操作过程】

### 一、在联锁工作站上单独锁定一副道岔

用鼠标的左键点击道岔元件或道岔元件编号，此时所选元件被打上灰色底色，然后鼠标的左键点击"单独锁定"命令，最后用鼠标的左键点击"执行"按钮即可锁定该副道岔。本操作可以锁定该道岔（电子锁定），阻止该道岔通过电操作转换。

### 二、对道岔区段设置限速 45 km/h

同样地，用鼠标的左键点击道岔元件或道岔元件编号，此时所选元件被打上灰色底色，然后鼠标的左键点击"岔区设限"命令，选择限制速度为 45 km/h，最后用鼠标的左键点击"执行"按钮即可。

## 【拓展知识】

### 一、在联锁工作站上对车站的操作

关闭车站所有信号机。

### 二、在联锁工作站上对联锁区的操作

在联锁工作站上对联锁区可执行表 6.2 所示命令。

表 6.2

| 命　令 | 命令含义 | 命令类型 |
|---|---|---|
| 自排全开 | 将全部信号机设置为自动排列进路状态 | R |
| 自排全关 | 将全部信号机设置为人工排列进路状态 | R |
| 追踪全开 | 将全部信号机设置为联锁自动排列进路状态 | R |
| 追踪全关 | 将全部信号机设置为取消联锁自动排列进路状态 | R |
| 关区信号 | 关闭并封锁联锁区全部信号机 | R |
| 交出控制 | 向控制中心交出控制权 | R |
| 接收控制 | 从控制中心接收控制权 | R |
| 强行站控 | 车站强行从 OCC 取得控制权 | K |
| 重启令解 | 系统重启动，解除全部命令的锁闭 | K |
| 全区逻空 | 将本联锁区全部轨道区段设置为逻辑空闲 | K |

只有在联锁工作站上执行了"交出控制"操作，控制中心（ATS）才可以执行"接收控制"，从而取得控制权，并可以对联锁进行一些常规命令的操作。但在故障情况下，不需要在联锁工作站执行"交出控制"操作，联锁工作站的控制权可以自动切换到控制中心（ATS）操作。

命令类型中 R 指常规命令，K 指安全相关命令。

### 三、在联锁工作站上对轨道区段的操作

（一）在联锁工作站上对轨道区段可执行表 6.3 所示命令

表 6.3

| 命 令 按 钮 | 命 令 含 义 | 命令类型 |
|---|---|---|
| 封锁区段 | 禁止通过该区段排列进路 | R |
| 解封区段 | 允许通过该区段排列进路 | K |
| 强解区段 | 解锁进路中的该区段 | K |
| 轨区逻空 | 把区段设为逻辑空闲 | K |
| 轨区设限 | 设置轨道区段的限速 | K |
| 轨区消限 | 取消轨道区段的限速 | K |
| 终止站停 | 取消运营停车点 | R |
| 换上至下 | 改变列车运行方向由上行至下行 | R |
| 换下至上 | 改变列车运行方向由下行至上行 | R |
| 自动折返 | 实行列车自动折返 | R |

（二）轨道区段在 LOW 上的显示

轨道区段在 LOW 上的显示如图 6.26 所示。

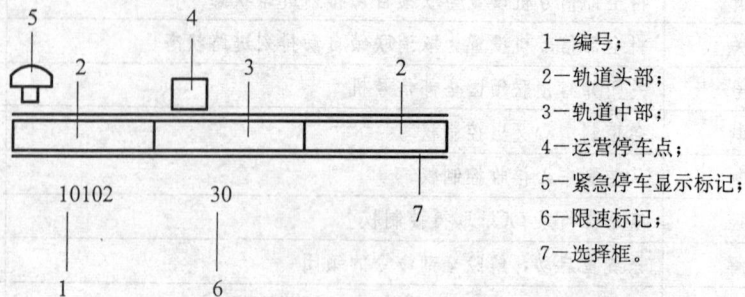

1—编号；
2—轨道头部；
3—轨道中部；
4—运营停车点；
5—紧急停车显示标记；
6—限速标记；
7—选择框。

图 6.26　轨道区段在 LOW 上的显示

1. 轨道区段的编号

编号显示正常时为白色，灰色为无数据。当出现编号闪烁时，表示与 ATP 连接中断。

2. 轨道区段体部

轨道区段（含道岔区段）有六种优先等级颜色在联锁工作站上显示，从高到低分别为：灰色、深蓝色、红色、粉红色、绿色或淡绿色、黄色。其中黄色表示轨道区段常态、空闲、没有被进路征用；绿色表示轨道区段空闲、被进路征用；淡绿色表示轨道区段空闲、被进路征用为保护区段；红色表示轨道区段物理占用；粉红色表示轨道区段逻辑占用。

轨道中部深蓝色表示轨道区段已被封锁，拒绝通过该区段排列进路（如果轨道中部深蓝色闪烁，表示对该区段已进行封锁操作，但对下一条进路才有效）。

灰色表示轨道区段无数据（FTGS 轨道电路设备与 SICAS 计算机连接中断）轨道区段闪烁表示在延时解锁中。

3. 区段限速标记

列车通过该区段的最高速度不能大于此限制速度，可设置的速度分别为：60 km/h、45 km/h、30 km/h、25 km/h、20 km/h、10 km/h 四种。

（三）常规命令

1. 封锁区段

功能：命令执行后，不能通过该轨道区段排列进路，如果该轨道区段已存在进路，只对下一条进路生效。

2. 终止站停

功能：命令执行后，运营停车点被取消。

（四）安全相关命令

在选择了轨道元件后，再按照操作安全相关命令的步骤执行。

1. 解封区段

功能：命令执行后，能取消对该区段的封锁，允许通过该轨道区段排列进路。

2. 强解区段

功能：命令执行后，能解锁进路中的轨道区段，如果接近区段及进路无车，区段立即解锁，有车将会延时解锁（30）。

3. 轨区逻空

功能：命令执行后，能使轨道区段设置为逻辑空闲。

4. 轨区设限

执行条件：只能在没有进路的情况下执行。设限只能由高往低设，不能由低往高设，也就是说，如果原来设置了 10 的限速，这时不能直接设为 30 的限速，必须在消限后才可以设为 30 的限速。但是如果原来是设为 60 的，可以在不消限的情况下设为 45 、30 、25 、20 、10 。

功能：命令执行后，可对轨道区段设置限速，限制速度可设为 10 km/h、20 km/h、25 km/h、30 km/h、45 km/h 和 60 km/h。

5．轨道消限

功能：命令执行后，将取消对轨道区段的限速。

**四、在联锁工作站上对信号机的操作**

联锁工作站上信号机的显示如图 6.27 所示。

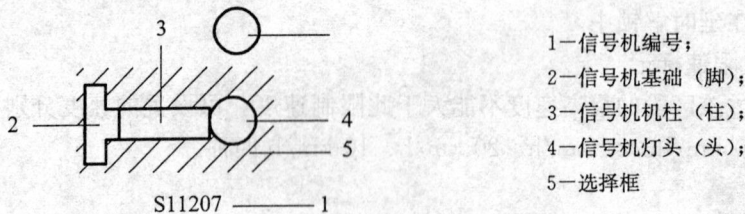

1—信号机编号；
2—信号机基础（脚）；
3—信号机机柱（柱）；
4—信号机灯头（头）；
5—选择框

**图 6.27 联锁工作站上信号机的显示**

（一）信号机各组成部分的显示含义

1．信号机编号

正常情况下信号机显示稳定的颜色，不同的颜色表示不同的含义。

（1）红色，信号机处于人工排列进路状态。

（2）绿色，信号机处于自动排列进路状态。

（3）黄，信号机处于追踪进路状态。

若信号机闪烁表示信号机红灯断主丝故障或绿灯/黄灯灭灯；如果信号机红灯为灭灯故障，则信号机机柱及信号机灯头同时闪烁。

2．信号机基础

正常情况下信号机基础显示稳定的颜色，若信号机基础闪烁表示进路在延时中（进路延时取消，进路延时建立或保护区段延时解锁。）

信号机基础不同的显示颜色表示信号处于监控层还是非监控层。

（1）绿色，表示信号处于主信号控制层（处于监控层，在进路状态）。

（2）黄色，表示信号处于引导信号控制层（处于监控层，在进路状态）。

（3）红色，非监控层（无进路状态或进路未建立）。

3. 信号机机柱

信号机机柱用以记录信号机的开放及关闭情况。信号机机柱有绿、黄、红、蓝四种显示。

信号机机柱显示绿色表示信号机开放，且开放主信号；显示黄色表示信号机开放引导信号；显示红色表示信号机关闭，且未开放过（针对本次进路）；显示蓝色表示信号机关闭，但曾经开放过（针对本次进路，在重复锁闭状态）。

4. 信号机灯头（头）

信号机灯头可以用来显示信号机处于开放还是关闭状态。信号机灯头有绿、红、蓝三种颜色显示。

信号机灯头显示绿色表示信号机处于开放主信号状态；显示红色表示信号机处于关闭状态（但可以开放引导信号）；显示蓝色表示信号机处于关闭状态，且被封锁（但可以开放引导信号）。当信号机机体灰色表示无数据。

5. 替代信号机标志

替代信号机标志的主体为红色横三角形 "▶"。

替代信号机标志的编号为白色，且在被替代的信号机的编号前加一个 "F"。（注：在 LOW 上设置替代信号机标志，只是为了排列跨联锁区的进路而设置的，但并不反映实际信号机的开放及关闭状态）

6. 虚拟信号机

虚拟信号机的设置是为了解决现场不需要设置防护信号机，但又可以解决进路太长而导致运营效率降低的问题。虚拟信号机在 LOW 上的显示跟正常的信号机是一样的，功能也一样，只是在编号前加了一个 "F"，如 F21108 等。注：虚拟信号机在现场设备中是不存在的。

（二）常规命令

1. 关单信号

执行条件：信号机已开放。

功能：命令执行后把信号机设置为关闭状态。

2. 封锁信号

功能：把关闭状态下的信号机封锁（如果信号机为开放状态，执行 "封锁信号" 命令后，信号机将会被关闭并封锁）。信号机被封锁后，将不能开放主信号，且在人工解封后，（即使在信号没有开放过的情况下）信号都不会自动开放，只可以人工再次开放信号。

3. 开放信号

条件：信号达到主信号层，信号没有被封锁，且信号机正常。

功能：把信号机设置为开放状态。

4．自排单开

条件：信号机具备自排功能且追踪全开功能没有打开。

功能：命令执行后，可以把单架信号机设置为自动排列进路状态（根据目的地码排列进路）。

5．自排单关

功能：把单个信号机设置为人工排列状态。

6．追踪单开

条件：信号机具备追踪功能且自排全开功能没有打开（只有追踪功能信号机除外）。

功能：把单个信号机设置为联锁自动排列进路状态（由联锁机调用唯一的进路）。

7．追踪单关

功能：把单个信号机取消由联锁自动排列进路状态。

（三）安全相关命令

1．开放引导

条件：列车占用接近区段等。

功能：命令执行后，开放引导信号（黄灯＋红灯）。

2．解封信号

功能：取消在关闭状态下的信号机的封锁。

（四）具体操作

在 LOW 站上对信号机进行具体操作时，先用鼠标左键点击信号机元件或信号机元件编号，选中信号机元件，此时所选元件被打上灰色底色，然后鼠标左键点击相关命令，最后左键点击"执行"按钮。

1．在联锁工作站上排列一条基本进路

左键点击进路的始端信号机，再右键点击进路的终端信号机，此时所选始端信号机和终端信号机都会被打上灰色底色，然后左键点击命令按钮栏中的"排列进路"命令，最后左键点击"执行"按钮。

备注：此时，联锁计算机会自动检查该进路的进路建立条件，如果满足进路的建立条件，则自动建立所排列的进路，并进入相应的监控层。如果达到了主信号层，且始端信号机正常，始端信号机就会自动开放；如果只达到了引导层，始端信号机不会开放，只能在满足开放引导信号的条件下人工开放引导信号。

2．在联锁工作站上取消进路

鼠标左键点击进路始端信号机，再用鼠标右键点击该进路的终端信号机，所选始端和终端信号机都会被打上灰色底色，鼠标的左键点击"取消进路"命令，最后用鼠标左键点击"执行"。

操作提示：在对联锁工作站进行操作过程中，只有在排列进路及取消进路时，才会用到鼠标的右键，其他的操作都只用鼠标的左键。

## 【项目总结】

### 一、工作任务总结

本项目通过设置以下八个工作任务：

（1）在6502电气集中联锁控制台上为一列进站停车的列车办理接车进路及发车进路；

（2）在6502电气集中联锁控制台上为一下行通过列车办理通过列车进路；

（3）在举例站场6502电气集中联锁控制台上排列D6至ⅡG的调车进路；

（4）在6502电气集中联锁控制台上将某一道岔单独操作至定位并锁闭；

（5）在举例站场6502电气集中联锁控制台上取消一条刚建立的东郊方向列车进Ⅲ道的接车进路，变更为5道接车；

（6）为一进站列车开放X引导信号；

（7）在计算机联锁工作站排列一条基本进路，并取消；

（8）在计算机联锁工作站上单独锁闭一组道岔并对道岔区段设置限速45 km/h。

完成城市轨道交通联锁设备的一些基本操作：在6502电气集中联锁控制台上排列接车进路、发车进路、通过列车进路、调车进路；开放引导信号；单独操作道岔至定位并锁闭；取消进路；在计算机联锁工作站排列进路、取消进路；在计算机联锁工作站上单独锁闭道岔并对道岔区段限速等。

### 二、知识总结

1. 联锁基础设备

（1）信号机；

（2）轨道电路：组成、基本工作原理、分类、轨道电路区段划分；

（3）转辙机：基本要求、分类、设置；

（4）继电器：分类、基本结构、基本工作原理。

2. 联锁及联锁图表

（1）联锁：基本含义、基本内容；

（2）联锁设备分类；

（3）联锁图表包括：①信号平面布置图；②联锁道岔基本知识，即道岔的定位和反位、联动道岔、防护道岔、带动道岔；③进路，包括列车进路（分接车进路、发车进路、通过列车进路）、调车进路、基本进路、变通进路、敌对进路；④联锁表各栏的含义。

　　3.6502 电气集中联锁

　　设备组成、工作原理、主要技术特征、主要技术要求（包括进路的锁闭及解锁的各种方式，信号开放的条件和关闭时机、道岔的操纵和表示）、6502 电气集中控制台（包括控制台盘面上的按钮、表示灯）、6502 电气集中办理各种进路的方法。

　　4. 计算机联锁

　　（1）计算机联锁的组成及特点；

　　（2）计算机联锁的屏幕显示；

　　（3）对联锁区、轨道区段、道岔区段、信号机、进路、车站的各种命令；

　　（4）计算机联锁的具体操作方法。

## 【思考与实训】

　　（1）在 6502 电气集中联锁控制台上为一列进站停车的列车办理接车进路及其发车进路。

　　（2）在 6502 电气集中联锁控制台上为一上行通过列车办理通过列车进路。

　　（3）在举例站场 6502 电气集中联锁控制台上排列 $D_3$ 至 IG 的调车进路。

　　（4）在 6502 电气集中联锁控制台上将某一道岔单独操作至定位并锁闭。

　　（5）在 6502 电气集中联锁控制台上取消一条刚建立的东郊方向列车进 5 道的接车进路，变更为Ⅲ道接车。

　　（6）在 6502 电气集中联锁控制台上为一上行进站列车开放 S 引导信号。

　　（7）在计算机联锁工作站排列一条基本进路，并取消。

　　（8）在计算机联锁工作站上单独锁闭一组道岔并对道岔区段设置限速 20 km/h。

　　（9）画出轨道电路的工作原理图，并说出轨道电路的组成及作用。

　　（10）在举例站场上说明站内轨道电路区段的划分及其命名。

　　（11）什么是进路？在举例站场上任意指出接车进路、发车进路和通过列车进路的始端和终端。

　　（12）什么是基本进路和变通进路？什么是敌对进路？举例说明。

　　（13）什么是联锁？联锁的基本内容是什么？联锁最基本的三个技术条件是什么？

　　（14）联锁的基础设备有哪些？

　　（15）什么是联锁图表？

　　（16）6502 电气集中电路的动作层次是怎样的？

　　（17）6502 电气集中的主要技术特征是什么？

　　（18）进路有哪两种状态？

　　（19）什么是进路的锁闭？进路锁闭和接近锁闭有何不同？什么是进路的接近区段？

（20）什么是进路的解锁？进路的解锁可分为哪几种情况？

（21）什么是进路的正常解锁？正常解锁必须符合什么条件？

（22）什么是三点检查法？举例说明。

（23）什么是进路的取消？取消解锁必须符合什么条件？

（24）什么情况下采用人工延时解锁解锁一条进路？人工解锁必须符合什么条件？

（25）引导有哪两种方式？

（26）引导进路锁闭和引导总锁闭有何不同？

（27）计算机联锁与 6502 电气集中联锁有何不同？

# 项目七　闭塞设备

## 工作任务 1　为 A301 次办理半自动闭塞

### 【任务分析】

拿到一个任务，首先想应怎样着手完成这个任务，弄明白任务要求你做什么，怎样才能一步一步做到，即要学会先把工作任务分解成一个个容易达到的小任务，本任务可从以下几个方面着手：

(1) 首先要了解什么是半自动闭塞？

(2) 怎样办理半自动闭塞？它有什么样的工作程序和方法？

(3) 完成本任务需要他人协同作业吗？如若需要，协作人应怎样做呢？

### 【相关知识】

#### 一、闭塞概述

列车在区间运行时，以站间区间、所间区间、闭塞分区及移动闭塞分区为行车间隔，保证列车按照空间间隔运行的行车技术方法称为行车闭塞法，简称闭塞。用于办理行车闭塞手续的设备叫闭塞设备。闭塞设备必须保证一个区间内、在同一时间里只能允许一个列车占用这一基本原则的实现。

行车闭塞法历经了电报（电话）闭塞、路签（路牌）闭塞、半自动闭塞、自动闭塞和移动闭塞几个发展阶段，目前常见的闭塞方法有半自动闭塞、自动闭塞、移频自动闭塞（移动闭塞）和电话闭塞法（代用闭塞法）。

#### 二、半自动闭塞概述

半自动闭塞法是指人工办理闭塞手续，列车凭信号机信号的允许显示发车后，发出允许显示的信号机自动关闭信号、区间自动转为闭塞状态的闭塞方法，其主要特征有：

(1) 一个闭塞区间同一时间只允许一列车运行；

（2）人工办理闭塞手续；

（3）人工确认列车完整到达和人工解除闭塞。

### 三、半自动闭塞占用区间及发车凭证

采用半自动闭塞时，列车占用区间的凭证是出站信号机（线路所是通过信号机）的进行显示，列车发车凭证为出站信号机的开放信号；出站信号机不能任意开放，它受半自动闭塞机的控制。为列车在区间的运行办理闭塞，必须经两端车站值班员按规定程序确认办理。

### 四、半自动闭塞设备

#### （一）轨道电路

轨道电路应设在车站进站信号机内方适当地点，用以监督列车的出发和到达，并使双方闭塞机的接发车表示灯有相应的表示。

1. 轨道电路的组成

除钢轨外，轨道电路的组成一般包括钢轨绝缘、（钢轨）接续线、引接线、限流电阻、送电设备、受电设备等。图 7.1 为轨道电路组成。

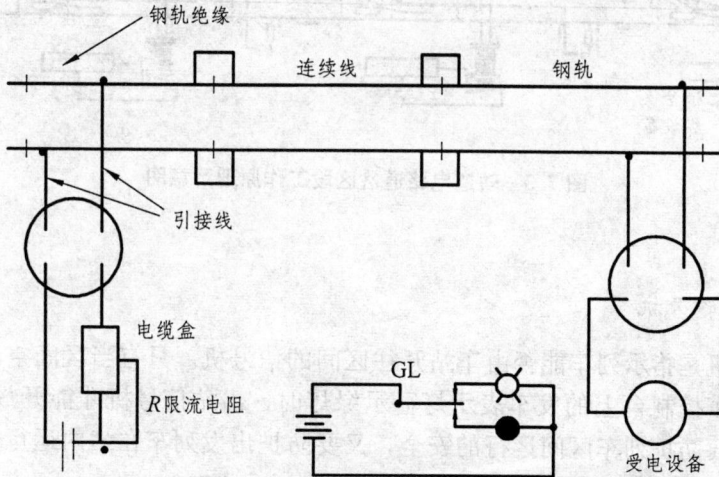

**图 7.1  轨道电路组成**

2. 轨道电路工作原理示意图

（1）无道岔区段。

在无道岔区段，轨道电路原理图如图 7.2 所示。当轨道电路区间并无列车行驶时，电流会从电源处流向钢轨，再流到轨道继电器，并使其励磁，令接点上升，接通绿灯电

路，如图 7.2（a）所示；当有列车驶进轨道电路区间时，电路会被车轴短路，使轨道继电器因失去电流进而失磁，接点下降释放衔铁并接通红灯电路，以阻止其他列车进入此区间，如图 7.2（b）所示；当整列车驶离整个区间，轨道继电器便会重新励磁，绿灯便会再次亮起，其他列车便可进入这个无车的区间了。

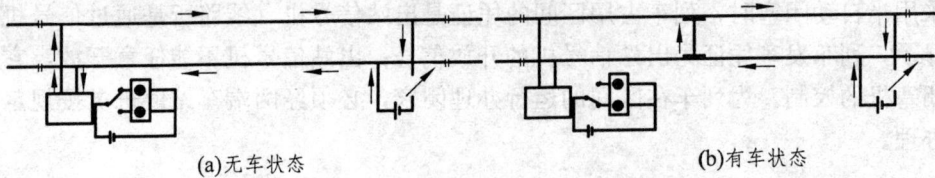

(a)无车状态　　　　　　　　　　(b)有车状态

**图 7.2　轨道电路一般区段工作原理示意图**

（2）道岔区段。

在道岔区段，轨道电路原理图如图 7.3 所示。当道岔区段无车时，轨道继电器有电励磁，以其前接点闭合道岔操纵机构电路，道岔可以转换；当直股或弯股有车时，轨道电路被短路，轨道继电器失磁，衔铁释放，切断了道岔操纵机构的电路，道岔也就不能转换位置了。

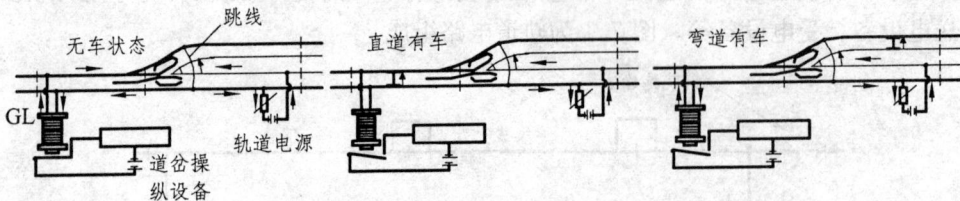

**图 7.3　轨道电路道岔区段工作原理示意图**

**（二）出站信号机**

出站信号机是指示列车能否由车站开往区间的信号机。只有当区间空闲，经过办理闭塞手续，发车控制台上的发车表示灯显示绿灯时，出站信号机才能开放。还应注意，出站信号机既要防护列车区间运行的安全，又要防护出发列车在站内运行安全，因此它要受闭塞机和车站联锁设备的双重控制。

**（三）闭塞机和外线**

采用半自动闭塞的区间两端车站上各设一台闭塞机、一段轨道电路和出站信号机，它们之间用通信线路相连接，用来控制出站信号机并实现相邻车站之间办理闭塞。

外线用来连接和联络两端车站，其结构示意图如图 7.4 所示。

（四）操纵和表示设备

操纵和表示设备主要有按钮、表示灯、电铃和计算器。

1. 按钮

按钮主要有闭塞按钮（见图 7.4 中 BSA）、复原按钮和事故按钮（见图 7.4 中 SGA）。闭塞按钮用来请求发车、同意接车；复原按钮用来取消闭塞复原、列车到达复原；事故按钮则用作事故复原。闭塞按钮、复原按钮和事故按钮都是二位自复式按钮。

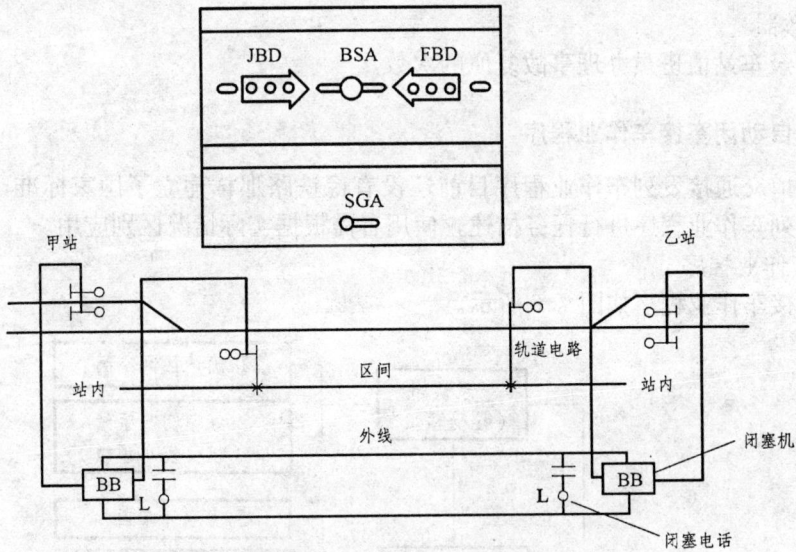

图 7.4　闭塞机和外线示意图

2. 表示灯

接车表示灯（FBD）和发车表示灯（JBD）分别都由红、黄、绿三个表示灯组成，图 7.5 为按钮、表示灯位置示意图。

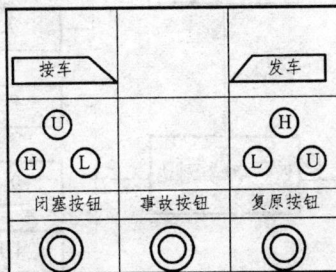

7.5　按钮、表示灯位置示意图

（1）发车表示灯平时保持熄灭状态，着黄灯时表示请求发车，着绿灯表示同意发车，亮红灯表示发车闭塞。

（2）同发车表示灯类似，接车表示灯平时也保持熄灭状态，着黄灯时表示请求接车，着绿灯表示同意接车，亮红灯表示接车闭塞。

3. 电铃

电铃是一种听觉信号，用来提醒工作人员注意。它装在控制台内，主要用在对方站办理请求发车、发出自动回执信号、同意接车、列车从对方站出发、对方站办理到达复原或取消复原以及车站轨道电路出现故障时。为区别不同的运行方向，车站两端调成不同铃声。

4. 计数器

用来记录车站值班员办理事故复原的次数。

**五、半自动闭塞接车作业程序**

城市轨道交通接发列车作业程序目前还没有像铁路那样建立了国家标准，本书以某一地铁接发列车作业程序进行任务描述，使用者需根据实际情况区别应用。

1. 接车作业程序

某地铁接车作业程序如图 7.6 所示。

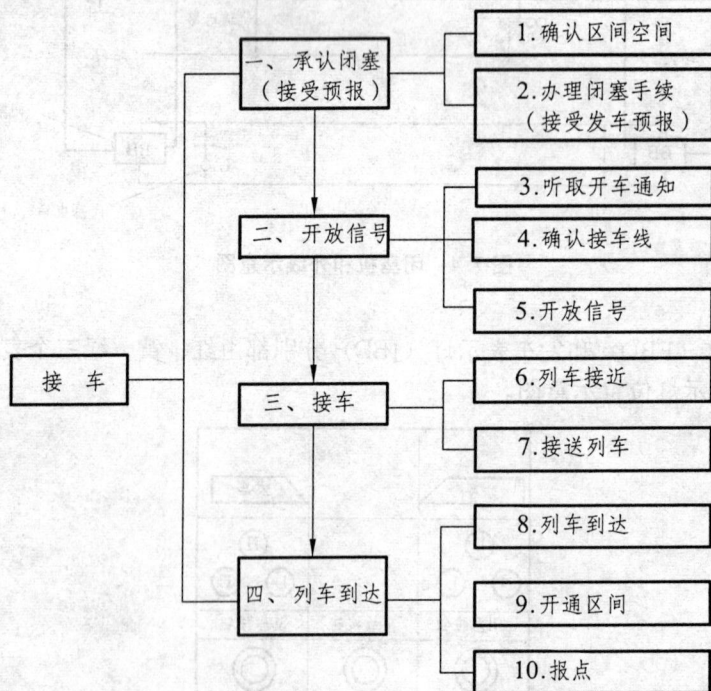

图 7.6 接车作业程序

2. 发车作业程序

发车作业程序如图 7.7 所示。

一、请求闭塞（发车预告）
　1.确认区间空间
　2.办理闭塞手续（发车预告）

二、开放信号
　3.开放信号

发车

三、发车
　4.准备发车
　5.确认发车条件
　6.（指示）发车

四、列车出发
　8.（监视）列车
　9.报点
　10.接受到达通知

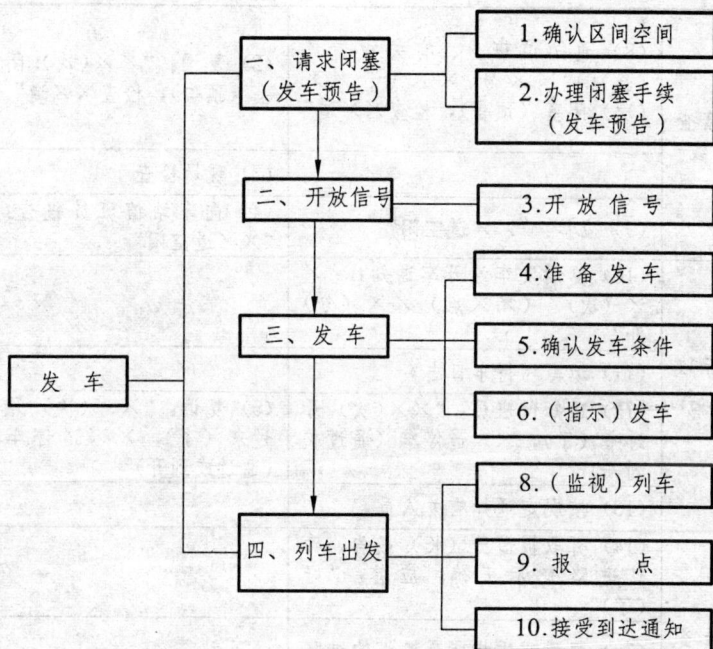

图7.7　发车作业程序

## 六、岗位作业技术要求

（1）半自动闭塞情况下接车作业各岗位技术要求，详见表7.1。

表7.1　接车作业岗位技术要求

| 作业程序 | | 岗位作业技术要求 | | 说明事项 |
|---|---|---|---|---|
| 程序 | 项目 | 值班站长 | 值班员（站务员） | |
| 一、承认闭塞（接受预告） | 1.确认区间空闲 | （1）听取发车站请求闭塞 | | |
| | | （2）根据闭塞表示灯、《行车日志》及各种行车表示牌，确认区间空闲 | | |
| | | （3）按列车运行计划核对车次、时刻、命令、指示 | | |
| | 2.办理闭塞手续（接受发车预告） | （4）同意闭塞："同意××（次）闭塞" | | |
| | | （5）一听铃响、二看黄灯、三按闭塞按钮、四确认绿色灯光，口呼："××（次）闭塞好（了）" | （1）应答："××（次）闭塞好（了）" | |
| | | （6）填写《行车日志》 | | |
| | | （7）必要时与行调核对车次，了解列车停、通、会作业时间等 | | |

| | | | | |
|---|---|---|---|---|
| 二、准备进路 | 3.检查接车线 | (8) 通知值班员、有关扳道员（长）："××号、××号、××（次）闭塞（预告），检查××道" | (2) 复诵："××（次）闭塞（预告），检查××道" | 能从设备上检查确认的，由车站值班员检查确认 |
| | | | (3) 现场检查 | |
| | | (9) 应答："××道空闲" | (4) 向车站值班员报告："××道空闲" | |
| | 4.听取开车通知 | (10) 复诵发车站开车通知："××（次）（××点）××（分）开" | | |
| | | (11) 填写《行车日志》 | | |
| | | (12) 通知值班员："××（次）开过来（了），××道停车（通过或到开）" | (5) 复诵："××（次）开过来（了），××道停车（通过或到开）" | |
| | | (13) 按规定通知有关人员。 | | |
| | 5.准备进路 | (14) 听取扳道员（长）报告，确认进路表示正确，应答："好（了）" | | |
| | | (15) 眼看、手指所需纵的进路锁闭按钮（手柄），口呼："接车（发车）"，操纵按钮（手柄），确认正确，口呼："锁闭好（了）" | | 无锁闭按钮（手柄）的无此项作业 |
| 三、开放信号 | 6.开放信号 | (16) 眼看、手批所需操纵的进路锁闭按钮（手柄），口呼："进站（出站）"，操纵按钮（手柄），确认正确，口呼："信号好（了）" | (6) 通过控制台确认信号显示正确，应答："××道进站（出站）信号好（了）" | 列车通过时，应办理有关发车程序 |
| 四、接车 | 7.列车接近 | (17) 听取扳道员（长）列车接近报告后，通过控制台再次确认信号显示正确，指示值班员及有关扳道员（长）："××号、××号、××（次）接近，××道接车" | (7) 再次确认信号显示正确，复诵："××（次）接近，××道接车" | |
| | 8.接送列车 | (18) 通过控制台监视信号显示 | (8) 再次确认接车线路空闲，到规定地点接车。接通过列车时，眼看、手指出站信号，确认信号开放正确后，口呼："××道出站信号好（了）" | |
| | | | (9) 监视列车进站，于列车停妥后处理其他事务 | |

| 五、列车到达 | 9. 列车到达 | (19) 听取列车到达（出站）报告，应答："好（了）" | | |
| | 10. 关闭信号 | (20) 眼看、手指信号按钮（手柄），口呼："进站"，操纵按钮（手柄），确认信号关闭，口呼："关闭好（了）" | | |
| | | (21) 眼看、手指所需操纵的进路锁闭按钮（手柄），口呼："××道"，操纵按钮（手柄），确认正确，口呼："解锁好（了）" | | 无锁闭按钮（手柄）的无此项作业 |
| | 11. 开通区间 | (22) 一看闭塞表示灯，二按（拉）闭塞（复原）按钮，三确认灯光熄灭 | | |
| | | (23) 通知发车站："××（次）（××点）××（分）到" | | |
| | | (24) 填写《行车日志》 | | |
| | 12. 报点 | (25) 向行调报点："××（站）报点，××（次）（××点）××分到"。列车有异状时，一并报告 | | |

（2）半自动闭塞情况下发车作业各岗位技术要求，详见表 7.2。

表 7.2 发车作业岗位技术要求

| 作业程序 | | 岗位作业技术要求 | | 说明事项 |
|---|---|---|---|---|
| 程序 | 项目 | 值班站长 | 值班员（站务员） | |
| 一、请求闭塞（发车预告） | 1. 确认区间空闲 | (1) 根据闭塞表示灯、《行车日志》及各种行车表示牌，确认区间空闲 | | |
| | 2. 办理闭塞手续（发车预告） | (2) 请求闭塞："××（次）闭塞" | | |
| | | (3) 一按闭塞按钮，二听铃响，三看黄灯变绿，口呼："××（次）闭塞好（了）" | (1) 应答："××（次）闭塞好（了）" | |
| | | (4) 填写《行车日志》 | | |
| | | (5) 通知有关扳道员（长）："××号、××号，××（次）发车，准备进路"。听取复诵无误后，命令："执行" | | |

| | | | | |
|---|---|---|---|---|
| 二、准备进路 | 3. 准备进路 | (6) 听取扳道员（长）的报告，确认进路表示正确，应答："好（了)" | | |
| | | (7) 眼看、手指所需操纵的进路锁闭按钮（手柄)，口呼："××道发车"，操纵按钮（手柄) | | |
| | | (10) 复诵发车站开车通知:，确认正确，口呼："锁闭好（了)" | | 无锁闭按钮（手柄）的无此项作业 |
| 三、开放信号 | 4. 开放信号 | (8) 眼看、手指所需操纵的进路锁闭按钮（手柄)，口呼："××道出站"，操纵按钮（手柄)，确认正确，口呼："信号好（了)" | (2) 通过控制台确认信号显示正确，应答："××道进站（出站）信号好（了)" | 值班员提前组织发车时，(2) 项作业省略 |
| | 5. 准备发车 | (9) 批示值班员："××（次）发车" | (3) 复诵："××（次）××道发车" | 值班员提前组织发车时，可提前通知 |
| 四、发车 | 6. 确认发车条件 | | (4) 发车前，眼看、手指出站信号，确认信号开放正确，口呼："××道出站信号好（了)" | |
| | | | (5) 确认乘客上下车作业完了，车门（屏蔽门）已关好，并指示正常 | |
| | 7.（指示）发车 | | (6) 按规定站在适当地点，显示发车信号 | |
| 五、列车出发 | 8. 监视列车 | (10) 列车启动，通知接车站："××（次）（××点）××（分）开" | (7) 监视列车，于列车尾部越过发车地点，确认列车尾部标志后返回 | 监视列车运行时，发现问题按规定处理 |
| | | (11) 填写《行车日志》 | | |
| | | (12) 应答："好（了)" | | |
| | 9. 解锁进路 | (13) 确认闭塞表示灯变红、信号定位后，眼看、手指进路锁闭按钮（手柄)，口呼："××道"，操纵按钮（手柄)，确认正确，口呼："解锁好（了)" | | 无锁闭按钮（手柄）的无此项作业 |
| | 10. 报点 | (14) 向行调叫报点："××（站）报点，××（次）（××点）××（分）开"。列车有异状时，一并报告。始发列车并应报告列车编组简报、机车号码、司机和运转达车长姓名或代号及晚点原因，摘挂列车应报告摘挂辆数等 | | |
| | 11. 接受到达通知 | (15) 复诵接车站列车到达通知，并确认闭塞表示灯熄灭 | | |
| | | 填写《行车日志》 | | |

### 七、接发列车的有关规定

（1）接发列车时，接发列车人员应穿着规定服装，衣帽整齐，佩戴臂（胸）章，携带列车无线调度电话，持规定信号旗（灯），立正姿势，站在规定地点，面向列车，注意列车运行状态。

（2）办理接发列车用语应使用普通话。遇"0"、"1"、"2"、"7"可发"dong（洞）"、"yao（么）"、"liang（两）"、"guai（拐）"音。

（3）填写《行车日志》、调度命令及各种行车凭证，要做到正确齐全，字迹清晰。

（4）开放信号时，执行"一看、二按、三确认、四呼唤"及"眼看、手指、口呼"制度。眼看：看准应操纵的按钮；手指：中、食指并拢成"剑指"，指向应确认的按钮；口呼：规定用语，吐字清晰。

（5）列车同时到发，值班员不能兼顾时，应先办理发车。

## 【操作过程】

这是一个小组作业，至少要有两人合作来完成。为列车办理半自动闭塞，小组成员首先要明确办理闭塞规定的程序，有适当分工，但每个成员都应熟练掌握完成任务所必须的设备操作和工作标准用语，因为在实际运行中，列车总是双向行车的。在任务开始之前，要确认列车将要运行的区间空闲和闭塞设备正常。

A301 次列车从甲站开往乙站，车站值班员操作见表 7.3。

表 7.3　半自动闭塞区间车站值班员办理闭塞流程表

| 甲　站（发车站） | 乙　站（接车站） |
|---|---|
| 1. 车站值班员用闭塞电话向乙站请求发车 | |
| | 2. 车站值班员接受请求，同意接车 |
| 3. 按一下闭塞按钮，发车表示灯亮黄灯，电铃鸣响 | |
| | 4. 接车表示灯亮黄灯，电铃鸣响 |
| | 5. 按下闭塞按钮，接车表示灯变为亮绿灯 |
| 6. 发车表示灯变为亮绿灯，电铃鸣响。车站值班员在发车进路准备好后，开放出站信号机 | |
| 7. 列车发出，进入发车轨道电路区段，出站信号机自动关闭，发车表示灯变为亮红灯 | |
| | 8. 接车表示灯变为亮红灯，电铃鸣响。在接车进路准备好后，开放进站信号机 |
| | 9. 列车进入接车轨道电路区段，接车表示灯和发车表示灯均亮红灯 |

| | 10. 确认列车整列到达后，关闭进站信号机，拉出闭塞按钮，接车表示灯和发车表示灯均熄灭 |
|---|---|
| 11. 发车表示灯红灯熄灭，电铃鸣响 | |
| | 12. 通知邻站列车到达时刻 |

## 【拓展知识】

### 一、其他闭塞法概述

常用的闭塞方法除半自动闭塞外，还有自动闭塞、移动闭塞和电话闭塞。电话闭塞我们会在下一个任务里做重点介绍，这里主要简单介绍一下自动闭塞和移动闭塞。

### 二、自动闭塞含义和基本技术要求

1. 含义

通过列车运行及闭塞分区的情况，通过信号机可以自动变换显示，列车凭信号机的显示行车，这种闭塞方法完全是自动进行的，故叫自动闭塞。采用自动闭塞的区段，将站间区间划分为若干个小区间，称为闭塞分区。自动闭塞是由运行中的列车自动完成闭塞任务的一种设备。其工作原理为：以轨道电路为基础，以钢轨作为通道，采用移频信号的形式传输低频控制信号，自动控制区间信号机显示，指示列车运行。

2. 自动闭塞设备的基本技术要求

(1) 通过信号机应不间断地检查所防护闭塞分区的空闲和占用情况；

(2) 轨道电路应不间断地检测列车运行位置或传递运行信息；

(3) 双向运行的自动闭塞设备，必须保证在任何情况下不得同时开通两个相对的运行方向；当闭塞分区被占用或轨道电路失效时，不得改变运行方向。

### 三、自动闭塞基本原理

1. 三显示自动闭塞原理

三显示自动闭塞用红、黄、绿三种颜色的灯光来指示列车运行的不同条件。图 7.8 是双线三显示自动闭塞的基本原理图。图中 1G 指第一个轨道电路区段，1GJ 指 1 号轨道电路继电器，3G (3GJ)、5G (5GJ) 等，以此类推。

由图 7.8 可见，每一个闭塞分区构成一个独立的轨道电路。当分区内无列车占用时，轨道继电器有电吸起。当列车在闭塞分区 1G 内运行时，由于轨道继电器 1GJ 被列车的轮对分路，它的前接点断开，继电器接通后接点，使 1 号信号机显示红灯，表示该闭塞分区有车占用。3G 内无车，使轨道继电器 3GJ 有电吸起，又因 1GJ 接点落下，使 3GJ 前接点闭合而接通 3 号信号机的黄灯电路，使 3 号信号机亮黄灯，表示它所防护的闭塞分区空闲，要求后行列车注意运行，前方有且只有一个闭塞分区空闲。5 号通过信号机

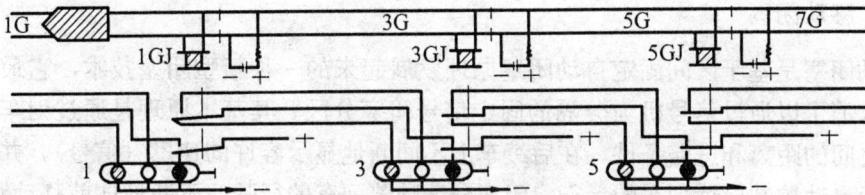

图 7.8  三显示自动闭塞原理

由于轨道继电器 5GJ、3GJ 都在吸起状态,遇过 5GJ 和 3GJ 的前接点闭合绿灯电路而亮绿灯,准许后行列车按规定速度运行,前方至少有两个闭塞分区空闲,其余的依此类推。

当线路上的钢轨有断裂时,轨道电路断路断电,继电器失磁释放衔铁,使信号机显示红灯,能保证行车安全,符合"故障—安全"原则。

2. 四显示自动闭塞

列车在区间最好能一直在绿灯下运行,避免遇到黄灯而影响速度。列车在三显示自动自动闭塞区段运行,越过黄色信号机必须减速,以保证在红色信号机前能停车,因此每个闭塞分区的长度不能小于列车制动距离。随着列车速度的提高,各种列车的速度和制动距离差距拉大,三显示自动闭塞逐渐不能解决这一矛盾,须引入四显示自动闭塞。即在三显示自动闭塞红、黄、绿三种灯光的基础上再增加一种黄绿显示,如图 7.9 所示(三显示图:左起列车前第一、二架信号机显示绿灯,第三架信号机显示黄灯,第四架信号机显示红灯;四显示图:左起列车前第一架信号机显示绿灯,第二架信号机显示黄灯加绿灯,第三架信号机显示黄灯,第四架信号机显示红灯)。

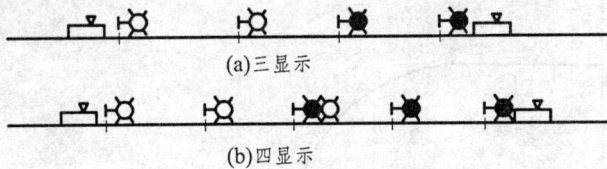

(a)三显示

(b)四显示

图 7.9  自动闭塞显示数目与追踪间隔

四显示自动闭塞能预告列车前方三个闭塞分区的状态。要求高速列车按规定速度越过黄绿显示的通过信号机后必须减速,以便使列车在黄灯显示下运行时不大于黄灯所要求的允许速度,保证能在显示红灯的信号机前停车。而对于低速运行的列车来说,越过黄绿显示的通过信号机时,则不必减速。实际上对于低速列车来说黄绿显示的意义相当于绿灯显示,而对于高速列车来说是将两个闭塞分区作为一个制动距离来对待,将黄绿显示视为注意信号,在越过黄绿灯后准备在红灯前停车。这样可以解决线路上以不同速度运行的列车的行车要求。

## 四、移动闭塞

移动闭塞是基于区间固定自动闭塞原理发展起来的一种新型闭塞技术，它最显著的特点是取消了以通过信号机为分隔的固定信号闭塞分区。其基本原理是通过列车及其后续列车之间的距离和进路条件，在后续车上不间断地显示容许的速度（信号），并利用该信号显示自动控制后续列车的运行，闭塞分区随着列车的行驶，不断地向前移动和调整，所以称为移动闭塞。

现阶段广泛采用的移动闭塞一般以轨道电路为基础，主要有两种形式：第一，基于多信息移频轨道电路的固定闭塞，采用台阶式速度控制模式，其列车运行间隔一般能达到 180s。第二，基于数字轨道电路的准移动闭塞，采用距离/速度曲线控制模式的列车自动运行保护系统（ATP，以下简称 ATP）/列车自动运行驾驶系统（ATO），其列车运行间隔一般能达到 $90\sim120s$。

移频自动闭塞是移动闭塞中典型的一种，其设备组成主要由电源盒、发送盒、衰耗隔离盒、接收盒、检测盒、报警盒和继电器等组成。

移频自动闭塞工作原理：以钢轨作为通道，采用移频信号的形式传输低频控制信号，自动控制区间信号机显示，指示列车运行。线路上的前行列车经 ATP 车载设备将本车的实际位置，通过通信系统传送给轨旁的移动闭塞处理器，并将此信息处理生成后续列车的运行权限，传送给后续列车的 ATP 车载设备。后续列车与前行列车总是保持一个"安全距离"。该安全距离是介于后车的目标停车点和确认的前车尾部之间的一个固定距离。在选择该距离时，已充分考虑了在一系列最坏情况下，列车仍能够被安全地分隔开来。图 7.10 为移频自动闭塞工作原理图。

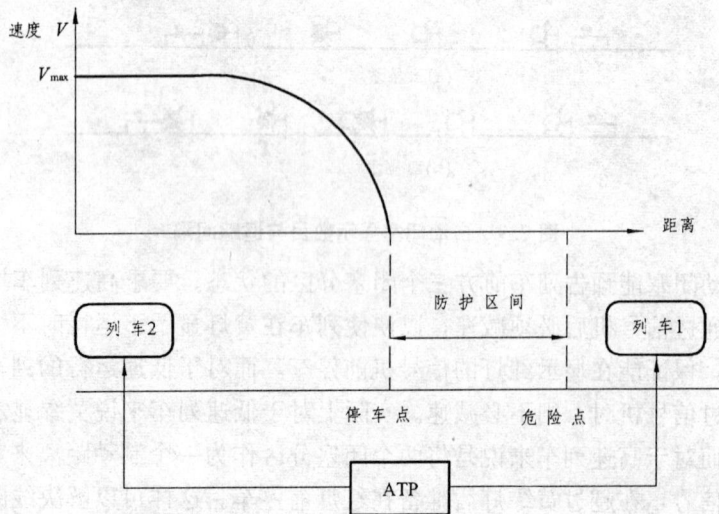

**图 7.10 移频自动闭塞工作原理图**

# 工作任务二　A站与B站间电话办理A302次闭塞

## 【任务分析】

想一想怎样把任务分解?
(1) 什么叫做电话闭塞法?
(2) 什么情况下采用电话办理闭塞?
(3) 办理方法或者程序是怎样的?
(4) 操作时应注意哪些地方?

## 【相关知识】

图7.11为站间行车电话。

**图7.11　站间行车电话**

### 一、电话闭塞法简介

电话闭塞法指无需专门的行车设备,由相邻两站或车站与车厂间的行车值班员用电话来办理的一种闭塞方法。

1. 适用条件

地铁运营初期基本闭塞设备尚未安装到位或基本闭塞设备不能使用,或在夜间停营期间开行工程列车、轨道车时,为了维持列车、工程车、轨道车运行,达到同一运行区间内只有一列车运行的目的,采用的代用闭塞法(电话闭塞法)。

2. 占用区间凭证及发车凭证

采用代用闭塞法(电话闭塞法)行车时,列车轨道车、工程车占用区间的凭证为路票,发车凭证为行车值班员的发车手信号。

3. 对发车间隔的要求

采用代用闭塞法（电话闭塞）行车时，列车发车间隔必须等到每一站间区间及前方站内线路内只允许一趟列车占用。

4. 什么情况下采用

当微机联锁发生故障，须采用站间电话联系法组织行车时，具体做法如下：

（1）行调及时向有关车站发布命令：从什么时间起，在×站至×站间采用站间电话联系法组织行车；由行调或通过车站通知司机口头调度命令的内容；

（2）车站和行调共同确认第一趟发出的列车运行前方的车站和区间空闲；

（3）司机在故障区段范围内的各区间运行，凭行调口头命令用限速人工驾驶模式驾驶时，须注意加强瞭望和行车安全。

（4）有关站值班站长接到行调命令后，采用就地级组织控制行车；在每个站台监控亭分别派值班员负责接发列车，并通知邻站采用站间电话联系法组织行车。

（5）进路准备：故障联锁站正在线的道岔均要开通正线，并使用钩锁器锁定；两端站的折返道岔在确认位置正确后，使用钩锁器但只挂不锁。

（6）接发列车：接车站值班员确认站内线路及区间空闲后，同意接车；发车站值班员接到接车站同意接车的通知后，向司机显示发车指示信号，司机关门并确认发车指示信号显示正确后开车。

**二、办理电话闭塞时接发列车作业程序及技术要求**

（1）电话闭塞行车时，各岗位接车作业技术要求详见表 7.4。

表 7.4　电话闭塞接车岗位技术要求

| 程　序 | 岗位作业技术要求 | |
| --- | --- | --- |
| | 值班站长（行车值班员） | 行车值班员（站务员） |
| 一、听取闭塞预报 | 1. 听取车辆段闭塞请求，复诵"××次闭塞"，根据《列车时刻表》、《施工行车通告》和调度命令、指示，核对车次、时刻 | |
| | 2. 根据《行车日志》和 LOW 确认区间（含站内接车进路）空闲 | |
| 二、检查及准备进路 | 3. 布置值班员（站务员）："检查××道，准备××次接车进路" | |
| | | 4. 检查线路空闲，将进路上的道岔及防护道岔开通正确位置并加锁。经确认正确，向值班站长报告"××次××道发车进路好了，线路出清" |
| | 5. 听取汇报后，复诵"××次××道发车进路好了，线路出清" | |

| 程序 | | |
|---|---|---|
| 三、承认闭塞 | 6. 承认闭塞"电话记录××号××点××分同意××次闭塞" | |
| | 7 填写《行车日志》，准备接车 | |
| 四、引导接车 | 8. 听取车辆段发车通知，填写《行车日志》 | |
| | 9. 布置值班员"××次开过来，引导接车" | 10. 复诵"××次开过来，引导接车" |
| | | 11. 显示引导信号，监视列车进站停车，收回路票打"×"作废 |
| 五、开通区间 | 12. 填写《行车日志》，报车辆段"电话记录××号××次××点××分到"，向行调报点 | 13. 向值班站长交回路票 |
| | 14. 收回路票 | |

（2）电话闭塞行车时，各岗位发车作业技术要求详见表7.5。

表7.5　电话闭塞发车岗位技术要求

| 程序 | 岗位作业技术要求 | |
|---|---|---|
| | 值班站长（行车值班员） | 行车值班员（站务员） |
| 一、请求闭塞 | 1. 根据《行车日志》、LOW 确认区间线路空闲 | |
| | 2. 向车辆段请求闭塞"××次闭塞" | |
| 二、准备发车进路 | 3. 布置值班员"准备××次发车进路" | 4. 复诵"准备××次发车进路" |
| | 6. 听取汇报，复诵"××次××道发车进路好了，线路出清" | 5. 将进路上的道岔及防护道岔开通正确位置并加锁。经确认正确后，向值班站长报告"××次××道发车进路好了，线路出清" |
| 三、办理闭塞 | 7. 复诵车辆段发出的电话记录："电话记录××号，××分同意××次闭塞" | |
| | 8. 填写《行车日志》，对照《行车日志》，填写路票 | |
| 四、列车出发 | 9. 向值班员交付路票并共同核对 | 10. 接受路票并检查核对 |
| | 11. 指示值班员发车 | |
| | 13. 列车出发后，向车辆段报点，"××次××分开" | 12. 征得值班站长指示发车的同意后，向司机递交路票，显示发车信号 |
| | 14. 复诵车辆段列车到达时刻及号码"电话记录××号××次××点××分到"，填写《行车日志》 | |
| | 15. 填写《行车日志》，确认区间开通 | |

### 三、闭塞解除条件

（1）折返站的闭塞解除条件为列车整列到达并进入折返线，接车进路准备妥当后。

（2）非折返站的闭塞解除条件为列车整列到达并发出后。

### 四、取消闭塞的办理要求及用语

（1）因故不能接车或发车时，立即发出停车手信号进行防护，由提出一方发出电话记录号码作为取消闭塞的依据；列车由站间的途中退回发车站时，由发车站发出电话记录号码作为取消闭塞的依据，并须及时向行调报告。

（2）用语：

①请求取消××次闭塞。

②同意取消××次闭塞。

③电话记录×××号，××分取消××次闭塞。

### 五、电话闭塞法的有关规定

（1）电话闭塞法行车时列车占用区间的行车凭证为路票，发车凭证为行车值班员手信号。

（2）路票须在查明闭塞区间空闲，并取得接车站闭塞承认后方可填写，路票由行车值班员填记，复查无误后方可递交司机。

（3）路票填写如有增添字句及涂改，均应作废，须重新填写。

（4）列车到达车站后，行车值班员应及时收回路票，并划"×"以示注销，整理保存。

（5）路票填写的日期以接车站承认闭塞时间为准，零时前办理的闭塞，司机如在零时后收到路票，仍视为有效。

（6）电话记录号码的使用要求：①电话记录以每站一组 100 个号码，按日循环使用；②相邻站不能使用相同的号码。

### 六、工程列车反方向运行时

其占用区间的行车凭证为行车调度员下达的书面命令和路票。

### 七、列车未携带（丢失）或携带错误行车凭证的处理

（1）占用区间的书面凭证（路票或调度命令以下同）部分内容填记错误，而车次及区间填记正确时，可继续运行至接车站，但应将错误的情况报告接车站，由行车值班员转报行车调度员。

（2）占用区间的书面凭证，车次或区间填记错误（含未填写）以及未携带时，应立

即停车，除按规定进行防护外，须报告发车站行车值班员或行车调度员，按其指示或命令运行。

（3）司机取得凭证并确认正确后，遇在途中丢失时，可继续运行至接车站，将情况报告行车值班员，行车值班员应在行车日志注栏上注明。

## 【操作过程】

为 A302 次办理电话闭塞，由操作按岗位作业技术要求严格办理，办理步骤如下：

（1）发车站向接车站请求闭塞，"A302 次请求闭塞"；

（2）接车站确认接车区间，接车线路空闲，接车进路准备妥当后，向发车站发出："电话记录号码×××号，××点××分承认 A302 次闭塞。"发车站复诵一次。

（3）填记行车日志、路票上

（4）发车站办理发车进路，向列车司机递交路票，显示手信号发车，列车出发后，向接车站通报发车车次、时分，并向行调报点，用语："A302 次××分开（通过）。"接车站复诵一次。

（5）列车整列到达并发出（或进入折返线）后接车站向发车站发出到达列车闭塞解除时及电话记录号码，并向行调报点，用语："电话记录×××号，A302 次××点××分到。"发车站复诵一次。

（6）双方填记行车日志。

## 【拓展知识】

### 一、调度命令

1. 定义

调度命令是指在按规定进行某些行车作业时，向行车值班员、列车司机发布的一种命令。它具有严肃性、授权性和强制性。调度命令只能由值班行车调度员发布，且必须一事一令，先拟后发。

2. 调度命令的要素

送交司机的调度命令必须由以下七个方面的要素组成，分别是调度命令号码、调度命令发布的时间、受令处所、调度员姓名、调度命令内容、受令车站行车专用章及受令行车值班员签名（盖章）。

3. 采用电话闭塞时采用的命令样式表

### 二、路票

1. 定义

路票是在电话闭塞法行车时，根据区间空闲相邻两站所承认闭塞的电话记录号码而填发的行车凭证。

2. 路票的要素

路票主要有六个方面的要素组成，分别是电话记录号码、车次、列车运行方向、车站行车专用章、行车值班员签名及日期。

3. 路票的样式

路票的样式详见图 7.12。

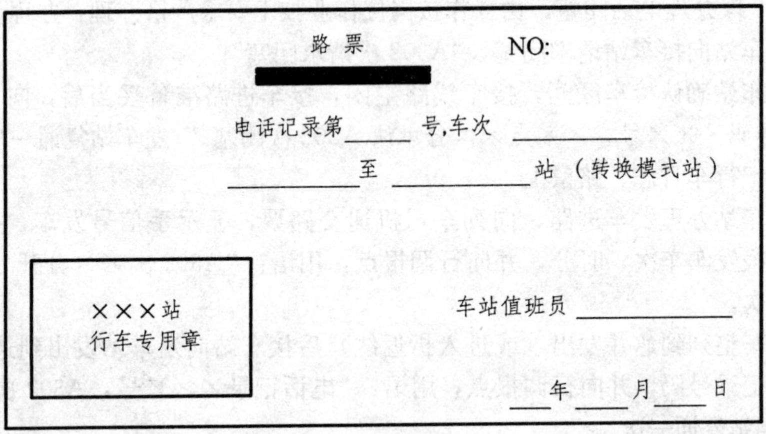
路票　NO:

电话记录第____号,车次____

____至____站（转换模式站）

×××站
行车专用章

车站值班员____

____年____月____日

**图 7.12　调度命令样式**

4. 路票的使用规定

(1) 路票必须按顺序逐张使用，路票由行车值班员亲自签发，并对路票的电话记录号码、车次、方向、站印、日期以及当班行车值班员姓名进行确认。

(2) 路票作为行车凭证有一定严肃性，不得随意涂写、撕毁，作废路票需写明作废原因作成记录连同废票交接，并保管备案。

(3) 车站必须设专人负责路票按顺序、方向核对及保管和领取，对使用过的路票由行车值班员注销后，按上下行分开交车站由专人保管。

(4) 在路票上必须填写的内容为：电话记录号码、车次、当班行车值班员的签名及时间。

(5) 接班前，各站路票的备量上下行各 30 张，交班时，在交接簿上将路票余量及编号情况予以记录，接班的行车值班员负责对到站、上下行、顺号进行复核。

## 【项目小结】

工作任务一的完成需要两站工作人员充分协调，高度合作，按规定程序办理，操作次序和用语要求严格规范，不可出差错。工作任务的完成主要围绕着车站行车值班员在半自动闭塞条件下的岗位工作技术要求做了介绍。车站值班员平时的工作职责主要是监控车站计算机的运作，通过车站计算机监控站级设备运作情况。而半自动闭塞的办理程序较为繁复，但这些又都是安全行车的基础和所必须的，因此，车站值班员等工作人员切不可怕麻烦、图省事，"节约"其中的步骤或部分用语，应勤加练习，严格按岗位技术要求规定的程序和用语来操作以保障行车安全的万无一失。

随着任务的开展，还介绍了半自动闭塞的其他相关知识，包括半自动闭塞的特点、组成设备及部分设备工作原理等，在扩展知识里还介绍了自动闭塞的特点，三显示、四显示自动闭塞，此外还介绍了一些移动闭塞的知识。

工作任务二的电话闭塞法是一种代用闭塞法，采用时需明确有上级行车组织者的命令，采用时应严格按照规定程序和用语办理，出现异常情况一定要及时跟行调等行车组织相关人员联系，以确保安全组织行车。除了完成任务所必须掌握的知识之外，本项目也介绍了电话闭塞法的特点、适用条件、办理程序及规范等内容。

## 【思考与实训】

(1) 怎样为多列车情况下在区间办理半自动闭塞？试总结多列车、同一列车的闭塞办理有什么异同点？

(2) 怎样取消 $A302$ 次在 $A$ 站与 $B$ 站间的电话闭塞？

(3) 本项目中提到了哪几种闭塞方法？各有什么特点？试比较说明。

(4) 什么是三显示和四显示自动闭塞？两者有何主要区别？

(5) 在半自动闭塞情况下办理接发列车，值班站长应怎样做？

(6) 在电话闭塞情况下办理接发列车，值班站长应怎样做？

# 项目八　通　信　设　备

## 工作任务 1　使用指定通信设备对乘客
进行客运广播

### 【任务分析】

　　城市轨道交通通信系统主要包括传输、无线、公务电话、调度电话、站内及轨旁电话、闭路电视、有线广播、时钟等。

　　常用的对乘客进行客运广播的通信设备主要有位于车控室的站长广播台、位于每侧站台中部的站台广播台和站务人员使用的无线便携台。

　　安装于城市轨道交通控制中心的智能广播台在紧急情况下可以用来对控制中心大楼进行广播，也可以对任何车站的任何区域进行广播。

　　本任务以某地铁为例，主要分析利用车站的两种指定通信设备（站长广播台、无线便携台）对到达和出发的列车进行常规的录音或非录音客运广播。各城市轨道交通对通信设备的运用规定会有所不同，使用者需注意区别。

### 【相关知识】

　　城市轨道交通通信系统为运营、管理及维修人员或其他系统设备在一定的服务范围内提供通信服务。城市轨道交通通信系统的服务范围包括运营控制中心、车站、车辆段、车站站内及线路沿线。

#### 一、传输系统

　　一般的，城市轨道交通通信是最重要的子系统，除了传输通信系统所需的语音、数据、图像等各种信息外，还可以传输电力监控、自动售检票（AFC）、列车自动监控（ATS）、防灾报警（FAS）、机电设备监控等其他系统的信息。

#### 二、电话系统

　　电话系统可分为三个子系统。

1. 公务电话子系统

公务电话子系统为地铁管理、运营及维修人员提供电话语音通信。

2. 调度电话子系统

城市轨道交通调度电话子系统是为列车运营、电力供应、日常维护、防灾救护提供指挥手段的专用通信系统，主要由调度总机、调度台、调度分机三部分通过传输系统或相应的通信缆线连接而成。调度电话子系统可为控制中心指挥人员，如行调、电调、环调、维调等提供专用直达通信，具有单呼、组呼、全呼、紧急呼叫和录音等功能。

调度总机是调度电话子系统的核心部分，可组成多个独立调度系统（如行调、电调、环调、维调等）。

调度台是调度业务的操作控制台，设在中央运营控制中心（OCC）。调度分机为普通电话机。总机与分机通过传输系统提供的点对点式专用音频话路连接。调度分机呼叫调度台，按热线功能方式的无需拨号，举机即通。调度分机对调度台的呼叫可区分为一般呼叫和紧急呼叫。

调度电话子系统的主要应用功能有以下几种：

（1）通话功能。城市轨道交通控制中心各调度系统的中心调度员与各站（段）相应系统的分机用户可直接呼叫通话，部分城市轨道交通控制中心一条线路设两个行调点，其中，行调1调度员与行调2调度员可同时对行车调度电话分机进行呼叫通话。行车调度系统分机呼叫调度台时，两个调度台同时振铃，抢答通话。控制中心各调度员之间可直接呼叫通话。值班主任与控制中心各调度员可直接呼叫通话。各分机之间不允许通话。

（2）选叫功能。调度台呼叫分机时可单呼、组呼、全呼。分机呼叫调度台时可区分为一般呼叫和紧急呼叫。分机呼叫调度台，调度台可显示呼叫分机号码及中文站名。紧急呼叫时有灯光指示，液晶屏同时显示"紧急"字样，以示区别。

（3）会议功能。调度台可以方便地召集电话会议，会议的参加方能由调度台灵活的设置。城市轨道交通调度电话子系统有的可支持 $\geqslant 1+30$ 方会议电话。调度员可指定会议成员发言，会议成员也可向调度员提出发言请求。

（4）录音功能。调度员与分机的通话及各调度员之间的通话能在控制中心以数字方式自动记录在多信道录音设备上。录音设备记录的通话文件保存在计算机硬盘上并可转录长期保存。

3. 站内及轨旁电话子系统

站内及轨旁电话子系统可为车站站内各有关部门提供与车站值班员之间的直达通话，并且车站值班员可以呼叫其他相关车站的车站值班员。轨旁电话还可选择相邻站或接入公务电话子系统。

（1）站内电话系统。车站内有站厅、站台、售票亭、值班室、站控室等各个不同的岗位，这些岗位之间通常需要大量而频繁的联系。

站内电话由车站电话总机、车站值班台（值班员电话机）、电话分机、轨旁电话机共同组成站内及轨旁电话子系统，实现站（段）内重要部门有关人员的点对点直接通话、相邻车站值班人员之间及轨旁人员的直接通话。

（2）轨旁电话。为了列车司机和维修人员在紧急情况下，能及时与车站以及有关部门进行联系，在铁轨沿线以及地铁隧道里，每150～200 m左右设置一部轨旁电话，以供维护人员使用。

### 三、无线集群调度系统

城市轨道交通无线通信系统在通信系统中作用重要，是内部固定人员（如控制中心调度员、车站值班员等）与流动人员（如司机、站务人员、设备维修人员等）之间进行高效移动通信联络的唯一手段。

城市轨道交通无线通信系统包括行车调度台、车辆段调度台、环控调度台、维修调度台、保安调度台等。调度台通过因特网与服务器及中央电子柜相连接，实现各个调度台都对应有该用户组用户，如行车调度台下属有正线运营车载电台、站务人员手持电台、车控室车站台。每个组别的用户只能呼叫所对应的调度台，如确要与其他调度台通话，须经调度转接。

1. 车载电台

车载电台安装在城市轨道交通列车的前后两端驾驶室各一台，为司机提供移动通信功能，并通过系统跟ATS连接。车载电台会显示列车所属范围和车次，并自动更换。

2. 车站台

车站台安装于每个车站的车控室，车站值班站长（或车站值班员）可通过车站台跟行调联系，经行调转接还可与司机通话。

3. 手持电台

手持电台主要提供给站务人员、维修人员等不固定地点作业人员跟调度通话。如深圳某地铁站务人员使用800兆便携电台，广州地铁某线站务人员使用的是诺基压便携电台。

一般的，移动台的通信功能主要有一般呼叫、紧急呼叫、短信息收发、调度台对移动台的群呼、对列车的广播等。

### 四、时钟系统

时钟系统用于为城市轨道交通的乘客提供一个标准的时间信息，并且为有需要的其他系统提供一个用于同步的标准GPS时间信息。

由GPS为城市轨道交通通信、信号、城市轨道交通自动售检票AFC系统、楼宇防灾报警系统、火灾报警系统、电力监控系统等提供统一的时间信息。

## 五、闭路电视系统

闭路电视系统（简称 CCTV 系统）是城市轨道交通安全技术防范体系中的一个重要组成部分，是一种先进的、防范能力极强的综合系统。它可以通过摄像机及其辅助设备（镜头、云台等）直接观看被监视场所的一切情况；可以把被监视场所的图像内容、声音内容（如有需要）同时传送到监控中心，且可以把被监视场所的图像及声音全部或部分地记录下来，为事后对某些事件的处理提供方便及重要依据。

CCTV 系统主要作用是监视城市轨道交通车站范围内，包括站厅、站厅站台出入口、站台、售票、乘客出入闸机的情况，确保车站的安全和乘客的安全及进行合理的客流组织。同时监视城市轨道交通列车的运行状况和乘客上下车的情况，确保列车的安全运行。

一条城市轨道交通线路一般包括若干个车站、1 个车辆段和 1 个运营控制中心。其中控制中心负责监控全线的运营情况，负责组织调度列车的运行。车站的站务人员则负责监控本车站范围内的运营情况。

城市轨道交通采用两级控制方式，包括控制中心的中心级控制和各车站的车站级控制方式。车辆段是独立于中心级和车站级的，并不要求安装 CCTV 系统。

在城市轨道交通系统中，控制中心的地位和作用十分重要。为了确保轨道交通系统的正常运营，各站的 CCTV 图像必须提供给控制中心的调度人员使用，供其监视各站的客流和列车运行情况，用于行车调度以及客流组织。

为了监控城市轨道交通全线的运营，以及调度列车的运行，在控制中心设置了行调、环调、电调和维调。而根据是否监视其控制场所的需要，为行调和环调设置了 CCTV 设备，包括行调和环调专用的控制键盘、监视器和录像机。这样，通过各自专用的 CCTV 设备，各调度实现了对控制范围的监视。

车站级设备提供给车站站务人员使用，通过使用车站级设备，站务人员可以监视到本车站的客流和列车运行情况，确保本车站的运营安全。

城市轨道交通车站区域可以划分为站台和站厅两部分，按照具体环境和监视范围的不同，在站台和站厅分别安装了不同数量的摄像机，确保监视到全站区域，尽可能避免死角的出现。在车站控制室和站台设置了监视器，车控室的监视器提供给站务人员使用，用于监控全站的运营情况。站台的监视器提供给列车司机使用，用于监视乘客上下车的情况。

## 六、广播系统

广播系统是用来将各种语音信息传送到用户的一种通信方式，它具有快速响应的能力。城市轨道交通广播系统可以通过控制中心的操作终端指挥整条线路的广播，使整条线路中每个车站的广播系统既独立又成为统一的整体。它主要是向广大乘客发布有关列车时间、车次变动、列车延时、行车安全、紧急情况以及突发事件等信息。

1. 组成

广播系统由机柜、广播台、噪音感应探头、扬声器等几部分组成。广播台可分为控制中心的智能广播台，车站站控室的站长广播台，各站站台的站台广播台，车辆段沿线的轨旁广播台，通号楼、检修楼、运用库桌面广播台等种类。

噪音感应探头一般每站台设2个，站厅2个，作用是用于减低噪音，提供一个控制信号至CPU来调整放大器的增益，并进一步调节站台上扬声器的声压水平。

2. 功能

智能广播台安装在控制中心，具有选择呼叫、组合呼叫、全部呼叫等功能。录音广播可分别用于维调、环调、行调。在紧急情况下，调度人员可以使用它对控制中心大楼进行广播，也可以对任何车站的任何区域进行广播。

站长广播台设置在车站控制室的控制台上，它包括语音、信号及各种控制处理，如选择呼叫、组合呼叫、全部呼叫等功能，可进行人工广播和录音广播。车站控制室的值班人员可以通过站长广播台对本站站台、站厅、办公区进行分别或同时广播。

站台广播台和轨旁广播台是一种全天候、有防护门的对讲台，它带有线路语音键和防护门，可以在恶劣的环境中使用（如高噪声、高温、有灰的环境）。玻璃钢外壳可以防止冲击，外壳符合防水标准，允许外部温度为−20℃～70℃。麦克风放大器具有音量压缩功能。

站台广播台设置在站台中部的墙上，每个站台设有一个。轨旁广播台一般设在车辆段内及地面站间的轨道沿线。

【操作过程】

1. 使用车站控制室控制台上的站长广播台

按压站长广播台的录音，就会播放相应的预先录好的客运广播。当列车快要进站时，一般播放内容为："列车很快就要进站，请勿越过黄色安全线"。

列车进站，车门打开时，一般播放内容为："欢迎到达××站，请小心列车与站台之间的空隙，按箭头排队候车，先下后上。请不要手扶车门，谨防夹伤，要下车的乘客请迅速离开黄色安全线"等内容。

2. 站台站务人员使用无线便携台对站台上候车的乘客进行候车和乘降车秩序广播

一般内容为"请不要越过黄色安全线，请勿蹲姿候车"等。

【项目小结】

本项目设置了一个工作任务：使用指定通信设备对乘客进行客运广播，使学习者体会城市轨道交通通信设备的具体使用及广播的内容，进行一种职业体验。

本项目在知识方面介绍了城市轨道交通通信系统的各个子系统，其中主要掌握无线、调度电话、站内及轨旁电话、闭路电视、有线广播、等子系统的安装位置、使用人员、主要功能。

## 【思考与实训】

(1) 模拟大客流情况时，站务人员对站台乘客进行客运广播。

(2) 调度电话具有哪些功能？

(3) 城市轨道交通广播台有哪些？分别有什么作用？请举一个实例说明。

# 项目九　车站自动售检票设备

城市轨道交通车站自动售检票（AFC）设备主要包括车站计算机、闸机、自动售票机、半自动售票机、验票机等，各设备结构关系如图4所示。车站售检票设备有多种，各城市轨道交通运营公司的设备功能也有所不同，但是基本的功能必须包括发售车票、进出站检票和对以上两种情况下的乘客事务处理。站务员必须熟悉各个设备的基本功能，同时掌握闸机、自动售票机、半自动售票机的基本操作。

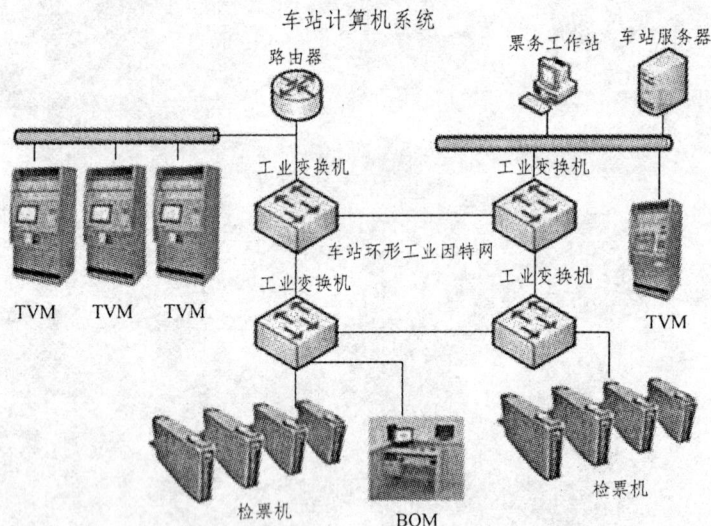

**图9.1　城市轨道交通车站自动售检票各设备结构关系**

## 工作任务 1　判断闸机的状态，并进行更换票箱操作

### 【看一看】

某城市轨道交通车站闸机如图9.2、9.3所示。

图9.2　门式闸机

图9.3　三杆式闸机

## 【任务分析】

闸机安装在各个城市轨道交通车站的付费区与非付费区交界处，是乘客进、出地铁站付费区时的检票口。对于闸机，站务人员应会判断闸机的状态，票箱的更换等操作。

## 【相关知识】

1. 闸机分类

（1）闸机按功能简单是否可分为三类：进闸机通道、出闸机通道和双向闸机；

（2）闸机按照阻挡单元形式的不同，可分为门式和三杆式两种。

2. 外部结构

闸机外部结构如图9.4所示。

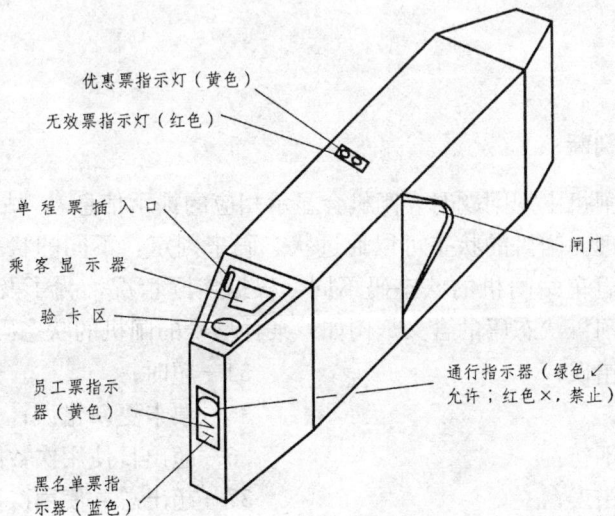

图9.4　闸机外部结构

3. 内部结构

闸机内部结构如图 9.5 所示。

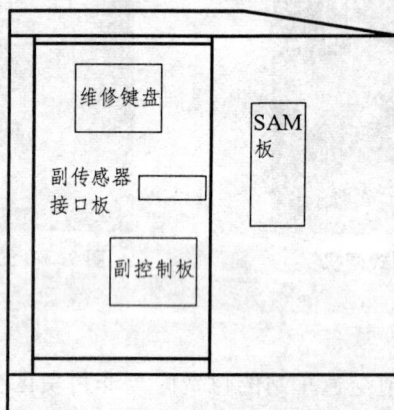

图 9.5　闸机内部结构

（1）主控制器，由通讯模块、主板、I/O（输入/输出）模块组成，控制车票读写器、单程票控制单元、扇门控制器等部件的工作。

（2）闸机面板，即乘客显示器，安装在闸机上表面，显示有关车票有效及无效的信息。

（3）单程票处理单元，控制进闸机时单程票的有效识别和出闸机时的单程票回收，包括读卡器/天线、单程票回收模块、维护面板、电源模块、通行指示器、扇门控制器、警示灯等。

【操作过程】

一、闸机状态判断

当乘客进、出闸机出现问题时，闸机会显示相应的提示信息 $s$，站务人员可根据提示信息进行引导、处理。闸机的状态可以通过状态码来判定，不同的状态码代表不同的状态。各城市轨道交通车站闸机的状态码不同，根据实际情况，为了及时处理设备故障，站务人员必须掌握闸机状态码的含义。例如，某种型号的闸机的状态码含义如下：

20—密钥认证错误；　　　　　　　　34—超时；

21—黑名单票；　　　　　　　　　　35—票卡更新错误；

22—票卡类型不符；　　　　　　　　36—超出日使用次数限制；

23—票卡状态错误；　　　　　　　　37—超出总共使用次数限制；

24—使用车站不符；　　　　　　　　38—非法类型；

25—余额不足；　　　　　　　　　　E1—写卡错误；

31—过期车票；

32—进出次序错误；

33—进站码为系统未定义车站；

E2—读卡错误；

E8—与主控制器的通信中断.

## 二、票箱更换

各个城市轨道交通车站的闸机操作会有所不同，站务员必须掌握闸机标箱更换的操作，例如某地铁公司闸机票箱更换操作：当票箱将满或已满时，闸机会向车站计算机发送相应的信息更换票箱操作。车站计算机显示该闸机票箱已满或将满信号，操作员在车站计算机上下达更换票箱的命令。闸机必须在收到这个命令后，才能进行票箱更换操作。

第一步：打开从闸机的维修门，维修面板上显示屏显示闸机自动转入关闭模式的代码（如 E—0601）

第二步：输入用户 ID 和密码，显示验证成功代码。

第三步：取出旧票箱，换上新票箱。

第四步：票箱清零。放入新票箱后，必须输入相应的命令清零，并输入新票箱 ID 号。

第五步：签退并关闭维修门。

# 工作任务 2　使用自动售票机购买单程票、补充硬币、补充单程票、取出钱箱

## 【看一看】

图 9.6 为自动售票机。

## 【任务分析】

自动售票机（TVM）安装在非付费区，用以发售单程车票，有些城市地铁的 TVM 还具有对地铁储值票进行充值的功能。乘客按照操作提示，完成相应购票或加值操作后，自动售票机将向乘客发售指定购买面值及数量的单程车票或将指定金额加入乘客的储值票中。站务人员需要掌握 TVM 的状态判断，

图 9.6　自动售票机

钱箱、票箱的更换以及简单故障的处理，并能引导乘客购票。各城市地铁 TVM 的操作会有所不同，本任务以珠三角某城市地铁的某种型号的 TVM 为例进行 TVM 的基本操作描述。

## 【相关知识】

### 一、自动售票机的功能

自动售票机用于地铁乘客自助性购买单程票，同时有的还可为地铁专用储值票充值并具有找零功能。

### 二、内部结构

自动售票机内部结构如图 9.7 所示。

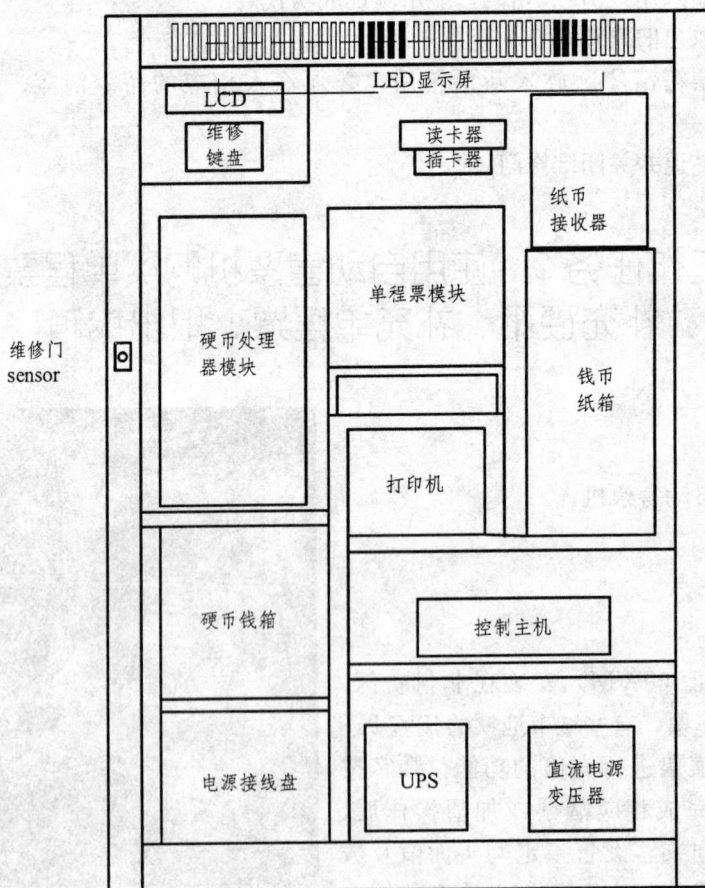

**图 9.7　自动售票机内部结构**

（1）乘客显示屏 LED 线路板、控制板；

（2）硬币处理模块：包括硬币投币口、硬币验币器、硬币找零器、硬币钱箱等，可辨识/接受投入硬币金额及找出硬币。

（3）纸钞处理模块：包括纸钞验币器、纸钞钱箱；

（4）单程票出售模块：包括存票箱、出票机、补票箱，用于发售单程票；

（5）打印机：打印各类报表及数据；

（6）控制主机：控制 TVM 各项动作及输出；

（7）维修操作盘和显示屏：提供操作员或维修人员操作 TVM；

（8）UPS：当市电中断时，可暂时提供 TVM 临时电源；

（9）直流电源供应器：提供 TVM 直流电源；

（10）交流电源盘：连接市电，用于提供 TVM 电源；

## 三、任务实施

TVM 的操作分为乘客操作（购票）和车站人员操作两方面。

### （一）乘客购买单程票操作

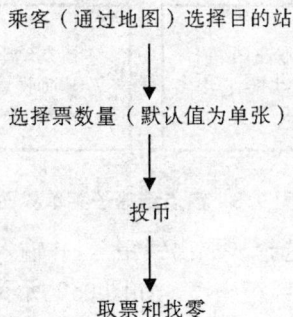

乘客（通过地图）选择目的站

↓

选择票数量（默认值为单张）

↓

投币

↓

取票和找零

### （二）车站工作人员操作

车站工作人员必须掌握对 TVM 进行记录查询、取出钱箱、补充硬币、补充单程票等操作，所有操作都必须首先登录。

1. 登录

用专用钥匙打开 TVM 维修门，并在操作面板上输入操作员号及密码进行登录。登录后，站务员级会显示以下界面：

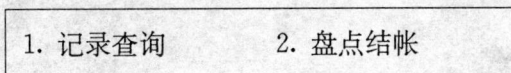

| 1. 记录查询 | 2. 盘点结帐 |

2. 查询记录操作

点击记录查询，可查询交易、开门、钱箱取出等记录，并进行结帐打印。

(1) 交易记录，可查询最近 100 笔之交易资料，内容包括日期、时间、投入金额、应付金额、找零金额、投入硬币数、投入纸币数、出票张数等；

(2) 开门记录，可查询最近 50 笔之开门记录

(3) 钱箱记录，可查询最近 100 笔取出钱箱之日期、时间、钱箱 ID 号码及钱箱之内存量。

3. 更换钱箱操作

通过 SC 查询 TVM 钱箱将满时或在运营期间 TVM 乘客显示屏左上角显示钱箱将满的故障代码时或运营结束后，工作人员能对存放在现金区内的硬币回收箱、纸币箱及找零硬币钱箱进行更换操作。在更换钱箱前，必须由上级 AFC 系统向自动售票机下达更换钱箱命令，或者操作员在打开维修门后在维修面板输入员工编号及密码，由自动售票机检查其是否具备更换钱箱的权限，否则开启现金安全门或移动钱箱将报警。

具体步骤：

(1) 登录；

(2) 在主菜单画面，按【2】选择"盘点结帐"转入子菜单界面，如图 9.8 所示。

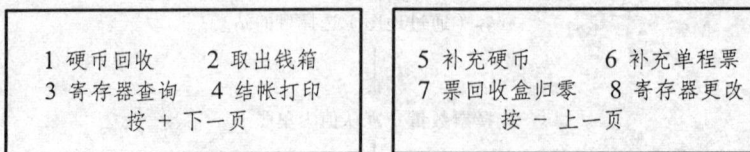

| | | | |
|---|---|---|---|
| 1 硬币回收 | 2 取出钱箱 | 5 补充硬币 | 6 补充单程票 |
| 3 寄存器查询 | 4 结帐打印 | 7 票回收盒归零 | 8 寄存器更改 |
| 按 + 下一页 | | 按 − 上一页 | |

**图 9.8 盘点结帐子菜单界面**

(3) 在子菜单界面按【2】选择"取出钱箱"，并输入取钱箱代号及密码。

(4) 用专用钥匙打开 TVM 钱箱座锁，如图 9.9 所示。

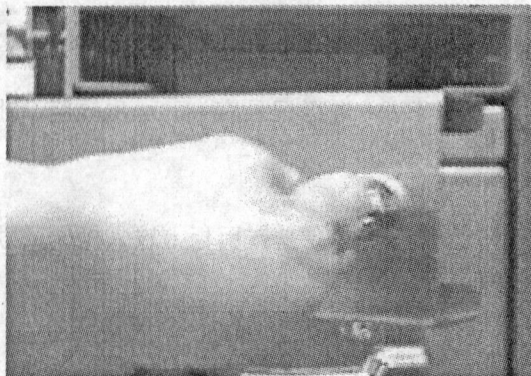

**图 9.9 用专用钥匙打开钱箱座锁**

（5）站于机器左边，右手拉住钱箱拉环，先拉出一半，待左手能完全托住钱箱时，再慢慢拉出钱箱，如图9.10所示。

（6）放入新的钱箱。

（7）锁回钱箱座锁。

4. 补充硬币操作

每天运营开始前两个小时或运营期间在TVM显示屏上显示"硬币不足"相关信息时，需及时补币。

具体步骤：

（1）登录；

（2）在主菜单画面，按【2】选择"盘点结帐"转入子菜单界面（见图9.7）；

（3）在子菜单界面按【5】选择"补充硬币"，转入下级子菜单；

（4）可选择"投币补充"或"大量补充"方式进行补币，大量补币时需在维修操作板上键入所补入硬币的个数。

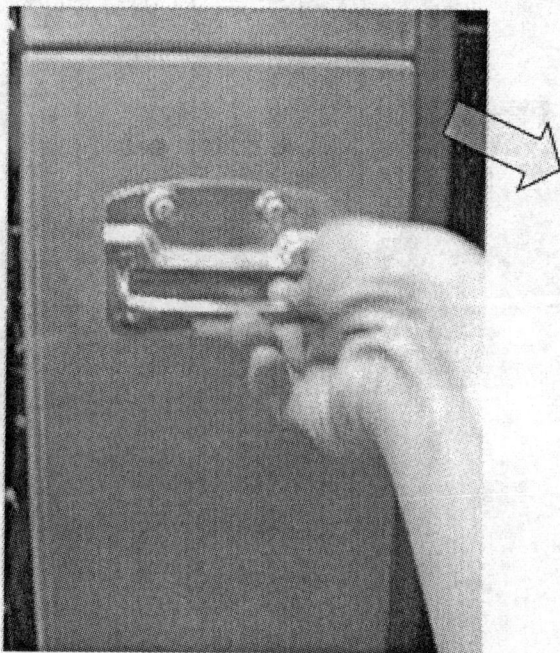

图 9.10　拉出 TVM 钱箱

5. 补充单程票操作

每天车站运营开始前或运营期间在TVM显示屏上显示"车票不足"相关信息时，需进行补票。

具体步骤：

（1）登录；

（2）在主菜单画面，按【2】选择"盘点结帐"转入子菜单界面（参见图9.8）；

（3）在子菜单界面按【6】选择"补充单程票"；

（4）将补票票筒插入出票模块上方轨道后，用钥匙打开将隔板拉出，等补票票筒内之票进入票筒内，再将隔板推回钥匙关回，将补票票筒取出；

（5）操作人员在维修操作板上键入所补入单程票的个数。

6. 故障判断

TVM若有任何异常，会将故障代码显示于乘客显示屏左上方，站务人员应掌握TVM的故障代码，以便清楚了解TVM现况。如某型号TVM中，C2023表示1元硬币内存量为零；B3002表示有纸币卡于进入纸币箱位置；S7005表示普通票出票器卡票；S7008表示普通票出票器软件内存量为零，等等。

# 工作任务 3　使用半自动售票机（BOM）进行车票分析、无效更新、退款等操作

## 【看一看】

图 9.11 为半自动售票机。

**图 9.11　半自动售票机（BOM）**

## 【任务分析】

城市轨道交通各车站的售票处都配备有半自动售票机，BOM 安装的位置要兼顾付费区和非付费区的乘客。站务员应熟练掌握使用半自动售票机对车票进行分析、发售、无效更新、充值、非即时退款、交易查询及收款记录等操作。各城市轨道交通车站的 BOM 操作会有所不同，使用时需注意区别。本任务以某种型号的 BOM 进行操作描述。

## 【相关知识】

### 一、功能

半自动售票机由站务员操作，可分别处理非付费区和付费区的乘客事务，其具体功能如下：

（1）发售单程票和储值票；

（2）对车票进行分析、更新、加值、交易查询等处理；

（3）处理非即时退款；

（4）处理车站乘客事务，对行政处理进行记录；

(5) 为车站运营部门提供相关信息服务。

## 二、外部结构组成

半自动售票机外部结构组成如图 9.12 所示。

图 9.12　半自动售票机外部结构组成

硬件组成：

（1）主控制器：使用标准 PC 控制器。

（2）操作员显示器。

（3）乘客显示器。

（4）电控钱箱：当操作中有涉及现金的操作，钱箱抽屉会自动弹出；当操作员完成现金操作后，需推回抽屉使钱箱关闭。

（5）键盘、鼠标。

（6）票据打印机，为乘客提供打印票据。打印内容包括：相关交易的单据，班次报告，行政处理单据。

（7）单程票发售模块。

（8）票卡读写器，对乘客持有的单张车票进行分析、更新、赋值、加值、替换、退款、交易查询等处理时的操作平台。

（9）单程票票盒，装插在单程票发售模块的箱体外，是乘客向 BOM 操作员购买单程票的出票口。

## 三、任务实施

操作员在进行业务处理时，可以通过半自动售票机的显示器查看票卡属性、卡内信息、现金处理、操作指示等信息。通过操作 BOM，可对非付费区进行车票分析、发售、无效更新、加值、退款、查询、行政事务处理等，为付费区乘客提供无效车票的分析及处理功能。

操作步骤：

(1) BOM 登录，如图 9.13。

图 9.13　BOM 操作登录

使用 BOM 必须先进行登录，输入操作员 ID 及口令完成登录后，进入 BOM 主操作界面，如图 9.14 所示。

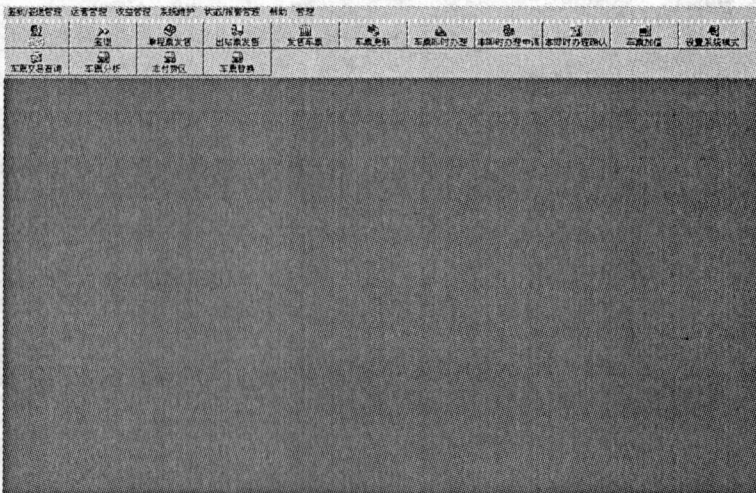

图 9.14　BOM 主操作界面

（2）在主操作界面按下操作所需按钮，如［车票分析］，弹出相应的界面（见图9.15），按照界面提示进行操作，可实现出售车票、车票分析、车票更新、车票加值、车票非即时办理等功能。

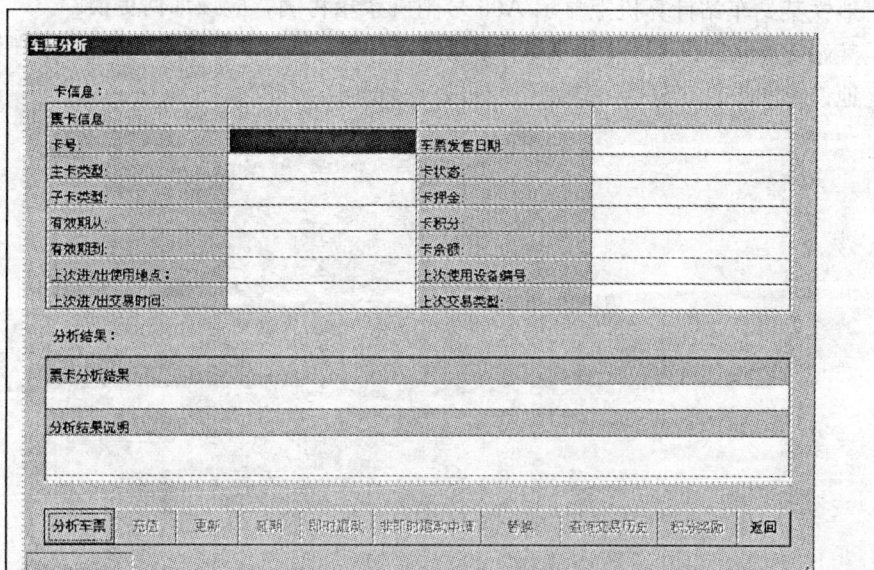

图 9.15　BOM 车票分析界面

在完成对车票分析后，票房售票机可以根据分析结果及无效原因对票卡作进一步的处理，如更新、加值、替换、退款、给予优惠等。

（3）BOM 退出。当操作结束后，按［签退］，弹出签退窗口，操作员输入操作员 ID 及口令完成退出，票据打印机即时打印当班操作员的操作记录。操作员的所有操作将上传到车站及控制中心。

## 【项目小结】

本项目围绕车站自动售检票设备的基本操作技能展开，分解为闸机的操作、自动售票机的使用和半自动售票机的使用三个任务，每项任务又由若干个系列任务组成。具体来说，闸机的操作主要应学会闸机状态的判断及票箱的更换方法；自动售票机除会引导乘客购买单程票外，还需要掌握查询记录、更换钱箱、补票、补币等操作，并能根据 TVM 显示的故障代码判断其状态；在半自动售票机的使用中，要求掌握利用 BOM 办理车票的发售、分析、无效更新、替换、退款等的操作方法。

为了更好地掌握车站售检票设备的操作技能，必须熟悉设备的基本结构和性能，为此，在每项任务的相关知识部分介绍了各设备的分类、功能以及结构组成等基础知识。

**【思考与实训】**

(1) 车站售检票设备主要指哪些设备?

(2) 地铁某站车站计算机上显示 A05 号闸机票箱将满,应该如何更换?

(3) 某站 B 端 02 号 TVM 显示纸币钱箱将满,作为客运值班员,你应该如何处理?

(4) 地铁 BOM 通常包括哪些设备? 可以实现哪些功能?

# 项目十 车站机电设备

## 工作任务 1 车站各种消防设备的运用

【想一想】

(1) 车站如何实现防灾报警和消防灭火？

(2) 如何使用车站内的消防设备？

【看一看】

消防设备如图 10.1 所示。

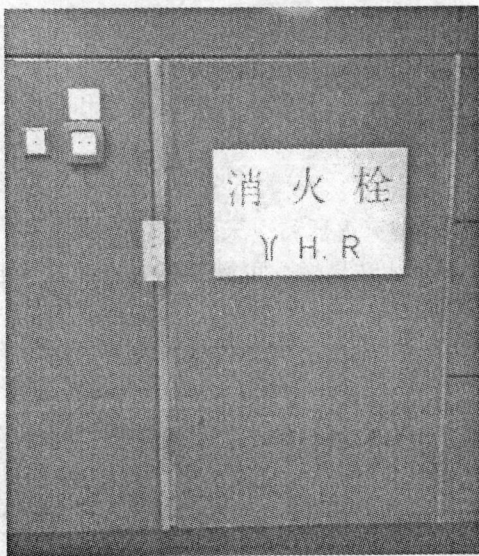

(a) 消火栓

(b) 灭火器

图 10.1 消防设备

## 【任务分析】

车站是乘客候车、乘车的地方，人员比较集中，故保证乘客的生命安全是最重要的。如果发生火灾，在消防队赶到之前工作人员要利用消防设备对火势进行控制，尽可能降低火灾带来的损失和乘客的安全隐患。城市轨道交通车站常用的消防设备有消火栓、手提式灭火器和新型的烟烙尽系统。车站站务人员必须掌握车站基础灭火装置的使用方法，并根据实际情况进行实操。

## 【相关知识】

城市轨道交通车站火灾防护的流程如图 10.2 所示。

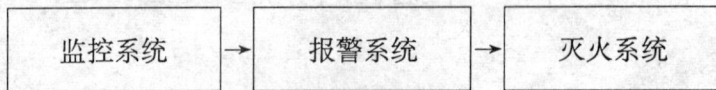

监控系统 → 报警系统 → 灭火系统

**图 10.2　灭火防护流程图**

### 一、监控、报警

防灾报警系统（Fire Alarm System，简称 FAS），FAS 系统的探测点分布在站厅、站台、一般设备用房和管理用房等处所，对保护区域进行火灾监视，达到早发现、通报并发送火灾联动指令的作用。

### 二、灭火

城市轨道交通系统常用的灭火器材（设备）主要有：消火栓、各类灭火器和自动气体灭火系统。

1. 手提式灭火器

常用的手提式灭火器主要有干粉灭火器、二氧化碳灭火器和泡沫灭火器。

（1）干粉灭火器，适用于扑救各种易燃、可燃液体和易燃、可燃气体火灾，以及电器设备火灾。

（2）二氧化碳灭火器，主要适用于各种易燃、可燃液体、可燃气体火灾，还可扑救仪器仪表、图书档案、工艺器和低压电器设备等的初起火灾。

（3）泡沫灭火器，主要适用于扑救各种油类火灾、木材、纤维、橡胶等固体可燃物火灾。

**注意**：在使用手提式灭火器时要注意风向，尽量避免顺风灭火，以免灭火气体或粉末进入眼睛。

2. 自动气体灭火系统

自动气体灭火系统布置在重要的设备房，如变电所高低压室、通信设备室、环控电控室、信号设备室等，以实现对这些房间全天候的火灾监视及自动喷气灭火功能。

城市轨道交通常采用的气体自动灭火系统以二氧化碳灭火系统、卤代烷灭火系统（如1301）、七氟丙烷灭火系统（FM200）和烟烙尽灭火系统为主。

前面三种灭火系统对大气或人体有不同程度的伤害，现在都在逐步更换、淘汰。而新型环保的烟烙尽气体灭火系统因具有保护生命、保护环境和保护财产的优点，现阶段备受推广。

烟烙尽是一种既不支持燃烧，又不与大部分物质产生反应，来源丰富，无腐蚀性气体。由52％氮气、40％

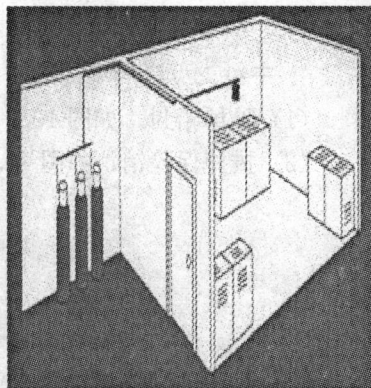

图10.3　烟烙尽系统布局示意图

氩气、8％二氧化碳三种气体组成，通过稀释空气中的氧气，达到灭火的目的。由于该气体不会腐蚀设备，主要用于保护变电所、环控电控室、信号设备室、通讯设备室等房间，如图10.3所示。

烟烙尽系统设备可以分成两大部分，即药剂储存和喷放设备、报警和控制设备。共有三种操作方式：自动控制、手动操作和机械式应急操作。

一般情况下，烟烙尽气体灭火系统处于自动控制状态，当保护区内有人工作时，可将系统的控制转为手动控制状态。

图10.4　破玻报警器

## 【操作步骤】

### 一、消火栓

（1）按下报警按钮。

如果是破玻报警装置，需击碎玻璃片，如图10.4所示。

（2）打开消火栓箱，取出水带。

（3）抛水带。

（4）接水带。

（5）接水枪、打开水龙头。

（6）灭火。

**注意**：如遇电器火灾，应先断电后灭火。

图10.5为消火栓内部结构。

图10.5　消火栓内部结构

## 二、手提式灭火器

1. 干粉灭火器的操作

(1) 除掉铅封，如图 10.6 所示

(2) 拔掉保险销，如图 10.7 所示。

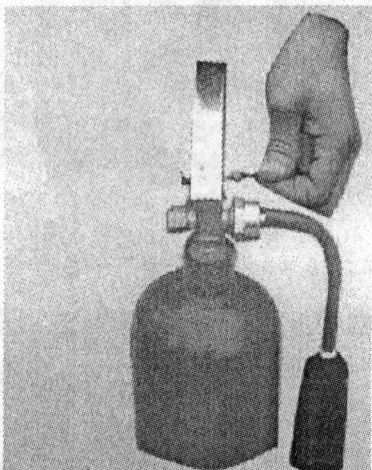

图 10.6

图 10.7

(3) 左手提着喷管，右手提着压把，如图 10.8 所示。

(4) 在距火焰两米的地方，右手用力压下压把，左手拿着喷管左右摆动，喷射干粉覆盖整个燃烧区，如图 10.9 所示。

图 10.8

图 10.9

2. 二氧化碳灭火器的操作

(1) 除掉铅封（同干粉灭火器）；

(2) 拔掉保险栓（同干粉灭火器）；

(3) 站在距火源两米的地方，左手拿着喇叭筒，右手用力压上压把，如图 10.10 所示。

(4) 对着火焰根部喷射，并不断推前，直至把火焰扑灭，如图 10.11 所示。

图 10.10                                         图 10.11

3. 泡沫灭火器的操作

(1) 右手捂住喷嘴，左手执筒底边缘，如图 10.12 所示。

(2) 把灭火器颠倒过来呈垂直状态，用劲上下晃动几下，然后放开喷嘴，如图 10.13 所示。

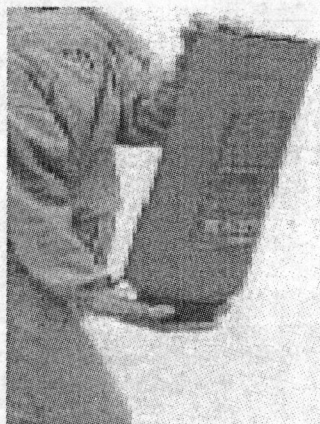

图 10.12                                         图 10.13

(3) 右手抓筒耳，左手抓筒底边缘，把喷嘴朝向燃烧区，站在离火源八米的地方喷射，并不断前进，兜围着火焰喷射，直至把火扑灭，如图 10.14 所示

(4) 灭火后，将灭火器喷嘴朝下卧放在地上，如图 10.15 所示。

图 10.14                                    图 10.15

### 三、全自动气体灭火（烟烙尽）系统

烟烙尽系统手动操作：

（1）手拉启动器（见图 10.16）拉动后，控制盘上应出现声、光报警号，并显示出是电气式启动器已动作。同时控制盘应输出信号，并引起如下的联动。

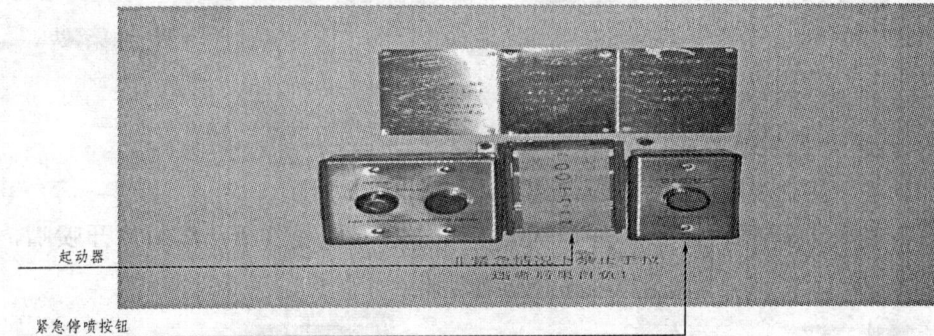

图 10.16　烟烙尽手动控制按钮

（2）保护区内蜂鸣器及闪灯开始鸣叫并发出闪光。

（3）输出火警信号至消防报警系统总控制盘，即 FAS 系统，如图 10.17 所示。

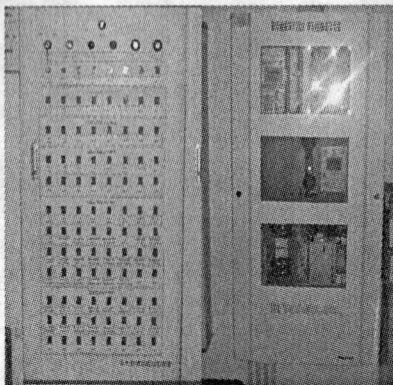

图 10.17　消防报警系统总控制盘

（4）不经过延时直接启动主动钢瓶和电磁选择阀上电磁阀启动器，从而开启主动钢瓶和电磁选择阀，系统向保护区范围内喷射烟烙尽气体。

（5）设在气体输送管道上的压力开关动作后，同时输出信号至消防报警系统总控制盘。

**注意：**在自动控制时，如发现是系统误动作，或确有火灾发生但仅使用手提式灭火器或其他移动式灭火设备即可扑灭火灾，可按下设在保护区域门外的紧急停止开关（需持久按下，直至系统复位），可使系统暂时停止释放药剂。图 10.18 为烟烙尽现场表示盘。

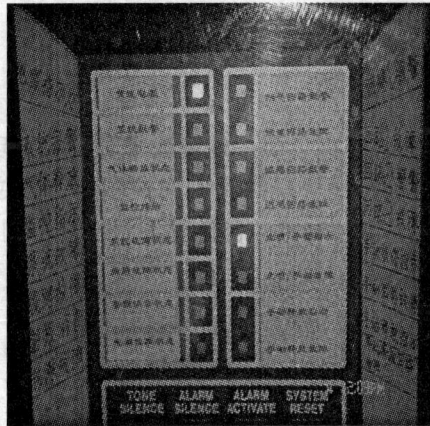

图 10.18　烟烙尽现场表示盘

## 【拓展知识】

### 一、防灾报警系统的功能

（1）能监视车站消防设备的运行状态、接收车站火灾探测器、手动报警按钮等现场设备的报警信号并显示报警位置；

（2）优先接收控制中心发出的消防救灾指令和安全疏散命令，并能在发生火灾时，发出模式指令使机电设备监控系统运行转入火灾模式，实现消防联动，同时可通过事故广播系统和闭路电视系统组织疏散乘客；

（3）对气体灭火系统保护区域进行火灾监视，达到及早发现火灾，通报并发送火灾联动指令的作用。

### 二、防灾报警系统的构成

防灾报警系统包括中央级设备和车站级设备。

1. 中央级设备

图形控制中心，实现对全线火灾情况的监控和时钟同步功能。

## 2. 车站级设备

火灾报警控制盘，图形监视计算机及智能式光电烟感探测器、红外光束探测器、手动报警按钮、警铃及消防对讲电话等，实现火灾监视和消防联动功能。

智能式光电烟感探测器（见图 10.19）：系统使用智能型光电烟感探测器的作用是监视环境中有没有火灾发生，探测器根据环境的火灾特征物理量，如温度、烟雾、气体和辐射光强等，进行火灾是否发生的判断。如果是火警就立即向火灾报警控制盘发送报警信号。

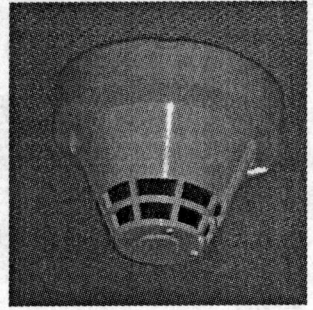

**图 10.19　烟感探测器**

### 三、FAS 报警及故障的处理

如果 FAS 系统报火警，接报后要按地址表带对讲机到现场查看，如现场报警属实马上上报并根据情况组织救火，如属误码报则在控制盘上复位（如是手拉报警器报警则用钥匙在现场复位），如 FAS 报故障则将故障情况报维修部门。

# 工作任务 2　模拟地下车站发生火灾时组织乘客疏散

## 【想一想】

地下车站发生火灾时如何引导乘客疏散？

## 【任务分析】

地下车站由于是通过挖掘方法获得的建筑空间，隧道外围是土壤和岩石，只有内部空间而没有外部空间，且仅有与地面连接的通道作为出入口，不像地面建筑有门、窗，可与大气连通。因此，发生火灾时救援困难。当站厅或站台发生火灾时，站厅和站台的工作人员应该以保护乘客生命安全为第一要务，疏散乘客并根据火灾现场情况运用消防设备控制火势。在进行疏散乘客时，要注意根据火势以及广播提示引导乘客，不能造成站台、站厅内的乘客慌乱，避免造成现场混乱，发生拥挤和踩踏现象。学习者学习相关知识后，可进行模拟实练。

## 【相关知识】

与地面建筑相比，城市轨道交通系统地下车站发生火灾时的特点主要表现在以下几个方面：排烟散热差，火情探测和扑救困难，人员疏散困难。

首先，地下隧道完全靠人工照明，致使正常电源照明就比地面建筑自然采光差，加之火灾时正常电源被切断，人的视觉完全靠事故照明和疏散标志指示灯保证。火灾时产生大量浓烟，使人员疏散极为困难。当地下车站发生火灾时，人只有往上逃到地面上才算是安全的，人员的逃生方向与烟气的自然扩散方向一致，但烟的扩散速度一般比人的行动快，所以地铁发生火灾时人员疏散很困难。

## 【操作过程】

### 一、当站台发生火灾时

（1）站台工作人员要确认火灾位置、大小及性质，第一时间进行灭火；

（2）如果火灾一时扑救不了，关停站台电扶梯，立即向站厅疏散乘客，并拦截进站乘客：

① 如果乘客在起火部位的周围，要以最快的速度，选用距地面距离最近的安全出口组织乘客逃生；

②如果乘客所处的位置在起火点的相反方向，不要向起火点方向靠近，引导乘客向火灾蔓延的相反方向，沿着疏散指示标志撤离；

（3）当有客车在该站通过时要做好站台乘客的安全防护。

### 二、当站厅发生火灾时

（1）站厅工作人员确认火灾位置、大小及性质，第一时间进行灭火；

（2）确认火灾不可扑救后，关停电扶梯，指引乘客疏散出站；

（3）指引乘客出站时，要向远离起火点的出入口疏散，并拦截乘客进站；

（4）当站台停有列车时，立即通知司机火灾信息，也可将站台的乘客疏散到列车上，通知司机立即关门开车，阻止车上乘客下车，劝告乘客到下一车站下车。

# 工作任务 3　自动扶梯的开启与关闭

## 【想一想】

（1）自动扶梯由哪几部分组成？
（2）怎样开、关自动扶梯？

## 【看一看】

图 10.20 为某地铁线的自动扶梯，图 10.21 为韩国地铁内的自动扶梯。

图 10.20  某地铁线提升高度最高的自动扶梯

图 10.21  韩国地铁内的自动扶梯

## 【任务分析】

电、扶梯作为地铁车站内疏散乘客的重要工具，对客流及时疏散起到了至关重要的作用。城市轨道交通系统的车站均设有各类电梯，各类电梯又有各自的操作方法以及受用群体。本任务主要针对站务员、客运服务员岗位群，让学习者学会手扶电梯的开启与关闭操作。由于电扶梯品牌较多，这里以的"日立（HITACHI）"电梯为例，供学习者学习。由于电扶梯不同的品牌操作方法不同，因此，学习者可根据实际可供操作的电扶梯品牌调整任务的操作步骤。

## 【相关知识】

自动扶梯也称电扶梯，它的用途主要是解决乘客的快速疏通。在列车到达后，大量的乘客乘电扶梯从候车站台向地面站厅疏散。

### 一、电扶梯的优缺点

（1）结构紧凑、重量轻、输送能力大，对客流的及时疏散起到了至关重要的作用；

（2）运行平稳、舒适感好，能连续地运送乘客；

（3）通过控制，可上下逆转，安装维修方便；

（4）可设置为省电模式（即没人使用时，通过控制运行速度从而降低电能消耗）；

（5）停电时，能作为普通扶梯使用；

（6）与液压梯相比，电扶梯在提升乘客高度的同时花费的时间也较长；

（7）造价较高；

（8）对乘客伤害的几率高，梯级的间隙容易夹伤乘客，如果有乘客摔倒会导致后续乘客接连摔倒而造成伤害。

### 二、自动扶梯的构造

自动扶梯从外观上看，包括 4 个主要部分，如图 10.22 所示。

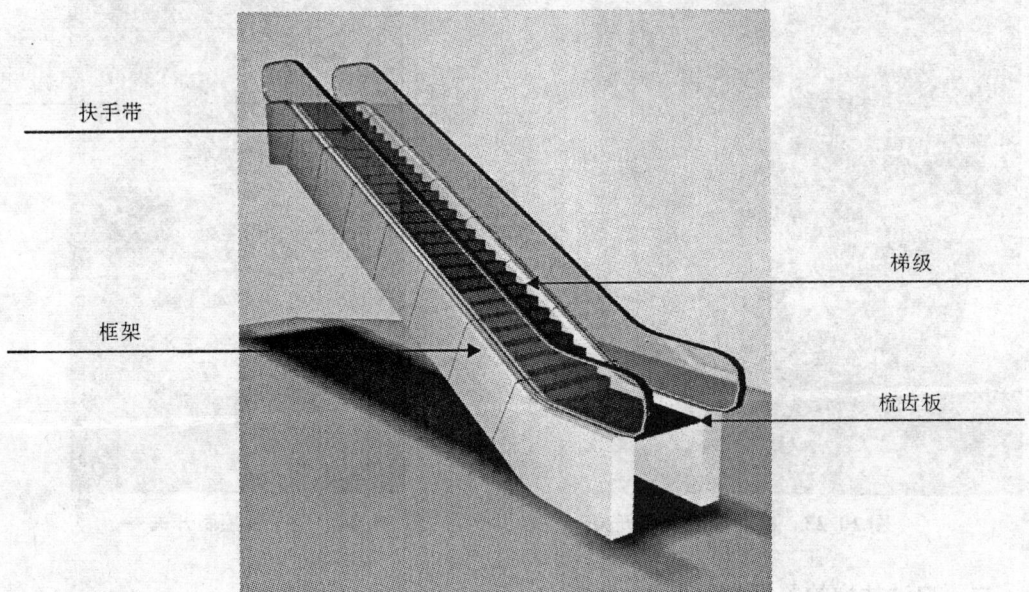

**图 10.22　电扶梯的构造**

（1）梯路，乘客站立的平台，并能连续提升，包括梯级、牵引构件和梯路导轨系统；

（2）动力驱动装置，实现梯路的连续循环运转；

（3）框架结构，组合和定位自动扶梯各零件，以及在现场的定位安置；

（4）控制与安全装置。

## 【操作过程】

### 一、自动扶梯开启的操作步骤

（1）除去自动扶梯的各梯级间隙的杂物。

（2）确认紧急停止按钮是否处于正常状态。

（3）将钥匙插入操作盘上报警停止开关，鸣响警笛，放手后钥匙将回到中央位置，将其拔出。

（4）确认自动扶梯上没有人时，将钥匙插入运行开关后，向需运行方向（上或下）旋转，自动扶梯开始运行，待稳定运行后放手，钥匙自动回到中央位置后，即可把其拔出。

（5）确认扶手带是否正常转动，如有异常声响或振动时，立即按动紧急停止按钮，停住自动扶梯，同时通知维修人员。

图 10.23 和图 10.24 为自动扶梯的操作开关和控制开关。

图 10.23 自动扶梯操作开关

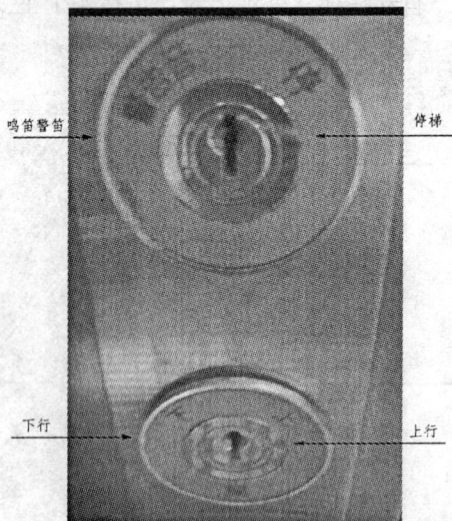

图 10.24 电扶梯控制开关

### 二、自动扶梯的关闭步骤

（1）将钥匙插入报警停止开关，向左旋转，鸣响警铃。

（2）确认扶梯附近或扶梯梯级上无人后，再用钥匙向右旋转至停止位置，自动扶梯停止运转；

（3）采取措施，用栅栏挡住梯口，放置"暂停服务"牌。

# 工作任务 4　紧急停止自动扶梯的操作

## 【任务分析】

在城市轨道交通系统运营期间，可能会在电扶梯上发生意外，如超速运行或突然反向运行，乘客夹住手指、物品，甚至在乘扶梯时摔倒，导致后面的乘客接连摔倒。在发生意外时，需要工作人员紧急停止电扶梯，以防意外的影响扩大。

## 【相关知识】

为防止自动扶梯在工作中可能出现的危及乘客安全的事故或在出现事故后能及时中断自动扶梯的运转，减少可能造成的对乘客的伤害，自动扶梯都设有紧急制动器。在发生事故时，通过控制紧急停止按钮（图10.25），实现自动扶梯的紧急制动。

## 【操作过程】

紧急停止自动扶梯的操作步骤，以日立（HITACHI）电梯为例：

（1）在使用紧急停止按钮前，一定要通知乘客"紧急停止扶梯，请抓住扶手"后，再进行操作；

（2）用手指按动红色紧停按钮，凸起状态变塌陷状态（正常情况下，红色按钮呈向外膨胀凸出状）；

（3）事故处理完后，用手指按动红色按钮的周围，使其中部恢复正常状态，以解除紧停，以便再次开启扶梯。

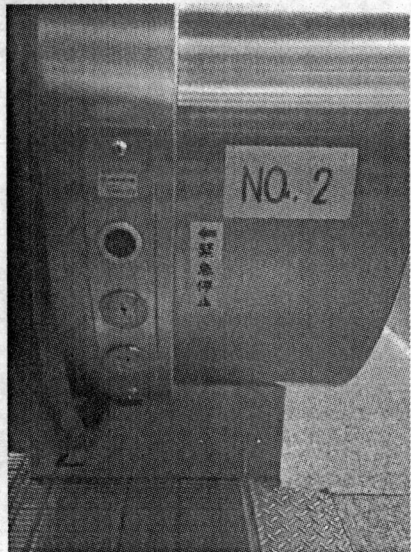

图 10.25　紧急停止按钮

## 【拓展知识】

除电扶梯外，城市轨道交通系统的车站还有以下几种电梯。

1. 液压电梯

除自动扶梯外，车站还设有液压电梯（见图10.26），让乘客从站台直达到站厅或从站厅直下到站台。北京地铁 10 号线还设置了地面直升电梯，可从地面直达站厅。

图 10.26　液压电梯

**2. 楼梯升降机**

楼梯升降机是一种较新颖的设备，属于电梯的一个分支。安装在车站站台到站厅和地面到站厅步行楼梯一侧，提供给坐轮椅的乘客上下楼梯使用。图 10.27、图 10.28、图 10.29、图 10.30 为某地铁车站的楼梯升降机。

图 10.27　楼梯升降机常态

图 10.28　楼梯升降机控制器

图 10.29　楼梯升降机展开时

图 10.30　楼梯升降机折叠中

3. 电步梯

电步梯也称水平代步梯或自动人行道，如图 10.31 所示，可用于距离长的通道，以减少乘客的步行量。

图 10.31　北京地铁采用的代步梯

# 工作任务 5　对屏蔽门进行站台级控制

## 【看一看】

图 10.32、图 10.33 分别为上海地铁和香港地铁屏蔽门。

| 图 10.32　上海地铁屏蔽门 | 图 10.33　香港地铁屏蔽门 |

## 【任务分析】

　　城市轨道交通车站站台屏蔽门系统是现代化地铁工程的必备设施，它沿站台边缘设置，将列车与站台候车区域隔离。安装屏蔽门系统，不仅可以防止乘客跌落或跳下轨道而发生危险，让乘客安全、舒适地乘坐地铁。而且屏蔽门系统作为一种高科技产品具有的节能、环保和安全功能，减少了站台区与轨行区之间冷热气流的交换，降低了环控系统的运营能耗，从而节约了运营成本。本教材主要以某地铁的屏蔽门为例进行分析，其他城市的屏蔽门操作会略有不同，学习者需注意区别。

　　屏蔽门具有三级控制方式：系统级控制、站台级控制和就地级控制。优先级从高到低依次为：就地级控制（屏蔽门专用钥匙手动操作）、站台级控制（PSL 操作）、系统级控制（屏蔽门与信号联锁控制）。

　　在正常运行模式下，屏蔽门处于系统级控制状态。列车、信号系统和屏蔽门系统之间存在着一定的联锁关系，如图 10.34 所示。列车到站并停在允许的误差范围

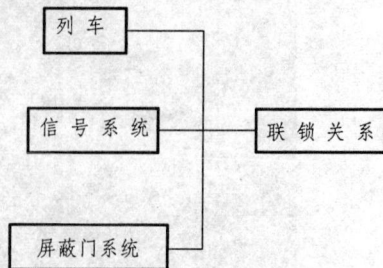

图 10.34　系统级控制联锁关系

内，信号系统（SIG）发出允许开门的命令，各种安全因素经过列车驾驶员的人工确认后，按压开门按钮，整列屏蔽门自动打开；当列车停站时间到，信号系统（SIG）发出允许关门命令，各种安全因素经过列车驾驶员的人工确认后，按压关门按钮，整列屏蔽门

自动关闭。

站台级控制是当信号系统（SIG）故障失效或屏蔽门控制系统对门机控制器（DCU）控制故障时，由列车驾驶员或被授权操作人员在站台 PSL 控制盘上对整列屏蔽门进行的控制。

PSL 控制盘一般设在站台端墙屏蔽门外方。在站台监控亭设远方报警盘（PSA）可对屏蔽门状态进行监控，如图 10.35 所示。

图 10.35　某地铁 PSL 盘和 PSA 盘

## 【相关知识】

屏蔽门的组成如图 10.36 所示。

图 10.36　屏蔽门组成示意图

屏蔽门设置在车站每侧站台边缘，由固定门、应急门、端门及与列车车门对应的滑动门组成。

1. 滑动门（ASD）

滑动门为中分双开式门，每侧从尾端墙至头端墙顺序编号，关闭时隔断站台和轨道，开启时供乘客上下列车。每个滑动门均配置一个门机控制器（DCU），安装在门体上部的顶盒内，为滑动门的电气控制装置。当某个屏蔽门故障不能正常开放或关闭时，利用设于滑动门上部的紧急释放装置（ERM）进行手动隔离和解锁。

2. 应急门（EED）

应急门隔断站台和轨道，有门锁装置，在紧急情况下允许手动打开，作为乘客的疏散通道。在不同的车站，应急门的设置数量及位置略有不同。

3. 端门（MSD）

站台两端的应急门，主要用于车站工作人员在站台和轨道之间的进出，同时兼顾紧急情况下疏散乘客的要求，有门锁装置，在紧急情况下允许手动打开。

## 【操作过程】

PSL（就地控制盘）操作步骤：

（1）将钥匙插入"PSL operation enable"钥匙开关（初始位置为"OFF"位）；

（2）开门时，顺时针转动钥匙至"door open"位置并停留 4 s（不得拔钥匙），滑动门打开，"door open"灯亮。滑动门完全打开后，"door open"灯灭，门头灯常亮，开门操作完成。

（3）关门时，接 1 点操作，逆时针转钥匙至"door close"并停留 4 s（不得拔钥匙），滑动门开始关闭，"door close"灯亮，门头灯闪亮，滑动门完全关好后，"door close"灯灭，门头灯灭，"ASD/EED CLOSED"灯亮，关门操作完成。

（4）关门操作完成后，旋转钥匙至"OFF"位，再拔钥匙。图 10.37 为某地铁 PSL 控制盘。

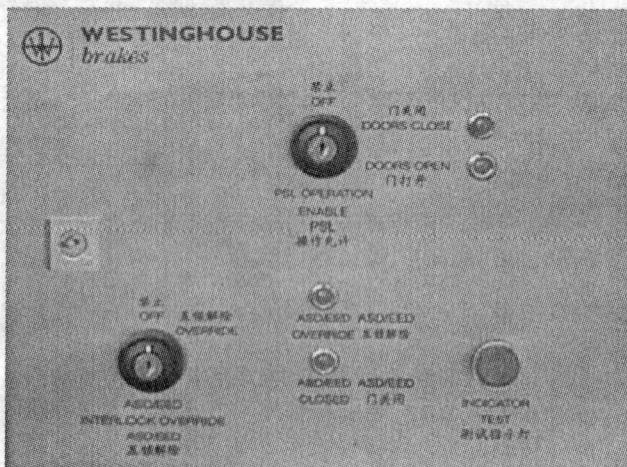

图 10.37　某地铁 PSL 控制盘

# 工作任务 6　手动操作屏蔽门

## 【任务分析】

手动操作又称为就地级控制，是由站台工作人员或乘客对屏蔽门进行的操作。

（1）滑动门手动操作是当系统级控制和站台级控制均不能操作屏蔽门，或个别屏蔽门操作机构发生故障时需要进行的操作。在站台侧由站台工作人员用钥匙打开滑动门；在轨道侧，由列车司机通过车内广播，通知乘客使用滑动门上的手动解锁把手，自行开启图 10.38 轨道侧滑动门的手动解锁把手屏蔽门。

（2）当列车无法在规定范围内停车，且偏离量较大，而且乘客无法从滑动门进出时，需对应急门进行手动操作。在站台侧由站台工作人员用钥匙打开应急门；在轨道侧，由列车司机通过广播指导乘客压推杆锁，打开应急门。

（3）当隧道内发生火灾、列车出轨等情况，需要在隧道内停车时，可由乘客压推杆锁或由站台工作人员在站台侧用钥匙手动打开端门，将乘客从车厢疏散到隧道，再通过端门进入站台。

图 10.38

## 【操作过程】

（1）将钥匙插入需手动打开的滑动门（应急门、端门）的锁孔（见图 10.39），顺时针旋转 90°；

（2）将两扇滑动门用力向两边推开（应急门和端门为朝站台方向拉开），拔出钥匙，门头灯亮。

（3）关门时，将钥匙插入需手动关闭的滑动门（应急门、端门）的锁孔，逆时针转 90°，用力推拉两扇门至关闭，门头灯灭，拔出钥匙。

图 10.39　ASD、MSD、EED 的锁孔

## 【拓展知识】

### 一、滑动门及应急门互锁解除开关的操作

当屏蔽门与信号联锁发生故障时，车站需操作互锁解除开关接发列车。一般由站务人员操作，先在 PSL 盘上使用开关门钥匙操作屏蔽门至关闭位（CLOSE）后，再使用互锁解除钥匙操作互锁解除开关。

（1）接车时，站台工作人员使用互锁解除钥匙将 PSL 盘上的滑动门及应急门（ASD/EED）互锁解除开关转至互锁解除位置并保持，确认列车到站停妥后松开钥匙开关。

（2）发车时，站台工作人员确认无夹人、夹物，开启的屏蔽门已做好安全防护后，使用互锁解除钥匙将 ASD/EED 互锁解除开关转至互锁解除位置并保持，确认列车驶出安全区段（列车尾部离开轨道电路 S 棒）后松开钥匙开关。

（3）取出钥匙并带走。

## 二、滑动门故障隔离操作

（1）当某扇滑动门出现故障不能关闭时，插入模式开关钥匙切换到隔离位置（转向左边），隔离该扇门。

（2）排除故障后，将该扇门的模式钥匙开关切换到自动位置（中间位置），将门恢复到自动控制。

（3）钥匙从开关上取出并带走。

## 三、屏蔽门控制开关操作

车站控制室内设有操作屏蔽门的紧急控制开关。当发生火灾时，车站工作人员视具体情况可经授权操作此开关打开或关闭屏蔽门。屏蔽门的紧急控制开关的操作为：

（1）将钥匙插入屏蔽门控制开关；

（2）转到开门位置，整侧屏蔽门将打开；

（3）转到关门位置，整侧屏蔽门将关闭。

## 四、屏蔽门故障的处理原则

（1）发生屏蔽门故障时，应坚持"在确保安全前提下，先发车后处理"的原则，确保站台乘客人身安全和便于乘客上、下车。

（2）需要人工手动打开单个或多个屏蔽门时，车站必须征得行调同意，先将门隔离和关闭电源，并密切注意站台 PDP 屏显示的列车到站时间，当显示"列车即将到达"信息时必须停止操作。

（3）对不能关闭的滑动门，必须设置安全防护栏或安排专人看护。专人看护时，原则上每个人只监护五档相邻屏蔽门。

## 五、安全门

在一些地面站及不需考虑冷气流失等节能问题的地下车站，为了避免乘客等车时不慎掉下站台，可以安装安全门系统。安全门系统由可以开启的活动门和不能开启的固定门两个部分组成，门体高度一般为 1.2～1.5m，具有安全、便利的优点。活动门与列车门一一对应，列车进站并停稳后，活动门会与列车门同时打开，乘客上下列车后，活动门又会与列车门同时关闭。图 10.40 所示为某地铁站的安全门。

图 10.40　某地铁站安全门

# 工作任务 7　运用 LCP 盘对一上行列车
# 进行紧急停车及恢复操作

## 【看一看】

图 10.41 为某地铁站车控室的 LCP 盘。

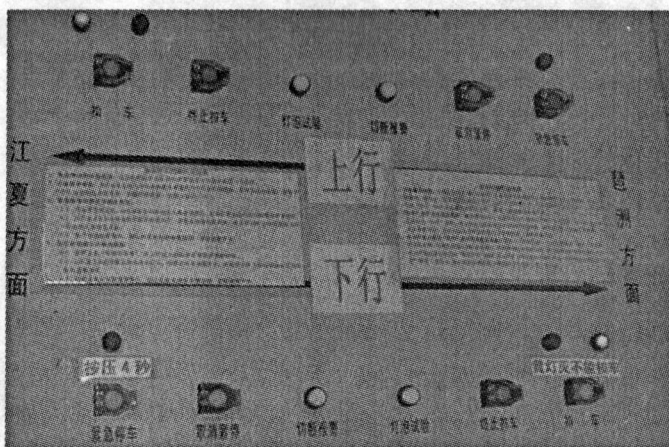

**图 10.41　某地铁站车控室的 LCP 盘**

## 【任务分析】

(1) LCP 盘设置于城市轨道交通车站的站控室内，当车站发生有人掉轨或轨道上有危及行车安全的异物时，在列车进站以前，可在 LCP 盘进行紧急停车操作。

(2) 紧急停车的有效范围为对应区段的站台区段和列车前进方向离去的第一个区段。

(3) 操作人员为车控室值班员以上人员。

## 【操作过程】

运用 LCP 盘对上行列车进行紧急停车的操作过程为：

(1) 在 LCP 盘上按压上行方向的紧急停车按钮；

(2) LCP 盘上相应的紧急停车指示灯亮红灯，并发出电铃报警声音，同时在联锁控制台上上行站台区段出现红色蘑菇闪烁；

(3) 按压上行切除报警按钮，执行切除报警操作，清除报警声音。

提示：在列车进站以前，紧急停车命令对进入站内的列车均有效，在操作按钮前一定要先确认上下行。

（4）取消紧急停车，原则上是"谁按谁取消"。在 LCP 盘上按压上行方向的取消紧急停车按钮，此时会发出电铃报警声音，LCP 盘上上行方向的紧急停车指示灯灭，同时在联锁控制台上上行站台区段红色蘑菇消失。

（5）按压上行切断报警按钮，执行切除报警操作，清除报警声音。

# 工作任务8　用 LCP 盘将一下行列车
# 扣在车站，然后放行

## 【任务分析】

当前方车站发生火灾等异常情况时，需将列车扣在车站，防止进入危险区域。扣车一般由行调在 ATS 系统的人机接口 MMI 上操作，并通知司机或车站。当行调命令车站操作时，才由车站操作。

## 【相关知识】

（1）扣车操作前一定要先确认上下行；

（2）LCP 盘上的黄灯灭（即运营停车点已经取消）后不能扣车，即"扣车"命令对此趟列车不起作用，但对下趟进站列车起作用；

（3）原则上"谁扣谁放"。如由行调执行"扣车"命令后，但 ATS 故障，行调无法通过 MMI 直接操作"终止扣车"命令，则对原 MMI 扣停的列车，经行调授权后由相关车站放行。

## 【操作过程】

（1）当行调命令车站扣车时，由值班站长（或值班员）按压下行扣车按钮，相应的"扣车"指示灯红灯闪烁。同时在微机联锁区域工作站上发生 B 类报警，并发出报警声音；

（2）微机联锁区域工作站点击其基础窗口上的音响按钮，清除报警声音，则该下行列车将被扣在本站；

（3）在 LCP 盘上进行"放行"操作。

对所扣的列车进行放行，原则上执行"谁扣谁放"。当行调命令车站操作时，才由车站操作。此时值班站长（或值班员）在 LCP 盘上按压相应的"终止扣车"按钮，LCP 盘上相应的扣车指示灯灭，然后按压相应的"扣车"按钮（复位），最后再按压相应的"终止扣车"按钮一次（复位）。

# 工作任务 9  使用站台紧急停车按钮让列车紧急停车

## 【看一看】

图 10.42 为是紧急停车按钮。

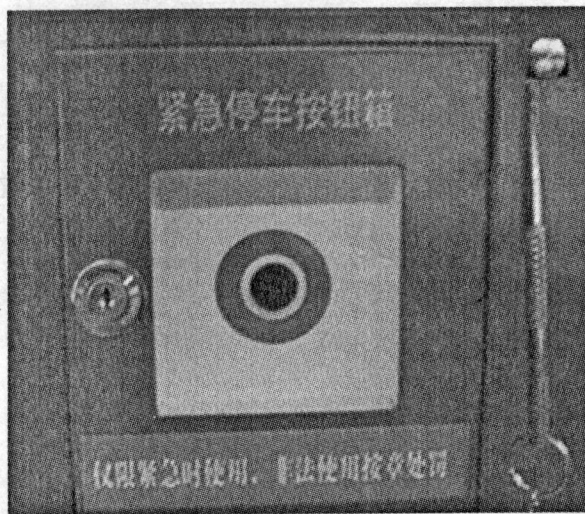

图 10.42  紧急停车按钮

## 【任务分析】

城市轨道交通车站的站台上都设置有站台紧急停车按钮（ESB 按钮），如图 10.42 所示。当发生人员掉下站台等危及乘客安全的突发事件时，可立即按压紧急停车按钮，此时列车将自动停车，以确保人员不会受到伤害。

## 【相关知识】

站台紧急停车按钮（ESB 按钮），设在站台柱墙上和站台监控亭，每侧站台一般设有 2 个紧急停车按钮。它与站控室内 LCP 控制盘上的紧急及切除停车报警按钮相连通，站台上的 ESB 被按压时，站控室的 LCP 控制盘将报警。

ESB 按钮的有效范围是对应区段的站台区段和列车前进方向离去的第一个区段。

## 【操作过程】

(1) 用紧急停车按钮旁的小铁锤打烂玻璃盖；

(2) 按压紧急停车按钮 4 s。

# 工作任务 10  绘制地铁防灾应急预案示意图

## 【看一看】

某地铁 BAS 系统的自动扶梯、水系统监控界面如图 10.43 所示。

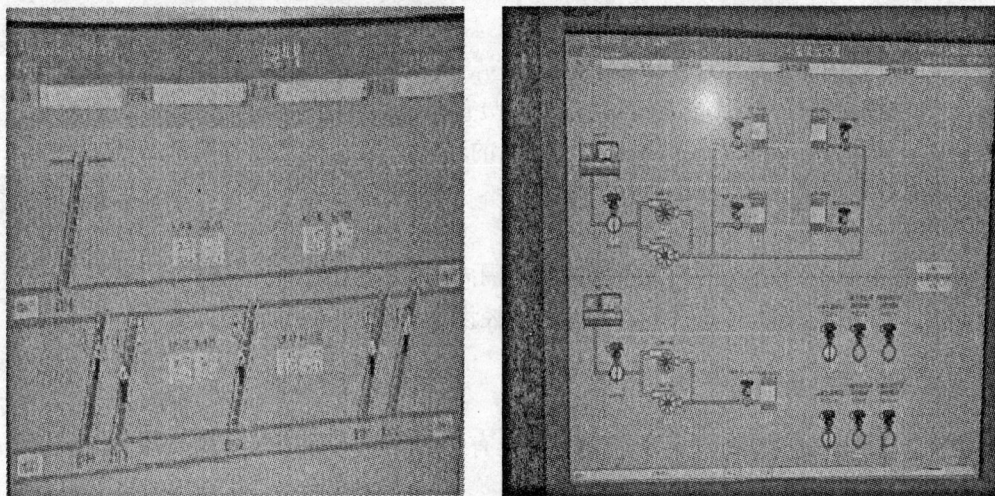

图 10.43  某地铁 BAS 系统的自动扶梯、水系统监控界面

## 【任务分析】

城市轨道交通环境与设备监控系统简称环控系统，也称为 BAS（Building Automatic System），是对城市轨道交通建筑物内的环境与空气条件、通风、给排水、照明、乘客导向、自动扶梯及电梯、屏蔽门、防淹门等建筑设备和系统进行集中监视、控制和管理的系统。

设置环控系统的目的是对系统范围内的各类监控对象进行监视、控制和管理，确保它们处于高效、节能、可靠的最佳运行状态，并能在事故状态下，与相关系统联运，协调、控制并充分发挥防灾设备应有的功能，以保证乘客生命财产安全和设备的正常运行。

环控系统包括监控管理层和装置自动化层。监控管理层里的运营决策支持系统

(Decision Support System，DSS)是环控系统的一项高级功能，当在运营过程中出现紧急情况时，能够为调度指挥人员提供指导、帮助和决策建议，它通过预先制定的处理规程和逻辑，自动或半自动地发出恰当的建议，协助调度指挥人员做出正确的决策和操作。

通过绘制地铁防灾应急预案示意图，让学习者可能掌握环控系统与各自动系统的联系以及环控系统的监控范围。

## 【相关知识】

### 一、环控系统的组成

环控系统由两个子系统构成：环境监控系统（Environment Control System，ECS）和建筑服务系统（Building Service，简称 BS），分别用来实现对环控系统设备和其他机电设备的控制。

### 二、环控系统的操作人员

城市轨道交通设置环控系统，有三类人员直接使用环控系统

（1）调度人员，包括 OCC（控制中心）的环调、总调及其他有关的环控调度和车站值班员等；

（2）环控系统维护人员；

（3）机电设备维护人员，指环控系统范围内的各类被控设备的维护人员。

环控系统由中央级、车站级和就地级监控设备三级控制。

### 三、环控系统的功能

城市轨道交通系统的 BAS 系统是一个具有过程控制、监控与管理功能的大型分布式自动化系统。其功能可概括为：

（1）对城市轨道交通建筑设备进行最佳控制，实现基于设备、面向工艺过程的过程控制自动化；

（2）以实时或历史的设备状态数据为基础的设备管理自动化；

（3）以环境状态检测为基础的防灾自动化；

（4）以节能降耗为目的能量管理自动化。

### 四、环控系统与其他系统设置的接口

环控系统与其他系统设置的接口主要有：

（1）在中央级设置列车自动监视 ATS 的接口；

（2）在车站级和中央级均设置与防灾报警系统 FAS 的接口；

（3）在中央级设置与主时钟的接口；

（4）在车站级设置与冷水机组 DATAPORT 的接口。

## 【操作过程】

以图 10.44 列框架为基础绘制地铁防灾应急预案示意图：

第一步：接到现场人工报警或自动报警；

第二步：地铁防灾应急指挥中心接车站的报告；

第三步：由安全生产部门根据车站报告的情况确认事故和等级；

第四步：启动相应的储存在环控系统里的防灾应急预案。

第五步：启动应急预案后，再根据灾害类型联系相关部门来解决。包括：消防部门、公安部门、卫生部门等。

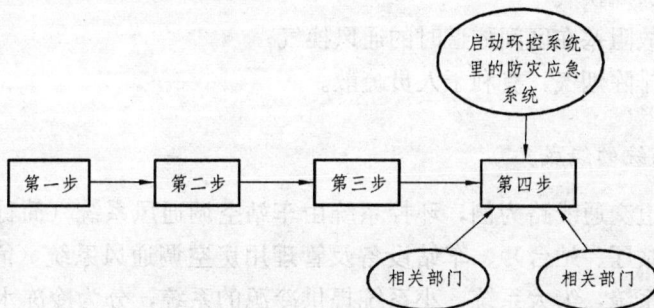

**图 10.44**

**注意**：储存在环控系统里的防灾应急预案常包括：FAS 报警、AFC 闸门打开、公共广播播放疏散广播、信号系统、门禁系统、屏蔽门系统、电力监控系统、ATS 报警、CCTV 以及乘客信息系统。

## 【拓展知识】

### 一、环控系统

#### （一）地铁车站环境特点

城市轨道交通地下环境的空气素质与地面其他场所相差较大，一方面比较封闭、湿度大，另一方面，该环境有多种发热源，如人体散热、车站设备散热、列车散热、外界空气带入等，在降温同时也需要采取排热手段，同时对空气中的粉尘、有害物质及人员呼出的二氧化碳必须进行过滤和排放。这样为乘客和工作人员创造一个舒适的环境，保证设备的正常运行，在城市轨道交通中，尤其是地下隧道车站内，环境控制系统显得非常重要。

（二）环控系统的作用

1. 为车站内乘客及工作人员提供舒适的空气环境

(1) 舒适性标准包括：温度、湿度、空气流速、空气品质（$O_2$、$CO_2$含量等）。

(2) 温度：站厅，$\leqslant 30C$；站台，$\leqslant 28C$；相对湿度：55％～65％。

(3) 空调季节新风量标准：$\geqslant 12.6 m^3/$（h·人）。

(4) 过渡季节新风量标准：$\geqslant 30\ m^3/$（h·人）。

以上空气环境参数仅采集于我国某地铁的数据，各城市轨道交通线路根据所在的地域会略有不同。

2. 为地铁区间隧道通风换气

为地铁区间隧道通风换气主要包括：

(1) 平时的通风换气；

(2) 列车因故阻塞在区间隧道时的通风换气；

(3) 火灾时排除烟气，有利于人员疏散。

（三）环控系统的组成

以某城市轨道交通线路为例，环控系统由车站空调通风系统（简称大系统，主要服务车站公共区（站厅、站台））、车站设备及管理用房空调通风系统（简称小系统）、制冷系统（又称水系统，为大系统、小系统提供冷源的系统，分为冷冻水、冷却水和膨胀水、补给水）及车站隧道通风四部分组成。

1. 大系统

各种设备集中在车站 $A$、$B$ 端的站厅、站台层，对称布置在两端。

2. 小系统

小系统主要由送风机、排风机、柜式空调机以及相应的风管、风阀、消声器等设备组成。其中空调的冷源由大系统冷水机组提供，白天车站运营时间与大系统共用，晚间车站大系统停运时，由活塞式冷水机组提供。

3. 制冷系统

整个制冷系统的设备主要布置在车站站厅层设备区内。

4. 隧道通风系统

隧道通风系统包括区间隧道通风系统和车站隧道通风系统两部分。隧道通风系统主要由隧道风机以及相应的风阀、消声器组成。站厅层一般各有二台隧道风机，在站厅层设推力风机。

(1) 当某区间发生阻塞时，隧道通风系统将按与行车一致的方向进行纵向通风。当列车在区间隧道内发生火灾，列车尽量驶近车站，相邻车站开动隧道风机，组织一个气流方向，乘客迎着新风撤离。

（2）车站站台发生火灾时，应使站台到站厅的各个上下通道形成不低于 1.5 m/h 速度的向下气流，除站台回排风机运转向地面外界排烟外，其他车站大系统的空调通风均停止运转。同时车站两端的隧道风机应投入排烟运行。

（3）车站站厅发生火灾时，站厅排烟风机全部启动，将烟排除外界，车站大系统的其他设备停止动转，使出入口形成向下气流。

### （四）环控系统的控制方式

#### 1. 就地控制

简单地说，就地控制就是在环控设备现场对其进行控制。这种控制主要是通过人工操作设在环控设备现场的电控箱上的启动/关停（或复位）按钮来实现的，是为了环控设备的安装调试与维护维修。

#### 2. 车站级控制

环控系统的正常运行是由系统设备监控系统（EMCS）来控制实现自动运行的。环控系统的车站级控制就是自动控制的一个平台，通过车站级控制，地铁环控系统可以按照预定的模式运行。

#### 3. 中央级控制

中央级控制是城市轨道交通系统设备监控系统（EMCS）的最高一级，它负责监控地铁各站各系统设备的运行。中央级控制主要是用来监控和调度地铁各站系统设备的运行。

三级控制的关系是就地控制为优先级，车站级控制为次级，中央级控制为最后级。以上三个级别规定的含意是设备处于就地级控制时，后两级控制不能控制设备的运行状态（开、关、复位）；设备处于车站级控制时，中央级控制不能控制设备的运行。

## 二、给排水系统

### （一）给排水系统的功能

城市轨道交通给排水系统的功能是满足车站及车辆段生产、生活和消防用水对水量、水质和水压的要求，保证车站和车辆段排水畅通，为轨道交通安全运营提供服务，同时对车辆段内的生活污水和生产污水进行收集和处理，达到排放标准。

### （二）给排水系统的组成

城市轨道交通车站和车辆段给排水系统由给水系统和排水系统两部分组成。其中给水系统包括生活给水系统、生产给水系统和水消防给水系统，排水系统则包括污水系统、废水系统和雨水系统。

1. 给水系统

（1）生活、生产给水系统。

车站给水系统采用城市自来水作为供水水源，分别在车站两端从城市自来水管网的干管引入两条进水管经风亭进入车站，满足地下站、高架站、地面站、主变电站工作人员的生活用水、厕所冲洗用水及车站冲洗用水；满足地下站环控系统的循环冷却补充用水。

（2）消防给水系统。

消防给水在站内采用环状管网管。站厅层两侧每隔 50 m、站台层的楼梯口和设备房间端头设消防箱，区间隧道每隔 50 m 设消防箱一个，当发生火灾时 EMCS 开启，保证地铁运营的可靠运行。

2. 排水系统

（1）排除地下站、高架站、主变电站工作人员的生活污水、厕所冲洗水；

（2）排除地下站、地下区间结构渗漏水、车站冲洗水及消防废水，排除高架站冲洗水及消防废水；

（3）排除隧道出入口、高架站及区间高架桥的雨水。

## 三、低压配电及照明系统

以某城市轨道交通系统为例进行介绍。

### （一）照明系统

1. 分类

城市轨道交通车站照明分为广告照明、一般照明、节电照明、事故照明、区间隧道照明、出入口照明和指示牌照明。图 10.45 为某地铁内的指示和出入口照明。

**图 10.45 某地铁内的指示和出入口照明**

2. 控制范围

以车站中心为界，由位于车站 A、B 两端的低压配电室分别按照明的供电范围（出入口照明、站厅层、站台层、隧道区间照明、地面照明等）及照明种类，通过车站两端的照明配电室分回路给予供电。

3. 控制方式

城市轨道交通车站照明系统可分为三级控制就地级控制、照明配电室集中控制、站控室集中控制。图 10.46 为某地铁站台和广告照明。

站控室内设有照明控制柜，通过柜面上转换开关和按钮，可实现站台层、站厅层公共区一般照明、节电照明、广告照明的手动/自动控制（手动控制，指通过照明控制柜上按钮或照明配电室照明配电箱上按钮开/关控制；自动控制，指通过机电设备监控系统 EMCS 实现控制）及区间隧道一般照明手动控制。

在机电设备监控系统 EMCS 上可监控站台层、站厅层公共区一般照明、节电照明、广告照明的工作状态（手动/停/自动）。

图 10.46　某地铁站台和广告照明

（二）低压配电系统

1. 定义

低压配电，将低压电力（380/220V）安全、可靠、合理地配置给各个用电负荷。

2. 范围

低压开关柜进线端到各用电负荷过程为：

市电网 110kV → 主变电站 33kV → 牵引/降压所 0.4kV → （低压开关柜 380/220V →动力/照明配电箱 → 用电负荷）

3. 组成

（1）动力配电，包括供电线路、电气设备（环控、电扶梯、屏蔽门、水泵、通信、信号等）；

（2）照明配电，供电线路、各种类型灯。

4. 设备用电负荷

车站各种设备用电分一、二、三类负荷（见表 10.1）。其中一类负荷为最高级，依此类推，通常二类、三类负荷相差不大。

表 10.1

| 一类负荷 | 事故照明 |
| --- | --- |
| | 信号设备室及所有信号设备 |
| | 通讯设备室及所有通讯设备 |
| | 车站计算机（SC） |
| | 推力风机 |
| | 隧道风机及相关风阀 |
| | 冷水机组的油加热器 |
| | FAS、EMCS 系统设备 |
| 二类负荷 | 废水泵，烟烙尽设备 |
| | 污水泵 |
| | 集水泵 |
| | 残疾人员工专用液压梯 |
| 三类负荷 | 一般照明 |
| | 节电照明 |
| | 空调机组 |
| | 广告照明 |
| | 扶梯 |
| | 卷闸门 |
| | TVM，GATE，BOM |

5. 控制方式

（1）远程控制（OCC 中央控制室），通过 EMCS 系统实现联控；

（2）车站级控制（站控室），通过 EMCS 系统实现联控；

（3）就地控制（设备机房），在设备就地控制箱处进行控制，主要供设备机组安装、调试和检修时在现场使用。

# 【项目小结】

## 一、本项目的工作任务

车站机电
设备的运用 {
工作任务一：车站各种消防设备的运用
工作任务二：地下车站火灾时的乘客疏散
工作任务三：自动扶梯的开启与关闭
工作任务四：紧急停止自动扶梯的操作
工作任务五：屏蔽门站台级控制的步骤
工作任务六：手动操作屏蔽门的步骤
工作任务七：运用 LCP 盘对一列上行列车进行紧急停车及恢复操作
工作任务八：运用 LCP 盘将一列下行列车扣在车站，然后放行
工作任务九：使用 ESB 按钮让列车紧急停车
工作任务十：绘制地铁防灾应急预案示意图（BAS 系统的功能）
}

## 二、知识小结

城市轨道交通系统的车站机电设备主要包括：防灾报警系统、电梯系统、屏蔽门系统、LCP 盘、紧急停车按钮、BAS 系统、环控系统、给排水系统、低压配电和照明系统。除完成以上十个工作任务，熟练掌握操作过程外，还需掌握各种机电设备的相关知识：

1. 防灾报警系统

城市轨道交通车站火灾防护的流程；FAS 系统监控的范围以及各类消防设备的适用范围；（烟烙尽系统并非各地都有，学习者根据实际情况进行操作）掌握烟烙尽系统的优点、控制方式以及适用范围；地下车站火灾的特点；

2. 电梯系统

电扶梯的优缺点；电扶梯的构造；城市轨道交通系统的车站常用的电梯种类。

3. 屏蔽门系统

屏蔽门的功能、控制方式及组成、屏蔽门与列车、信号系统之间的关系、故障时的处理原则。

4. LCP 盘

LCP 盘的功能、有效范围及操作人员。

5. ESB 按钮

ESB 按钮的功能、位置、有效范围、与 LCP 盘的联系。

6. BAS 系统

BAS 系统的定义、功能、构成、操作人员以及设置的系统接口种类。

7. 其他知识

地下铁道的环控系统、给排水系统、低压配电和照明系统为拓展知识，学习者可根据实际情况选择学习。

## 【思考与实训】

(1) 模拟开启和关闭电扶梯。

(2) 模拟紧急停止电扶梯。

(3) 列车到站后，整侧滑动门不能打开时，该怎样处理？若使用 PSL 仍不能开启时，又该怎样处理？

(4) 列车发车前，一对或多对滑动门不能正常关闭时该怎样处理？

(5) 上网查看我国的城市轨道交通采用了哪些类型的屏蔽门？有哪些不同？适用范围有什么不同？

# 参考文献

[1] 张唯. 铁道运输设备. 北京：中国铁道出版社，2002

[2] 魏晓东. 城市轨道交通自动化系统与技术. 北京：电子工业出版社，2004

[3] 何宗华，汪松滋，何其光. 城市轨道交通运营组织. 北京：中国建筑工业出版社，2003

[4] 万传军. 列车自动控制系统的设计与实现. 西安石油学院学报，2005，18（3）.

[5] 孙章，何宗华，徐金祥. 城市轨道交通概论. 北京：中国铁道出版社，2000

[6] 孙有望，李云清. 城市轨道交通概论. 北京：中国铁道出版社，2003

[7] 何宗华，汪松滋，何其光. 城市轨道交通车站机电设备运行与维修. 北京：中国建筑工业出版社，2003